法律ができるま〔

JN061139

衆議院議員
または
参議院議員
（議員提出法案）

（内閣提出法案）

国会

天皇

（奏上）

先議の議院
（衆議院また
は参議院）

閣議
（決定）

（送付）

議長

事務次官等会議

（付託）

本会議
（可決）

委員会
（可決）

内閣法制局
（審査）

（回付）

内閣官房

（印刷）

（委員長報告）

（送付）

国立印刷局

後議の議院
（衆議院また
は参議院）

（原案の予備審査）

公布
（官報）

（奏上）

議長

（付託）

本会議
（可決─成立）

委員会
（可決）

（閣議請議）

大臣

○○省
（法律案の原案作成）

大臣

関係各省

（委員長報告）

（意見調整）

（内閣法制局HPより作成）

ブリッジブック

法学入門

〔第3版〕

Bridgebook

南野　森編

信山社

Shinzansha

第3版はしがき

　九州大学法学部の1年生向け講義「法学入門」に直接・間接にかかわる教員たちが本書の初版を作ってから，早いものでもうすぐ13年になる。ほぼ同じ頃に九大法学部に着任した「若手」教員がまずは中心となり，やがて少し後に同僚となった更なる若手をも巻き込んで，ときには飲食をともにしながら「一風変わった『法学入門』」（初版はしがき）を作り上げる作業は，いま振り返ってみてもとても楽しい，思い出に残るものであった。

　そうやって2009年5月に出来上がった本書の初版は，9人の執筆者による13章からなる比較的コンパクトな1冊であったが，幸いにも好評を博し，4年後の2013年4月には，執筆者を10人に増やした第2版を世に送ることができた。以来，執筆者の勤務する大学が，福岡のみならず神戸，京都，東京へと広がったこともあってか，当初の予想に反し，全国の多くの大学で教科書や参考書として利用され，多くの読者を得ることができたのは，私たち執筆者にとって大きな喜びであった。楽しく作り上げることのできた1冊が多くの人に読んで貰えることは，ものを考え書く人間にとって，やはりこのうえない喜びである。

　そしてこのたび，第2版の出版から9年（第2版第3刷の発行からだと6年）を経て，第3版を作ることができた。執筆者は12人に増え，全16章となった。「感染症対策と行政法の役割」（第7章），「民事訴訟における『既判力』の作用局面」（第10章），「ADRの過去・現在・未来」（第11章），「『ダウンロード違法化』から考える著作権法の課題」（第15章），「中世カノン法と教会裁判制度」（第16章）は，いずれも第3版で初登場となる書き下ろし新作で，また，第5章「判例の読み方」も，取り上げる判決を「北方ジャーナル事

件」最高裁大法廷判決にするなど，大きく変更された。その他の各章にも，多かれ少なかれアップデートや改変が加えられている。

　いずれのタイトルをみても，初学者にはちんぷんかんぷんであろうが，それが本書の「一風変わった」ところであって，前半の入門的内容の部分（「法学の基礎」編）を，たとえば大学の講義に合わせて，あるいは１人で時間を取って，しっかり一通り読んだあと，後半の，個別の法学論文の部分（「法学の展開」編）を，それぞれの関心に応じて（つまり行政法が好きなら第７章から，民事訴訟法を深めたいなら第10章や第11章から，知的財産法に興味があるなら第15章から，西洋法史や教会法に関心を刺激されたなら第16章から，というように），どこからでも良いので読み進め，あるいは上級生になってから後半各章をあらためて読んでみる，というような使い方をしてもらうことを，本書は想定している。難しい部分もあるかもしれないが，読書百遍，意自ずから通ず，である。すぐに諦めることなく，「腹を括って」(初版はしがき)格闘してほしい。

　第３版を作るに際しては，第２版の読者からの感想や要望，あるいは執筆者の講義を受講した学生の意見が大変参考になった。本書の更なる進化のため，第３版の読者からの感想もお待ちしている。遠慮なく，執筆者や出版社に寄せてほしい。

　最後に，第３版の刊行にあたっても，信山社の鳥本裕子氏に大変お世話になった。初版刊行以来10年を超えるお付き合いがこうして続けられていることを思うと，あらためて感謝と喜びに堪えない。

　　2022年３月　　福岡・西新にて

編　者

第 2 版はしがき

　「一風変わった『法学入門』」（初版はしがき）を世におくりだして
から，もうすぐ 4 年になる。幸い本書の初版は多くの読者を得るこ
とができ，また良い評判を得ることができた。このたび，こうして
第 2 版を刊行できることとなったのは，その結果にほかならず，編
者として，大変有難く思っているところである。

　初版に対しては，肯定的な評価を多く頂いた（そのうち，手島孝
「学の醍醐味へ誘う，若き世代による意欲作」法学セミナー 2011 年 5 月
号の PDF が，「九州大学学術情報リポジトリ〔QIR〕」に公開されている）。
もちろん，改善のための注文も寄せられており，とくに，初版には
刑法を扱う章がなかった点について，教科書として利用しづらいと
の声が多かった。今回新たに刑法の基本原理を分かりやすく論じる
第 10 章を得て，この点は大きく改善できた。また，民法を扱う第 7
章は，近時話題になっている「保証制度」を扱うものに全面的に書
き改められ，読者をより深く考えさせようと誘う本書の「一風変わ
った」点を益々充実させるものとなった。さらに，裁判制度を説明
する第 4 章にも大幅に加筆が施されるなど，この第 2 版は，初版を
さらに充実・発展させたものとなっている。

　今後も読者の支持が得られれば，本書をより良いものにしていく
ために，数年後に第 3 版を出せるかもしれない。遠慮無く感想や意
見などを，編者または出版社まで寄せていただきたい。

　第 2 版刊行にあたっても，信山社の鳥本裕子氏に大変お世話にな
った。記して感謝申し上げたい。

　2013 年 3 月

編　者

この本は，一風変わった『法学入門』である。

　法学部や法律学科，あるいは法科大学院などに入学したばかりで，これから法学を学び始めることになる人びとや，もう一度基礎から法学を学び直そうと考えている人びとを主たる読者として想定していることは，世の中に多数ある『法学入門』『法律学入門』といった書物と異なるところはない。本書の執筆者が法学部の教員であることや，法学を専攻する研究者であることもまた，類書と同様である。

　一般的にいって，法学入門の教科書や講義では，法学を学ぶうえで最低限知っておくべきことがらが解説され，そのうえで，さまざまな法学の個別分野についての簡単な紹介がなされるのがふつうである。法学の基礎的な知識を法学入門において解説すべきことには異論がないが，そのうえでさらに何をどのように教えるべきかについては必ずしもそうではない。全国各地の大学で実際に法学入門を担当する教員は，多かれ少なかれこの点について悩んでいるはずである。

　また，いくつかの恵まれた大学においては，法学入門の講義は，数十年にわたって法学の教育と研究に携わってきた経験を有し，まもなく定年を迎えるという「大家」が担当し，その長年の研鑽を踏まえて「法学とは何か」を熱く語るという，贅沢な空間も存在する。そしてそのような「最後の授業」から生まれた文字どおりの名著もいくつかある。本書を執筆したわたしたちは，もとよりそのような大家ではなく，まだまだ「若手」だとの自己認識をもつ者の集まりであるし，なによりもそのような先達の作品からわたしたち自身が多くを学んできたところである。それゆえわたしたちは，そのよう

な名著の価値を否定するわけでは毛頭なく，むしろそれらは不朽の名著であると考えている。そこでわたしたちは，そのような名著の真似をすることではなく，そのような名著に取って代わろうとすることでもなく，それらに加えて初学者がもう1冊読むべきものとして，本書をつくることを目指した。

　本書は，その内容を大きく前半と後半とに分けたうえで，まず前半〔基礎編〕には，法学を学ぶすべての人が当然に知り理解しておくべきことがらを5つの章に分けて配置し，後半〔展開編〕には，法学の個別分野を研究するそれぞれの執筆者が各自の研究関心に従ってテーマを選択し，それを初学者にもわかりやすく解説することを目指す8本の「論文」を置いた。つまり，本書の後半は，いわば「論文集」となっている。そしてそれらの扱うテーマは，法学の主要な個別分野を網羅するものには必ずしもなっていない。

　これが，本書の「一風変わった」点である。

　わたしたちは，法学入門として法学の個別分野それぞれについての簡単な紹介や解説を寄せ集めるスタイルには，さほどの教育効果がないと考えている。各分野についてのいわばガイダンス的な説明は，いずれにせよ各分野の講義や教科書の冒頭でなされるはずであるし，全分野を網羅的に「専門」としている人間などおよそいるはずもないから，どうしても担当者の専攻分野ではない領域の話になると常識的な通り一遍の解説にならざるを得ないであろう。そうだとすると，そのような法学入門では法学の深みや面白みを十分に伝えきることはおそらくできず，その結果，意気軒昂として法学の勉強を始めた初学者は，急速に情熱なり興味なりを失ってしまうことにもなりかねない。

　わたしたちは，大学における教育者であると同時に研究者である。それぞれ法学の個別分野を専攻しており，その研究に日々格闘しながらも喜びを感じている，そもそも一風変わった人種である。そし

てその研究の成果を教育に活かすことがわたしたちの使命であるとも考えている。どのような課題と取り組み，どのようなことを考えているのか，その具体的な内容の一端を初学者にもわかりやすく解説することで，法学の世界に魅力を感じて貰いたい，というのが，要するに本書をつくった動機である，ということになる。

　法学の基礎的な知識を前半で身につけた読者は，後半の各「論文」をじっくり読み，それと知的に格闘することで，いつのまにか法学の世界の魅力にとりつかれ，そしていつのまにか法学の世界の「作法」を身につけていることであろう。そのうえで，各個別分野の教科書や論文，そして講義と向き合っていくならば，読者の能力は大きく伸びるであろうと思う。法学の勉強の方法は，第一に読むことであり，第二にも読むことである。本書の後半は必ずしも簡単な内容ばかりであるとはいえないが，ぜひ腹を括って熟読してほしい。

　本書がこうして出来上がるまでには，多くの方々のお世話になった。なかでも信山社の鳥本裕子氏と渡辺左近氏には，驚嘆すべき熱意と忍耐強さで本書の作成を支えていただいた。また，本書のドラフトにもとづいた講義に出席し，本書のドラフトについての貴重な意見や感想を寄せてくれた九州大学法学部の 2008 年度前期「法学入門Ⅰ」の受講生諸君には，わたしたちだけでは到底気づき得なかったであろうさまざまな観点にわたしたちの目を開かせていただいた。ここに記して心より感謝する。

　　2009 年 4 月

編　者

ブリッジブック法学入門〔第3版〕 Bridgebook

目　次

はしがき

略語一覧

I　法学の基礎

略 語 一 覧

家事法	家事事件手続法	**司書法**	司法書士法
行訴法	行政事件訴訟法	**地自法**	地方自治法
刑訴法	刑事訴訟法	**人訴法**	人事訴訟法
検審法	検察審査会法	**道交法**	道路交通法
検　法	検察庁法	**弁　法**	弁護士法
健保法	健康保険法	**身元保証法**	身元保証ニ関スル法律
憲　法	日本国憲法	**民執法**	民事執行法
公選法	公職選挙法	**民訴法**	民事訴訟法
裁　法	裁判所法	**民調法**	民事調停法

最○小判（決）	最高裁判所第一～三小法廷判決（決定）	**民　集**	大審院民事判例集，最高裁判所民事判例集
最大判（決）	最高裁大法廷判決（決定）	**刑　集**	大審院刑事判例集，最高裁判所刑事判例集
高判（決）	高等裁判所判決（決定）	**判　時**	判例時報
地判（決）	地方裁判所判決（決定）	**判　タ**	判例タイムズ

I　法学の基礎

第1章

法と法学

本章のねらい　　　　法とは何か。法学とは何をする学問であるか。これらの問いに答えることは，容易なことではない。法学は，第2章でみるように人類の知的営みのなかでもきわめて長い歴史をもつものであるが，実は法学の対象であるはずの法とは何かという問題については，いまだに万人が一致するような「正解」は存在しない。これまで中学や高校において，正解を理解し記憶することに精力を傾けてきたはずの読者はいきなり驚いてしまうかもしれないが，およそ「学問」の名に値する知的営みには，そしてとりわけ「文系」といわれる社会科学や人文科学におけるそれには，そもそも正解が存在しない問いに英知を傾けるという作業がしばしばつきものなのである。これは大変な世界に入ってしまったと思うかもしれないが，だからこそ法学を学ぶことは奥深く，そして面白いのだ，ともいえる。

本章では，法とは何か，そして法学とは何か，という壮大な問いに対して，読者に正解を教えることではなく――筆者も正解を知らない！――，読者が読者なりにこれから考えていくことができるよう，補助線や見取図を示し，筆者なりの捉え方を示唆することとしたい。やや抽象的になりすぎるきらいがあるだろうから，必ずしも本章を最初に読み理解できなくとも，さほど心配する必要はない。もともと，こういった根本的な問題は，法哲学（法理学）の講義でも詳しく学ぶはずであるし，法学の諸分野を一通り学び終えたうえであらためて考え直してみる方が興味深く感じることができるかもしれない性質のものでもあるのである。

1 法とは何か

◎「べし」と「である」——「当為命題」としての法

　法とは何かを考えるにあたり，まず知っておくべき区別が「べし」と「である」の区別である。「当為」と「存在」（または「事実」）の区別といってもよい。ある人が他の人に対して何らかの行動をとるよう命じる場合，その命令なり指図なり（依頼等も含む）は，「べし」（命令文）の形でなされるのに対して，世の中の事実や存在を描写なり記述なりする場合，それは「である」（平叙文）の形でなされるのがふつうである。たとえば，「貸した金を返せ（＝返すべし）」は当為命題であり，「水は100℃で沸騰する（＝沸騰するものである）」は存在（事実）命題である。当為命題についてはそれが真か偽かを問うことは意味をなさないのに対し，事実命題は真偽値をもつ（たとえば実験の結果，水が98℃で沸騰すれば，「水は100℃で沸騰する」という命題は偽となる）。

　漠然と「法」とよばれているものの第一の特徴は，法を命題化してみるとその多くが当為命題となるということにある。たとえば，刑法199条には，「人を殺した者は，死刑又は無期若しくは5年以上の懲役に処する」と書かれている。文法的にみると，この命題は，命令文ではなく平叙文で書かれているが，人を殺すという **構成要件**（→第3章3，第12章2）を充たした者に対しては，死刑・無期・5年以上の懲役という **効果** を与えるべきである，という，裁判官に対する当為を定めたものであると考えることができる。もちろんこれは，古典的かつ単純な法の特徴であって，現代社会は法化社会であるといわれるように，現代法には必ずしも当為として考えようのないものも多く含まれるようになってはいる。しかし，まずは原則として法の命題の多くは当為命題であるということを知っておいてほしい。

さらにややこしいのは，ある命題が当為を表すのか，それとも事実を表すのかは，ときに判断の分かれることもあるし，何より，その命題が向けられた相手（名宛人）の受け止め方（**解釈**）によって変化することがある，ということである。たとえば，教室に入ってきた教師が，学生に「今日は暑いですね」と言ったとする。「今日は暑い」というのは単なる事実命題であるようにみえる。実際，そう解釈する学生もいるはずで，その場合，この学生は心のなかで「そうですね」とか「そうかなあ」とつぶやくかもしれない。ところが，なかには気の利く学生がいて，教師が「今日は暑い」と言ったとたん，その「真意」を想像して窓を開けたりクーラーのスイッチを入れたりするかもしれない。この場合，教師の発した一見すると事実命題である「今日は暑い」は，その学生によって，実は「窓を開けよ」とか「クーラーをつけよ」といった命令（または依頼）であると理解されたと考えることが可能である。そして教師の真意が単なるつぶやきであったのか，それとも教室を涼しくしてほしいという願望・依頼であったのかは，教師自身に聞いてみないとわからない。

🎧 規範としての法

　読者は「規範」という言葉を聞いたことがあるであろうか。これまた定義することの難しい，そしてさまざまに定義される言葉であるが，これから法学の学習を進める過程では頻出する言葉である。人によって用い方が異なるものであるから，いったいそれぞれの論者が規範という概念をいかなる意味で用いているのか，充分注意しなければならない。

　ここでは，文字や音声を並べた命題（上の例でいえば，「貸した金を返せ」とか「水は 100℃ で沸騰する」とか「今日は暑い」）とは区別して，それが表すはずの命令的な意味のことを規範として考えることにしよう（つまり，上の3つの命題が表す規範としては，「貸した金

を返せ」と「窓を開けよ」が考えられ，「水は100℃で沸騰する」という命題にはたぶん規範は含まれていない，ということになる）。法の第二の特徴は，それがこのような規範を表明するものである，ということになる。ただし，これだけではまだ不十分である。

　第一に，誰の誰に対する規範が法なのか。現在の日本では，通常，命じる主体は国家などの公権力であり，命令の名宛人は日本に住む人間（**自然人**）（→第3章1）や法人（→第9章）であると想像されるであろうが，このようなあり方は，時代や社会によって，常にそうでしかないとはいえない。たとえば，法によって命じる主体は神であると考えられることもあるし，名宛人は人のみならず動物や無生物であることもある（古代アテネでは人を殺害した槍や落石のような無生物を裁く特別な裁判所があったし，中世では人を殺害した犬や牛といった動物に死刑が宣告されることがあったという。旧約聖書の出エジプト記21章28節にも，「牛が男や女を突いて死なせた場合，その牛は必ず石で打ち殺されなければならない」との規定がある）。

　第二に，規範が存在するのは法においてだけではない。人間に対する規範として法を捉えるとしても，世の中には，さまざまな規範がある。たとえば，「殺すな」にせよ，「借金は返せ」にせよ，法や公権力に命じられなくともそんなことはしないという人は多い（と思う）。そういう道徳に従って生きているからかもしれないし，あるいは神がモーセに与えたとされる十戒（出エジプト記20章）に従って生きているからかもしれない。つまり，規範を定めるのは法に限らず，道徳や宗教も人に対して特定の行動をとるように（あるいはとらないように）命じることがあるのである。法が規範の体系であるとはいえても，逆に規範のすべてが法であるとはいえない，ということである。

　それでは，法規範と道徳規範や宗教規範とは，どのようにして区別することができるのだろうか。

🏛 強制秩序としての法

　法規範とそれ以外の規範とを区別するものとして重要な指標は，物理的な強制力の存否である，といわれることがある。法の命じる行動をしなかった場合（あるいは法の禁じる行動をした場合），法はそれに対する**サンクション**（制裁）を与える，と。しかし，道徳の命じるところに従わなくても，ひょっとすると周りの人から非難されたり軽蔑されるといった制裁があるかもしれないし，また，宗教の命じるところに従わないと，死後あの世で罰を受けるかもしれない。つまり，法とは区別して考えられるものにも，それに従わない場合に制裁が科されることはある，ということである。ただし，法の特徴は，そのような制裁が法自身によって定められており，しかも，その制裁は物理的な強制を伴っている，ということにある。宗教規範にもそのような制裁が定められることはあるであろうし，そのような場合には，宗教規範と法規範の差は微妙なものとなる。現に，いくつかのイスラム諸国やヴァチカン市国といった宗教国家の法は，それが果たしてここでいう法規範であるのか，それとも宗教規範であるのか，判然としない（カトリック教会の法である「カノン法」，「教会法」については第16章を参照）。ただし，この点からすると，道徳規範と法規範との違いは明らかであろう。しかし，これだけでもやはり，法を充分に特徴づけたことにはならない。

　第一に，そもそも，通常は法であると考えられているにもかかわらず，サンクションが定められていない法も存在する（国際社会には世界警察や世界国家といったものが存在しないため，国際法に違反してもサンクションはないと主張されることもあるし，国内法でも，たとえば，「国旗は，日章旗とする」とか「国歌は，君が代とする」といったいわば約束事〔定義〕を定めるにすぎない「国旗及び国歌に関する法律」〔平成11年法律第127号〕のように，サンクションも定めず，しかもそもそも先に述べたような意味での規範が含まれているのかが不明の法律

　　　　　　　　第1章　法と法学

もある）。

　第二に，強盗が金を出せと命令する場合を考えてみると，強盗の命令には，それに従わなければ命を奪われるというサンクションが伴っているということもできるが，通常，われわれは強盗の命令を法であるとは考えない。どうやら，サンクションの存在という指標は，法の定義にとっては不十分であるように思える。

🔍 法とその「妥当性」

　金を出せと突然命令する存在としては，強盗のほかに公権力（たとえば税務署）がある。強盗の命令と国税局・税務署の命令は，いずれも「金を出すべし」という規範を含んでいるようにみえるが，両者ははっきりと区別されなければならないはずである。そして両者の違いは，強盗にはそのような命令を発する権限が与えられていないのに対し，税務署の職員にはそのような権限が法によって与えられている（＝授権されている）ことにある，と考えることができよう（→第6章1）。同じような命令であるのに，一方の命令には，たとえ事実上従わざるを得ないとはいえ，それに従う義務は（法的にも，そしておそらく道徳的にも）ないのに対し，他方の命令には，それに従うことが義務であると法自身が定めているのである（つまり少なくとも法的には義務がある）。

　ただし，ひょっとすると強盗もその親分にそのような授権をされているのかもしれない。そうだとしても，それでは，親分にはそのような授権をなす権限が授権されているのだろうか。税務署の職員に対しては法律が授権をしているし，そして，法律を作る国会議員にはそのような法律を作る権限が憲法によって授権されている。どうやら違いはありそうであるが，しかしそれぞれもう一段階遡って考えてみると，それもよくわからなくなりそうな気がする。

　この点を，20世紀最大の法理論家の1人である，オーストリアのハンス・ケルゼン（1881-1973）の用いた例をもとにして，法規範

と道徳規範の違いについても念頭におきながら，考えてみよう。

父が子に対して「学校へ行くべし」と命じたとする。その理由を尋ねた子に対し，父は「子どもは親の言うことを聞くべし」と答える。さらにその理由を尋ねた子に対し，父は「それが神の命令である」と答えたとする。この場合，父の論理によると，「学校へ行け」という規範は，神によって父に授権された「子に対する命令権限」にもとづいて発せられたもの，ということになる。そして注意すべきなのは，このような授権関係があるからこそ「学校へ行け」という規範は妥当するのであって，その内容が正しいからではない，ということである。つまりここでは，規範の妥当性の根拠は，規範の内容ではなく授権関係にある，ということになる（したがって父が子に「学校へ行ってはならない」と命じたとしても，それはまったく同様に妥当する）。

これに対して，「学校へ行くべし」と命じられた子が父にその理由を尋ねたとき，父は「子どもは学校へ行くべきだから」と答えたとする。さらにその理由を子が尋ねると，父は「子どもはきちんと教育を受けなければならないから」と答え，さらにその理由を尋ねられれば父は「それが神の命令である」と答えるとする。この場合，父の論理によると，「学校へ行け」という規範は，神が父に授権したかどうかとは関係なく，そもそも神の命令（「子どもはきちんと教育を受けるべし」）に含まれている内容を，この親子の関係で具体化したもの，ということになる（ここでは，学校へ行くことが，きちんと教育を受けることになる，と常識的に仮定している）。いいかえれば，ここでの規範の妥当性の根拠は，父が命じたからということではなく，その内容が，神により命じられた一般的な規範の内容に適合するから，ということになる（したがって父が子に「学校へ行ってはならない」と命じたとすると，それは，父の命令であるにもかかわらず，妥当する規範とはいえないことになる）。

🖋 動態的秩序と静態的秩序

　ケルゼンにならい，前者のように授権関係によって規範の妥当性が根拠づけられる場合を「動態的」（dynamic），後者のようにその内容の適合関係によって規範の妥当性が根拠づけられる場合を「静態的」（static）とよぶことにしよう。そうすると，法規範の体系は，動態的でありかつ静態的でもあるのに対し，道徳規範の体系は，静態的であるにとどまる，ということになる。たとえば，道徳においては，「人を段ってはいけない」という規範は，それが誰によって発せられたかとは関係なく，根本的な，「他人を自分と同様に大切にせよ」という道徳規範の内容に含まれている（あるいは適合する）と考えられるから妥当する。これに対して法規範の体系は，上位規範による規範定立権限の授権という関係（動態的）と，上位規範の内容に下位規範が適合していなければならないという関係（静態的）の両者をあわせもつところに特徴がある，というわけである（ただしケルゼンは，法の体系をもっぱら動態的に捉えようとした）。

　現代では，一般に，法規範はピラミッド構造（階統性）をとる体系において存在するものであり，その頂点には憲法が存在すると考えられている（→第3章2・図5，第6章2）。強盗の命令についても，その親分が強盗にそのような命令を発する権限を授権しており（動態的），かつ，その内容も親分の命令にそったものである（静態的）と考えることができる点では，実は法と異なるところはないともいえそうである。そして実際，親分にそのような権限があると信じている人にとっては，強盗の命令を法の命令と区別することはできない。逆にいうと，憲法が法秩序の頂上にあり（憲法の **最高法規性**），それに公権力が従わなければならないと考えている人が世の中で圧倒的な少数になったとすると，われわれは，税務署の職員の命令と強盗の命令とを区別することはできなくなる，ということである（→第6章1）。人びとが，このように信じていること，あるいは憲

法とはそのようなものであるとの（証明不可能な）仮説を受け入れていることが，法が法として存在するために不可欠なのである。ケルゼンは，このような仮説を **根本規範** とよんだ（根本規範という語も，実に多様な意味で用いられるために要注意である）。

　以上で，おおまかにではあれ，法とは何かについて，一定のイメージをもつことができたのではないだろうか。いまだ漠然としていても，あまり心配する必要はない。本書を読み進めていくうえで，そのイメージは徐々にしっかりしたものになっていくであろうから。

　つづいて，法学とは何かについてみることにしよう。

2　法学とは何か

法の解釈

　法学は，大きく実定法学（民法学・刑法学など）と基礎法学（法哲学・法制史など）とに分けることができる（→第3章1）。そして実定法学の任務には，大きく分けて，法文を解釈すること（解釈論）と，現にある法を改正したり新たに法を作ったりするための提言を行うこと（立法論）との2種類がある（→第3章3）。このうち，およそ2千年の法学の歴史のなかで，法学者が行ってきた仕事の大部分は，法の解釈に属するものであったといえる。そして現在でも，その重要性はなんら変わってはいない。

　法がいかなる形式で存在するかについてもさまざまな見解があるが，人間によって定められたもの（**実定法**）のみを法学の対象とするのか，それとも神であるとか理性であるとか，目に見える人間存在を超えたなにものかによって定められた法（**自然法**）も存在し，かつそれを人間は認識することができると考えるのかについて，古くからの対立がある（前者の立場を **法実証主義**，後者を **自然法論** とよぶ）。いずれの立場をとるにせよ，法学者の解釈の直接の，そして

第一の対象となるのは，最終的にはなんらかの文字・言葉で表記された命題（条文あるいは法文，すなわちテクスト）である。

　たとえば日本国憲法は，あらためていうまでもなく，文字で書かれた条文から成り立っている。法学者や法律家は，これらの憲法条文を解釈することをひとつの重要な任務としているわけである。それでは，解釈とは何か。法の解釈にもさまざまな定義があるが，ここではひとまず，法文を読んでその意味を明らかにすること，と考えておこう。法文の意味を確定すること，といってもよい。

🎐 法解釈に正解はあるのか

　法文の意味を確定することが解釈であるとして，それでは「正しい解釈」とか「誤った解釈」なるものが存在するのだろうか。つまり，解釈に正解はあるのか。これに対しては，法文には唯一の正しい意味が存在しているのであって，それを発見した解釈が正しい解釈であるとする立場から，正しい意味なるものはもともと存在しておらず，解釈者は自由に法文の意味を決定することができるとする立場まで，さまざまな見解がありうる。また，法文が書き表されている言語によって，その意味しうる内容にはおのずと限界があり，その限界（あるいは枠）を超えなければ解釈は自由であるけれども，その枠を超えた解釈は「誤った解釈」あるいは「ニセの解釈」である，とする中間的な見解もある。

　戦後の日本において，この点に関する大規模な論争が行われたことがある（**法解釈論争**）。法哲学者や民法学者，憲法学者や法社会学者，さらには歴史学者までをも巻き込んで，1950 年代に数年にわたって展開された有名な論争である。そしてその結果，法の解釈とは，一定の枠のなかで複数存在する可能な解釈のなかから，それぞれの解釈者が主観的にひとつの解釈を選択する営みであって，その意味では主観的な判断であるが，かといってまったく無制約というわけでもない，という折衷的な法解釈観が広く学界に受け容れられ

ることになった。とはいえ，「一定の枠」自体も解釈者によって変わりうるものであり，そのような意味では，やはり法の解釈に正解はない，といわれるとおりである（→第3章3）。

　これから法学を学ぼうとする読者はショックを受けるかもしれないが，実際にさまざまな実定法の授業に出たり教科書等を読んでみれば，論者によって1つの条文の解釈がまるで異なっている例をしばしば見出すはずである。また，たとえば最高裁判所の判決について，論者が厳しく批判している例にも出会うかもしれない。これらは，法の解釈が解釈者によって非常に異なりうるものであることを示している。

合憲限定解釈

　そして最高裁自身の示す解釈にさえ，時としてにわかには納得しがたいものがある。一例をあげるなら，監獄法という明治時代から存在していた法律の46条2項に，「受刑者〔…〕ニハ其親族ニ非サル者ト信書ノ発受ヲ為サシムルコトヲ得ス但特ニ必要アリト認ムル場合ハ此限ニ在ラス」という規定があった（監獄法は2005年に改正され，現在では「刑事収容施設及び被収容者等の処遇に関する法律」となっている）。ある受刑者が，その親族ではない者に手紙を出そうとしたところ，刑務所長はこの規定を解釈して，「特に必要あり」と認める例外的な場合ではないと判断し，手紙の発信を不許可にした。そこでこの受刑者が，刑務所長の不許可処分は違法であるとして訴訟を起こし，最高裁まで争った。そして最高裁は，この事件についての判決（最一小判平成18〔2006〕年3月23日判時1929号37頁）において，つぎのように述べた。

　　「監獄法46条2項は，その文言上は，特に必要があると認められる場合に限って上記信書の発受を許すものとしているようにみられるけれども，上記信書の発受の必要性は広く認められ，上記要件及び範囲で（筆者注：当該信書の発受許可により放置できない程度の障害が生

ずる相当の蓋然性があると認められる場合で，かつ，そのような障害発生の防止のために必要かつ合理的な範囲内において）のみその制限が許されることを定めたものと解するのが相当であ」る。

旧憲法時代から存在する規定を，現憲法に適合的な内容となるように解釈し直したもの（このような解釈の手法を **合憲限定解釈** という。→第3章3）と考えられるが，それにしても，もともとの条文が定めているはずの，「原則的に禁止，例外的に許可」というあり方を，見事に逆転させた解釈であるといえるであろう。

✐ 有権解釈

このような解釈は，解釈の枠や限界を超えていると批判されるかもしれない。そもそもそんな解釈は無理なのであって，最高裁としては，親族以外の者への信書の発受を原則として禁止している同項は，表現の自由を保障した憲法 21 条に違反して無効と判断すべきであったとする主張もありえよう。ところが最高裁はそのような方途をとらず，監獄法 46 条 2 項という法文の意味は上記のように解釈すべきであると宣言した。そして最高裁がそのように判断すると，わが国の法システムにおいては，それ以降，同項の意味はそのようなものとして解釈するのが一応の「正解」として扱われることになる（もちろん，最高裁自身が後に判例変更をする可能性がないわけではないから，あくまでも「一応の」，なのである）。

このように，現在の日本の法システムにおいては，最高裁による法文の解釈は，たとえば法学者が同じ法文に対してなす解釈とは決定的に異なった権威（権限といってもよいかもしれない）を与えられている。そこで，このような最上級裁判所のなす法解釈を，学説による解釈と区別して，**有権解釈** とよぶことがある（ケルゼン）。このような意味での有権解釈は，当該法システムにおいて，——それ自身が変更されない限り——ある条文についての意味を確定するものとなる。上述のように法文（命題）が表す命令的な意味を規範と定

義するなら，有権解釈によって規範がはじめて創設される（トロペール），ということになるであろうし，そうではなく，法文そのものを規範とよぶのであれば，有権解釈は規範の意味を確定させる，ということになるであろう。

🌀 解釈に対する制約

原則と例外をひっくり返すような解釈でさえも，それが有権解釈機関によってなされれば，それは当該法システムにおいて妥当する規範として扱われる。しかし，それはあまりにも酷い話ではないだろうか。実際，法文は，それが実定法である限り，定義上，それを作った人間が存在するはずで，その人間にはそのような法文を作った意図があるはずであるが，裁判官は，そのような意図（**立法趣旨**とか**立法者意図**とよばれる）に忠実に解釈すべきであるとする立場もありうるのである。とくに，憲法のようにもともと頻繁な改正を予定しておらず，抽象度の高い文言で法文が書かれているものについては，憲法制定者の本来の意図を探究し，それに裁判官の解釈は拘束されるべきであるとの立場（**原意主義**）も，たとえばアメリカでは有力に主張されている。

法の解釈は，解釈者によって異な（ることがあ）り，唯一の正しい解釈が存在するわけでは（必ずしも）ない。しかも，時としてあまりにも条文からかけ離れているようにみえる解釈がなされることもあるし，さらにそのような解釈であってもそれが有権解釈機関によるものであれば，当該法システムでは妥当する規範と考えられる。法が支配する社会に生きるわれわれにとっては，これは実はおそるべきことであるといえるかもしれない。裁判官があまりにも恣意的な解釈を連発したり，簡単に判例を変更するならば，法に対する信頼は失われ，ひいては法の支配は瓦解してしまうであろう。それでは，法の解釈に対する制約はまったくないのであろうか。

法の解釈には，少なくとも主観的な価値判断が伴う。しかし，生

身の価値判断のぶつかり合いでは理性的な決着はおよそ不可能である。法文という現実に存在する文字列を共通の材料として，解釈者の主観的判断は，それに根拠づけられなければならない。判決には必ず理由を付けなければならない（民訴法253条，刑訴法44条）のは，そのためであると考えることができる。法の解釈とは，法文を共有したうえで，それを用いて他者を説得する営みであり，説得力の高低が法解釈の生命線である。つまりは，「正しい解釈」「誤った解釈」が確固としてそこにあるわけではなく，あるのは「上手い解釈」「下手な解釈」のみである，とすらいえるのである。そして法学の永きにわたる営みのなかで法律家集団によって共有されてきたさまざまな解釈技法（→第3章3）もまた，ばらばらになりがちな法解釈を整序し，一定の作法に従わせることで，その説得力の高低を決するために重要なものであるといえる。

　ある法文を前にして，いかに解釈すべきか，あるいはいかに解釈することが望ましいのかは，結論の正当性・結果の妥当性のみならず，論理性と説得力に依存する。そして解釈の論理性と説得力は，法律家の共同体が延々と引き継いできた作法に依存する部分が多い。法解釈という作業は，自らが正当と信じる落としどころに1人でも多くの人の賛同が得られるよう，法の言葉を用いて説得しようとする営為であって，つまり，法学を学ぶということは，裁判官や法学者の示す法解釈を読み，考え，そのために必要な作法を身につけることでもあるのである。

〈参考文献〉

① 　本章の扱ったテーマに関する文献は数多い。法哲学・法理学といったタイトルの本をひもとけば，さらにそこからさまざまな文献の存在を知ることができるであろう。ここでは，比較的読みやすく内容も充実しているものとして，平野仁彦・亀本洋・服部高宏『法哲学』（有斐閣，2002年），中山竜一

『二十世紀の法思想』（岩波書店，2000年）を挙げておく。また，本書と同じシリーズのものとして，長谷川晃・角田猛之編『ブリッジブック法哲学〔第2版〕』（信山社，2014年）もある。さらに，比較的新しいものとして，瀧川裕英・宇佐美誠・大屋雄裕『法哲学』（有斐閣，2014年）もある。法哲学のような基礎法学は，実定法学と異なり，著者により教科書のなかで扱われる内容・対象にも大きな差があるので，その違いにも注意して読み比べてほしい。

② 上記書物を読めばわかるはずであるが，本章で描いた法・法学の捉え方には，やや特殊な部分が含まれていたかもしれない。いくつかの点において（すべてではない），本章は，フランスの著名な法理論家であるミシェル・トロペールの影響を受けている。トロペールの論攷については，本章筆者が「法政研究」誌に2003年以降不定期で翻訳を掲載してきた。そのうちの主なものを改訳のうえまとめ，解説を付したものとして，南野森編訳『リアリズムの法解釈理論——ミシェル・トロペール論文撰』（勁草書房，2013年）がある。

③ 本章で扱った内容にかかわる筆者の考え方をもう少し詳しく述べたものとして，南野森「憲法・憲法解釈・憲法学」安西文雄ほか『憲法学の現代的論点〔第2版〕』（有斐閣，2009年）3頁以下，および，そこで示した法理論上の方法論を，現実の日本の憲法政治上のひとつの論点である「集団的自衛権」と憲法9条をめぐる議論にあてはめて検討した論攷として，南野森「憲法解釈の変更可能性について」法学教室330号（2008年）28頁以下がある。

第2章

法と法学の歴史

本章のねらい　これから法学を学ぼうとする読者にとって，法とは「既にあるもの」かもしれない。しかしながら，法とは長い歴史の中で生まれ，展開を遂げ，選択され，伝えられてきたものである。本章では，わが国が明治の近代化の過程において選択した，古代ローマに遡るヨーロッパ法と法学の歴史を，とりわけ日本法に大きな影響を与えたフランスとドイツを中心に概観し，さらに日本における法継受について説明して，なぜ法は今「ある」のかそのルーツを探る。

1　ローマ法の成立と復活

都市国家の法から世界帝国の法へ

　伝説によると，ローマは紀元前753年に，狼に育てられた双子の兄が弟を殺害したエピソードを伴って建国された。弟殺しの根拠は，城壁を築くために聖別された線を弟が跨いだ，という違法な行為にあった。このように，ローマの歴史は法の厳格な適用によって始まった，といっても間違いではない。また，ローマ人は「ことば」を大事にする。古法においては，契約締結時や訴え提起の際など，口上を少しでも違え，たとえば「木」というべきところを「ぶどうの木」というと，法的効力が認められなかった。このようなローマ人の性格は，後にも，法の文言あるいはその核心となる準則を堅持す

る態度となって，法学の発展に寄与することとなる。

　紀元前 450 年頃，**十二表法** が成立するが，これは農業中心の社会を規定する法であったとともに，都市国家ローマの市民のみに妥当する法，**市民法**（ius civile）であった。しかし，紀元前 264 年から 146 年にいたる 3 回のポエニ戦争でカルタゴに勝利し，地中海を文字どおり自らの土地の中の海とするに至り，ローマは世界帝国への道を歩み始めることとなる。

　古代において，適用される法はその者の出身地によることとなっていた（属人法主義）から，同じ帝国内であっても異なる都市国家に属する当事者が取引を行い，しかも紛争が生じた際には，適用すべき法がないこととなる。現代においては，国際私法によって解決される問題であるが，これを欠く古代，多民族国家として成長を続けるローマにとっては，由々しきことであった。そこでローマ人は，それまで司法を担当していた法務官に加え「外人係法務官」を新設し，従来の法務官を「市民係法務官」と改めた。そしてこれら法務官の実務を通じて，ローマ市民のみならず，すべての民族に適用される法である **万民法**（ius gentium）が展開していくこととなるのである。

　なかでも新たに，それまでの文言に忠実で厳格な訴訟手続と併置された誠意訴訟は，要式にとらわれず「信義誠実にもとづき利害あるところのもの」について判決することを可能とし，「信義」の中身を通常の取引や当事者間の合意といった事情に即して解釈することが，法学の対象として加わった。現在，わが国の民法典にも，その第 1 条 2 項に規定されている **信義則** は，ローマにおける誠意訴訟に由来するものである。

　ローマにおける法学の展開の中心は私法の分野であり，このことは，ヨーロッパにおける後の法学の歴史にも，大きな影響を与えることとなった。一方，法学の展開の担い手は，**解答権** を有する法学

者たちであった。もともと解答権は，元首政を創始した**アウグス**
トゥス（在位 BC.27−AD.14）が，共和政期にはすでに政治上も有力
であった法学者たちに，自らの命令権（imperium）の一部を委譲し，
これら法学者の見解に法源としての効力を認めたことに始まる。こ
の頃から，五賢帝期（96−180 年）を経て，紀元後 3 世紀に至る**古**
典期とよばれる期間が法学の全盛期といわれる。解答権を持つ法
学者としては，古典期前期のラベオ，盛期のケルスス，ユリアヌス，
後期のパピニアヌス，パウルス，ウルピアヌスらがとくに名高い。

　これら法学者は，著作や弟子への解答として自らの法的見解を明
らかにしたのみならず，裁判における争点について司法担当者に見
解を求められこれに解答したり，皇帝の勅答を起草するなどの，実
務において活躍した。このため，彼らの見解は**実務感覚**に優れた
もので，定義や体系といったものには，格段の注意を払わなかった
とされている。また当時の訴訟手続であった方式書訴訟手続を前程
に，具体的な解決をはかっていたことが，解明されてきている。

🖋 古典期法学の「はこ舟」

　しかし世は元首政から専主政へと移りかわり，皇帝の圧倒的な権
力のもと，法学の自由な展開も間もなく終焉を迎える。さらに，具
体的な実務感覚・バランス感覚に優れていた古典期法学者の見解は，
とりわけ人智の対象が法学から神学へとかわっていくにつれ，理解
不能なものとなっていった。この頃になると，紛争当事者が，それ
ぞれ自分に有利な「法学者の著作」とされるものを，「法」として
裁判の場に持ち出し，これが相互に矛盾しても，裁判担当者にはそ
の真偽を判定する能力もない，というありさまであった。このよう
ななか，ローマ帝国は，その首都をローマからコンスタンティノー
プルへと遷し（330 年），東西に分割され（395 年），「都市ローマ」
を含む西ローマ帝国は，ゲルマン人の侵攻によって滅亡する（476
年）。

ただ，西ローマ帝国が滅亡したからといって，この地域のローマ人が死に絶えたわけではない。属人法主義により，ゲルマン諸王国に住むローマ人には，ローマ法を適用しなければならなかったので，ゲルマン諸王国においてローマ法の編纂がはじまることとなる。

　他方東ローマ帝国では，527年に即位した**ユスティニアヌス帝**（在位527-565）が，かつてのローマ帝国の再興に着手する。この野心は，一面では，軍事力によるローマ帝国最大の版図を獲得することによって実現され，他面では，ゲルマン人の法典編纂による刺激もあり，司法長官であったトリボニアヌスを長とする大立法事業へと結実した。こうして成立したのが，後に一括して『ローマ法大全』とよばれることとなった**『法学提要』**（533年施行）**『学説彙纂』**（533年施行）**『勅法彙纂』**（534年施行）**『新勅法』**である。『新勅法』は主にギリシア語，それ以外はラテン語で書かれている。

　ユスティニアヌス帝は，法学教科書にあたる『法学提要』の序文で，自らかつて法学を学んだテキストの著者，古典期盛期の法学者ガイウス（おそらく解答権を有さない法学教師であったとされる）を「我が師ガイウス」とよんでいる。また古典期を中心とする法学者の著作からの抜粋を収めた『学説彙纂』発布の勅法をもって，一切の注解や略語を禁止し，その違反を偽造の罪とした。そこには，古典期法学への憧憬と，その継承への期待，さらには当時の法状況の混乱を収拾する自信があふれていた。『勅法彙纂』は，ハドリアヌス帝（在位117-138）から534年に至る勅法をまとめたもので，『新勅法』は『勅法彙纂』後ユスティニアヌス帝が死亡するまでの勅法となっている。

　今日までローマ古典期の法学が伝わっているのは，このユスティニアヌス帝の時代錯誤とも思われる法典編纂事業の賜物である。古典期の著作は，ガイウスの『法学提要』を除き，早い時期にほとんど失われてしまった。しかしながら，それらの一部は抜粋の形で

『学説彙纂』に採録され，古典期法学者の助言を得て発布された勅法の数々も『勅法彙纂』にまとめられて，中世の混乱を生き延びたのである。

ユスティニアヌス帝の死後，ローマ帝国再興の野心は直ちに維持できなくなる。法典への注解や略語使用の禁止も破られ，すでにラテン語を解さなくなっていた東ローマ帝国（ビザンチン帝国）の社会に適応するため，『学説彙纂』や『勅法彙纂』に注解を付したギリシア語訳やギリシア語での要約が編纂されることとなるのである。レオ賢帝（在位 886-911）は，これらの注解を取り入れつつ，しかし大筋では『ローマ法大全』の内容を汲んだ，60 巻の『バシリカ法典』を完成させた。『バシリカ法典』はビザンチン帝国で最も権威ある法典としての地位を守り続け，ビザンツ法学の主要な法源として永く妥当した。

ボローニャから全ヨーロッパへ

西ローマ帝国滅亡後の西・中央ヨーロッパの文化程度は，高度なローマ法を理解するには遠く及ばず，古典期の著作も失われて，ローマ法の伝統は中世の闇に沈んでしまったかにみえた。しかしながら，11 世紀末に中部イタリア・ボローニャのイルネリウスが，ピサで『学説彙纂』の写本を発見し，状況は一変する。この写本は現在でも『フィレンツェ写本』として『学説彙纂』の標準テキストとなっている。時折しも中世前期に眠っていた人間の知性が復興の兆しを見せる，「12 世紀ルネッサンス」といわれている時代の幕開けである。

当時，最も重要とされた学問は神学であった。神学は，聖書が絶対で矛盾のないものであることを前提に，一見抵触するかにみえる記述を調和させることを，重要な役割のひとつとする。イルネリウスを祖とする 注釈学派 も法学に同じ技法を用い，現在でも十分に参照に値する大きな成果を修めた。すなわち，「書かれた理性」で

ある『ローマ法大全』に絶対の信頼を置き，難解な語の説明，一見矛盾する法文の調和，事例の例示，概念の区別などを行ったのである。ボローニャでは，法学を講じる最古の大学が創設され，四博士やアゾ（?-1220），アックルシウス（1181/85-1259/63）などの著名な教授も出て，ヨーロッパ各地から貴族の子弟が集う所となり，一説によると，1200年頃には1万人の法学生を擁していたといわれる。注釈学派らの研究の成果は，アックルシウスにより要約され**『標準注釈』**としてまとめられた。

しかし，注釈学派の仕事は，『ローマ法大全』のテキストに忠実なあまり，当時の社会の実用には適していなかった。そこで13世紀半ば以降，注釈の付されたローマ法テキストを素材として，実際に適用しうる法を創ろうとしたのがバルトルス（1313/14-57）ら**注解学派**（または後期注釈学派）とよばれる人びとであった。

ボローニャで学ぶ若き法律家は，ローマ法と並びカノン法（教会法）を修め，「両法博士」の称号を得て，故郷へ帰って行く。現在でも法学修士，法学博士のことを LL.M., LL.D. と表すが，この2つの L はそれぞれローマ法とカノン法を指す。『ローマ法大全』という名称も**『カノン法大全』**に対置して，この頃付けられたものである。

ヨーロッパ各地に戻った「両法博士」たちは，行政官や司法担当者として法実務に携わることになるが，そこで優先して適用される法は，しばしばその土地に土着の固有法や地域慣習法であった。しかし，かつての古代ローマにおける万民法と同様，異なる共同体に属する者同士の紛争にはローマ法が適用されたし，固有法に適用すべき法が欠けている場合も，ローマ法が適用された。固有法の存在は紛争当事者が証明しなければならなかったので，ローマ法適用の事例が多かったであろうことは，想像に難くない。ここに，ローマ法の教育を受けた学職法曹（→第16章）の存在価値があったし，彼

らの活躍によって，ローマ法は，西・中央ヨーロッパの各地に継受されて行くこととなったのである。

2　分化するヨーロッパと法の展開

ローマ法の継受

　ローマ法は，とりわけ現在ドイツとよばれている地域において，広範に継受された。この地域では，962 年に諸邦のゆるやかな結合である**神聖ローマ帝国**が成立し，カトリック教会とともにローマ帝国をその権力の根拠としたからである。ローマ法は「皇帝の法」として庇護を受け，12 世紀以来，ボローニャでこれを修めた法律家たちも，領法支配や都市の裁判・行政といった実務において活躍した。さらに 1495 年には帝室裁判所令により，帝国の最上級裁判所である帝室裁判所においては，カノン法とともにローマ法を帝国共通の法（**普通法** ius commune）として適用することが定められた。

　しかしこれと並行して，ドイツの諸領邦や諸都市には固有の慣習法も存在した。普通法を学んだ学職法曹たちはこれを蔑視していたものの，そのような姿勢そのものが一般人の反発を生む所ともなる。また当時の法実務において，時代や地域に適合させるため，ローマ法を変形する必要も生じてきた。このことから，15 世紀末から 17 世紀にかけて，第一の法源としてはローマ法を維持しつつも，地域固有法を第二の法源として認める，「**パンデクテンの現代的用法**（usus modernus Pandectarum）」が広まった。なお，パンデクテンとは『学説彙纂』のギリシア語名である。

　フランスにおいては，ローマ法の継受は，ドイツにおけるほど徹底されなかった。なぜなら，12 世紀当時，農業改革を経験し経済成長を遂げていた北部フランスにおいては，法文化も独自の展開を遂げ，かなり整備された固有法がすでに存在していたからである。

これに対して南部フランスにおいては，固有の法文化が育つに至らず，また地理的にイタリアの影響も強いため，ローマ法はより積極的に受け容れられることとなる。

　フランスの法学史において忘れてならないのは，**人文主義法学** の功績である。14世紀から16世紀にかけてヨーロッパ全体に **ルネッサンス** が興ったが，これが法学の分野で開花したのが人文主義法学（典雅法学）といえる。キュジャス（クヤーキウス，クジャース 1522-90）やドノー（ドネッルス 1527-91）ら人文主義法学者は，注解学派によって当時の法実務に適応させられていたローマ法を，古典に立ち返ってテキストに忠実に読み解こうとした。しかし，これら人文主義法学者の多くはカルヴァン派ユグノーであったので，聖バルテルミーの虐殺（1572年）に代表される **宗教弾圧** のなかで，カルヴァン派をかかげ独立戦争（1568-1648年）を戦っていたオランダに逃れ，ローマ法研究は，グロチウス（1583-1645）が自然法を説く，新興国オランダに受け継がれることとなった。こうして成立したローマ・オランダ法（Roman-Dutch-law）は，オランダの旧植民地，南アフリカやスリランカにおいて，現在でも実定法として通用している。

　他方，フランス北部のオルレアンにおいて，ポティエ（1699-1772）は慣習法の裁判実務や教授に携わるかたわら『学説彙纂』の研究を重ね，その著作は，北部慣習法と南部成文法を架橋するものとして，後の民法典編纂の際，多く参照された。

法における啓蒙思想の実現

　16世紀の人文主義法学以来，歴史的なものと評価され，それまでの絶対性を失いつつあったローマ法は，**啓蒙主義** と出会うことで，さらに相対化されることととなる。啓蒙思想は，それまでの伝統や権威を疑い，理性のフィルターを通してこれらを再構築するよう説くが，ローマ法はまさに古い伝統や権威に属していたからである。

この際の理性は，特権を持つ個人だけでなく，万人がもつべきものなので，法も万人に開かれ，万人に平等なものでなければならない。この理念が，ハプスブルグ家のマリア・テレジア（在位 1740-80）や，プロイセンのフリードリッヒ大王（在位 1740-86）といったいわゆる啓蒙専制君主の手によって，法典編纂と司法改革として実現されるようになる。私法については 1794 年に『プロイセン一般ラント法』が，1811 年に『オーストリア一般民法典』が，ラテン語でなく国民に理解可能なドイツ語で公布された後，施行された。これらは同時に，市民を教育し市民生活を規律しようとするものでもあった。

　他方，啓蒙主義の理念は，革命という別の道をたどっても実現された。1789 年の **フランス革命** は，第三身分の国民議会議員たちによる球戯場の誓い（6 月 20 日）に始まり，**人権宣言**（8 月 26 日）にいたるまで，憲法制定を重要な目標にかかげていた。革命前のアンシャンレジームにおいては，国王と国家は同一視され，国王は神法と自然法に拘束されるのみであった。これに対して，革命は「**国民主権**」を新たな国政の基本原理に据え，「**権力分立**」による各国家機構のチェック＆バランスのシステムを構築しようとし，また個々の市民の「**自由**」が天賦のものであると宣言して，これにもとづく市民相互の「**平等**」を唱える。革命後の混乱のなかで，つぎつぎと制定された憲法は，この基本枠組みのなかでの試行錯誤であったといってよい。革命の成果としての憲法は，自由で平等な市民が主権者として国家を縛るためのものであった。

　また，刑罰権は，ヨーロッパにおいて，それまで主権者が神に代わって行使するものであったが，啓蒙期に入り，これも神から切り離して論じられうるようになる。ホッブズやルソーの **社会契約論** を基礎として，まずイタリア人のベッカリーア（1738-94）が，刑罰の根拠は各人が自らの自由を守るために差し出した自由の割り前

にある，とし，この範囲を超える刑罰はすべて違法であるとした。この思想が，ドイツにおいては**カント哲学**と結びつき，犯罪者が犯罪を自らの意思で選択したことを根拠として，犯罪者には，犯罪にちょうど見合うだけの刑罰が科せられるべき（**応報刑**）とする，古典学派が成立する。フォイエルバッハ（1775-1833）を中心に，一定の犯罪に対してどれだけの刑罰が科せられるかが，あらかじめ法律として明示されてこそ，一般の国民は刑罰をおそれ，犯罪行為を選択しなくなる（**罪刑法定主義**）と主張されたのである。

　しかし19世紀に入り，18世紀後半にイギリスで始まった**産業革命**がヨーロッパ大陸に伝わる頃，若年者の犯罪や累犯が増加し，犯罪者がそもそも自由意思を持ちえていたのか，疑問が投げかけられる。環境等により「犯罪者」の気質を持つ人びとが存在する，と考えたリスト（1851-1919）ら近代学派の人びとは，刑罰の根拠を社会の保護に求め，刑罰は犯罪者を社会から隔離し，この者の犯罪性を矯正するためのものであると考えた（**教育刑**）。これらの考え方は，わが国の現行刑法にも影響を与えている。

民法典の編纂とローマ法の復権

　フランスでも，革命後，法をすべての市民が理解し得るものとするため，憲法とともに刑法などの法典化が急がれた。なかでも困難かつ重要であったのは民法典の制定である。革命は，貴族や教会，同業組合といった，アンシャンレジーム期に国家（＝国王）と国民の間でクッションの役割を果たしていた中間団体を取り除いてしまった。このうち国家と国民の関係は憲法で規定することとなったが，国民相互の関係は民法で規定する必要がある。しかし，北部慣習法（固有法）地域と南部成文法（ローマ法）地域で大きく異なる私法を有していたフランスにおいて，統一民法典を制定することは容易ではなく，政治的混乱もあいまって，4つの草案が提出されたものの，成立には至らなかった。

この状況を打破したのは，ナポレオン（1769-1821）の政治的意思であった。1800年ナポレオンは，法理論と実務の両方に卓越した委員を，慣習法地域と成文法地域からそれぞれ2名ずつ任命して民法典編纂を命じ，1804年『フランス人の民法典』（Code Civil des Français，『ナポレオン法典』または単に『民法典』）がついに一個の法典として成立した。その内容は，革命の理想よりも，むしろ，革命前からの実務を反映した現実的なものであり，債権法分野にはローマ法，家族法には主に北部慣習法を取り入れた。現在でも，このときに制定された民法典が，種々の改正を経ながらフランスで妥当しており，後には，わが国を含む多くの国の民法典編纂に影響を与えた。

　神聖ローマ帝国は1806年，ナポレオンの指導により南ドイツ諸邦の間にライン同盟が成立したことをもって，消滅する。その後ナポレオンも没落するが，その後のヨーロッパ秩序を構築しようとしたウィーン会議（1814年）においては，プロイセンの台頭を警戒するメッテルニヒ（1773-1859）により，ドイツの統一は回避される。しかしフランスに触発されたドイツ人の民族意識は高まり続け，ついに1871年，プロイセン王ヴィルヘルム1世（在位1861-88）を皇帝，ビスマルク（1815-98）を宰相として，ドイツ帝国が成立する。

　この頃，ドイツにおける法学も，フランスの影響と統一の機運を反映して，大きく動く。普通法のほかさまざまな地域慣習法が混在するドイツにおいても統一の民法典が必要であると主張されたのに対して，サヴィニー（1779-1861）は，法は言語と同様に民族の歴史のなかで形作られるものである，とし，人為的な法典化は法の自然な展開を妨げるとして，これに反対した。さらに，ドイツ民族の法とはゲルマン法とローマ法なので，これらを歴史的に研究する必要がある，とし，歴史法学派の創始者となったのである。このうち，ローマ法を対象とする研究を，パンデクテン法学とよぶが，古代の

ローマ法において軽視されていた定義や体系化を積極的に行い，とりわけヴィントシャイド（1817-92）の著作は，統一後のドイツ民法典（BGB，1900 年成立）の基礎となった。

3 日本における西洋法の継受

🎧 開 国

19 世紀に入り，それまでの約 200 年間西洋との交流を禁止していた日本は，強大な軍事力を背景にしたアメリカの開国要求を前に，いやおうなく鎖国を解く。そのようななかで江戸幕府が締結した，日米修好通商条約（1858 年）に始まる欧米諸国との一連の二国間条約は，広範な治外法権を諸外国に認め，他方で関税自主権を日本に認めないという不平等を含んでいた。これに対する反発がひとつの契機となって，江戸幕府という封建支配体制が瓦解する。しかし 1868 年の王政復古後も，明治新政府には，独立を守るため，西洋諸国との友好関係を維持していくほか選択肢がなかった。しかも，国内にいまだ根強い反外国感情を沈静化するためには，不平等条約の改正を目指さざるをえない。その手始めが領事裁判権の撤廃であった。ただ，列強が領事裁判権を要求するのにも，合理性はある。手続も不透明で，実体法も公布されていない当時の日本の司法に，自国民をゆだねることを，列強が警戒したのも無理はなかろう。そこでこの理由を取り除くため，西洋列強並みの法整備が急務となったのである。

このような時代の要請に対応して，重要な役割を果たしたのが，パリの自然法学者ボワソナード（1825-1910），ドイツ・ロストックの法学教授ロエスレル（1834-94）といった，いわゆるお雇い外国人であった。彼らは，司法の担い手である裁判官を養成するとともに，西欧並みの法典編纂事業を遂行し，日本の法制度の急速な近

代化を推進することとなる。

　他方，日本の若きのエリート層も，洋行しあるいは西洋の文物に触れ，さまざまな分野で開眼していく。彼らが，西洋の著作の翻訳や，西洋社会や西洋思想を紹介する著作を発行したことも，この時期における注目すべき現象であった。これらの著作を通じ，西洋の自然権ないしは人権の思想や，さらには立憲主義の思想が，高い識字率を背景に，一般大衆にまで受け容れられていった。

立憲君主制への道

　このような 自由民権思想 の普及をも背景に，1876年，一方で「我が建国の体に基き」他方で「広く海外各国の成法を斟酌し」て，憲法草案を作成すべきことが，元老院に対して，秘密裡に命じられた。この日本の特殊性と西洋立憲主義の普遍性という2つの要求は，実際に憲法が制定されたあとも，日本の戦前の憲法政治を両方向に大きく振幅させることになる。

　後の初代内閣総理大臣伊藤博文（1841-1909）は，憲法案作成を命じられ，具体的な調査等の作業を井上毅（1844-95）に命じる。井上は，ボワソナードやロエスレルと面談を重ね，いずれも君主制国家であるイギリスとプロイセンの違いなどについて研究を深めた。その結果，天皇の権能を広く認めた立憲政体を求める明治政府にとって議会の権限がイギリスより制約されているプロイセンの制度が，模範となる。

　1882年3月，伊藤博文を団長とする憲法問題調査のための使節団が，ドイツを主たる目的地として，ヨーロッパに派遣される。彼らは，まずベルリンで約5ヵ月にわたりグナイスト（1816-95）のもとで調査・研究を行い，つぎにウィーンで3ヵ月のあいだシュタイン（1815-90）に師事した。時あたかも，フランス革命後の「混乱」に打ち勝ち，ドイツ帝国が成立した約10年後，ビスマルクが辣腕をふるっていた頃のことである。「英，米，仏の自由過激論」

は一時の行きすぎで，今後はドイツ流の立憲君主制こそが世の流れ，と当時の日本人が考えても無理はなかろう。

1883年8月に帰国した伊藤や井上らは，憲法草案の起草準備にとりかかり，1886年から本格的に作業が進められた。何度かの修正の後，1888年4月にはほぼ確定的な憲法草案が完成し，天皇の諮問機関として新たに設立された枢密院で，憲法草案の逐条審議が行われることになった。こうして1889年2月11日，日本ではじめての近代的意味における憲法典が公布される。東アジアではじめての，もっとも広い意味における立憲主義的な憲法典が制定されたのは，フランス革命からちょうど100年，ペリー来航（1853年）からわずか40年足らずのことであった。

大日本帝国憲法 は，天皇が統治権のすべてを総覧するという建前をとってはいたものの，いちおう議会と政府（大臣）と裁判所という権力の分立を達成していたし，「人の権利」ではなく「臣民の権利」であり，さらにそれらの多くには法律による制約の可能性（「**法律の留保**」という）が憲法上定められてはいたものの，いちおう権利の保障も定めていた。このように，大日本帝国憲法は，「いちおう」外見上は立憲主義の体裁を整えていたという意味で，外見的立憲主義ともいわれる。しかし，この憲法は，1945年の第二次世界大戦における日本の敗戦とそれに伴う **日本国憲法** の制定に至るまでの半世紀以上の間，いかなる改正も行われることなく，日本の最高法規でありつづけた。大日本帝国憲法のもとでの日本の憲法政治には，いわゆる大正デモクラシー期のように，「広く海外各国の成法を斟酌し」たといえるような，きわめて自由主義的，立憲主義的な時期もあれば，戦争の時期，とりわけ1935年頃からの10年間のように，もはや外見すら立憲主義とはいえず，日本の特殊性が前面に押し出されたかのような時期もあった。第二次世界大戦の敗戦によって「我が建国の体」が否定されたとき，日本国憲法が，この憲

法に取って代わらなければならなかったのは，歴史の必然であったともいえよう。

近代法典の編纂

ヨーロッパにおける法の歴史が，私法を中心に展開したのに対し，わが国においては，私法への関心は低かった。そこには，民事紛争は小事にすぎず，これが発展して刑事事件すなわち「大事」に至らないうちに，話し合いをもって円満解決するのが望ましい，という伝統的な考え方があったからである。刑事法については，中国からの影響もあり，ヨーロッパと比べ遥かに早い段階で精緻なものとなっていたが，私法は限定された範囲で商業上の必要から規定されたにすぎない。

そこで明治維新後の法典作成は，まず伝統的な 律 の形をとった刑事法典の作成に始まった。しかし西洋人に受け容れ可能な法典を作成しなければ，不平等条約の改正は実現しない。そのためには「近代」法典の作成が必要である。こうしてヨーロッパ法の継受を基礎とした近代法典として，刑法典が作成されることとなった。

1875 年，ボワソナードが構想を示し，西ヨーロッパでの外国法調査から帰国した鶴田皓（1835-88）らを含む日本人委員がこれに意見する形で，刑法典の編纂が本格的に始まった。そこでは，フランス刑法典はもちろん，ベルギー，ドイツ，イタリアといった各国の刑法典（草案を含む）が参照され，近代的な意味での「罪刑法定主義」も規定し，また，尊属殺人・傷害を除けば，身分にもとづく犯罪・刑罰の体系は排除された。その後，刑法草案審査局の修正を経て，現在では旧刑法とよばれる刑法典が，1880 年に公布，1882 年に施行される。旧刑法は，ボワソナードの意見を入れ，それまでの律に比べ刑が著しく寛大な一方，細かな規定によって裁判官の裁量を制限していた。

しかしこの頃，社会の変革に伴って犯罪が増加したため，厳罰化

を望む声が政府内でも強くなる。またボワソナード自身も，審査局による修正に不満で，刑法典の改正を望んでいた。さらにヨーロッパでの近代学派の興隆といった要素も加わり，異なった思惑がからみあって，早くも刑法典の改正が行われる。こうして1907年に成立したのが，**明治40年刑法典** である。この現行の刑法典では，近代学派の影響を比較法的にも早い時期に反映したもので，犯罪者の「性格」を重視する。その結果旧刑法にくらべて，犯罪をより包括的に規定し，これに対する刑罰に幅をもたせて，裁判官の裁量をいちじるしく広く認めるものとなった。

　他方，民法典の編纂も直ちに企図される。当初明治政府は，民法典の編纂を難事業とは評価せず，当時最も整備されていたフランス民法典を和訳すれば足る，と考えていた。しかし，ローマ以来の長い歴史と背景をもつ概念を理解する素地が当時の日本にはなく，またこれを表すための語そのものも日本語に存在しない。そこで1879年，旧刑法典の編纂を終えたボワソナードに民法典起草が委嘱され，民法編纂局における民法典編纂作業が始まる。ボワソナードは財産法を担当したが，単にフランス民法を取り入れるだけでなく，各国の最新の法状況を参考にし，また日本の固有法にも配慮していたという。これに対して，家族法は日本人委員が起草した。この結果 **旧民法** とよばれる民法典が成立し，1890年に公布された。

　しかし旧民法は，旧商法とともに，施行延期派と施行断行派との「**法典論争**」の的となり，結局施行に至らなかった。旧民法に対する批判は「外国人の起草による法典は日本に合わない」としたり，「旧商法がドイツ人の起草によるので，民法と商法とが矛盾する」とするなど多岐におよんだが，イギリス法教育を受けた法律家たちのフランス法に対する牽制という側面もあった。なかでも穂積八束 (1860–1912) が論文タイトルとして用いた「民法出て忠孝滅ぶ」という表現は，当時の社会に強いインパクトを与えた。

この結果施行は延期され，民法典の編纂は，穂積陳重（1855-1926），梅謙次郎（1860-1910），富井政章（1858-1935）を中心とする **法典調査会** にゆだねられることとなる。穂積は英独で学び，富井はフランスで学んだもののドイツ法学に傾斜を強めて，共に延期派であったのに対し，梅は仏独で学び旧民法を高く評価して断行を主張していた。彼らは，基本条文について，フランス法を基礎とする旧民法を，ちょうど民法典編纂作業進行中のドイツ民法典第一草案をはじめとする，22ヵ国の立法や判例を参考にしつつ修正した。こうして1898年，現行の **民法典** が施行されることとなったのである（ただし家族法部分は第二次世界大戦後に全面的に書き換えられた他，2017年には債権法の大規模な改正が行われ，2020年に施行された）。旧民法と現行民法の最も大きな違いは，その編別が，フランス式のインスティテュシオン（法学提要）体系からドイツ式の **パンデクテン**（学説彙纂）**体系** に変更されたことにあるといわれる。

　その後の東アジア諸国における（強制にせよ，非強制にせよ）継受をも考えると，西洋的法伝統を東アジアにも根づかせた，日本民法典とその編纂者の功績は大きい。他方，条約改正の要請から民法典編纂を急いだため，民法典の示す私法理論と国民の実情との間の乖離を放置せざるをえなかったことも事実であろう。

〈参考文献〉

①　ローマ法の歴史については，ウルリッヒ・マンテ〔田中実・瀧澤栄治訳〕『ローマ法の歴史』（ミネルヴァ書房，2008年）で勉強を深めていただきたい。

②　木庭顕『新版　ローマ法案内——現代の法律家のために』（勁草書房，2017年），は，著者の一連の大著のエッセンスをコンパクトにまとめた著作の新版であるが，その「法」や bona fides の理解はオリジナリティに溢れており，必ずしも本稿の採るところではない。

③　ドイツを中心とするヨーロッパの歴史について，コンパクトにまとめたも

のとして，クヌート・W・ネル〔村上淳一訳〕『ヨーロッパ法史入門』（東京大学出版会，1999 年）が，よりくわしくは勝田有恒・森征一・山内進編著『概説西洋法制史』（ミネルヴァ書房，2004 年），さらに比較法の視点から五十嵐清『ヨーロッパ私法への道』（新装版・日本評論社，2017 年）などがある。また法学者名ごとにその足跡をまとめた著書として，勝田有恒・山内進編著『近世・近代ヨーロッパの法学者たち』（ミネルヴァ書房，2008 年）が便利である。

④　日本法の近代化については，川口由彦『日本近代法制史〔第 2 版〕』（新世社，2014 年）を手に取るようおすすめする。

⑤　日本の憲法史については，石川健治「憲法学の過去・現在・未来」および高見勝利「日本憲法学を築いた人々」（いずれも横田耕一・高見勝利編『ブリッジブック憲法』〔信山社，2002 年〕所収）を，またよりくわしくは大石眞『日本憲法史』（講談社学術文庫，2020 年）を参照すべきであろう。加えて江橋崇『日本国憲法のお誕生——その受容の社会史』（有斐閣，2020 年）も手に取られたい。また，立憲主義の思想がどのように西洋で展開し，それが日本に受容されていったかを簡明に述べたものとして，南野森「人権の概念——憲法・憲法学と『人権』」南野森編『憲法学の世界』（日本評論社，2013 年）第 10 章も，参照してほしい。

第3章

法律と法体系

本章のねらい　　　法学の学習において最も大切なことは，その全体像を理解し，自分なりのイメージをもつことである。本章ではまず，法学の基本的な考え方を説明したうえで，法学の内部システムを説明し，これから始まる法学の学習に不可欠となる鳥瞰図を示す。加えて，法律に関係する職業を簡単に紹介することで，法学の大まかなイメージを提示する。

つづいて，法学の対象である「法」について，具体的な個別科目を勉強する前に知っておくべき基礎知識を説明する。具体的には，法の役割・種類・優劣関係が取り上げられる。なるべく具体例を取り上げることで抽象的な内容を理解してもらうこととしたい。

さらに，法の中でも最も中核的な役割を担う「法律」について，法学学習のいわば「常識」を紹介する。法律条文の構造はどうなっているか，条文を解釈する際にはどのような方法があるか，条文を立法する際にはどのような手順に従っているのかを説明する。

1　法学の全体像

法学の基本的発想

　ある現象が発生したとき，その原因となるものを細かく切りわけて考えるのが理系の学問の一般的な特色である。たとえば体の調子が悪い場合には，医者は体のどの部分に原因があるのかを特定し，原因となっている炎症を抑える薬剤を投与したり，場合によっては

その部分を切除したりして，病気を治療する。法学の基本的な考え方もこれと共通している。

　つまり，社会における紛争を細かく権利と義務に分解してその性質を特定したうえで，一般的なルールを適用して解決を図る思考パターンをたどるのである（図1）。

　権利・義務とは何かを説明する前に，それらの担い手についてまず紹介する。権利・義務の担い手のことを **権利主体**（ないし **法主体**）とよび，自然人と法人の区別がある。**自然人** とは生きている人間のことであり，近代法の成立以後はすべての生存する人間が権利主体として平等に取り扱われている（**権利能力平等原則**）。これに対し，人の集まり（例：株式会社）や一定の財産（例：財団）があたかも1人の人間のように契約を締結したり，訴訟を起こしたりする場合がある。これら **法人**（→第9章）は，法によって法人格が与えられることではじめて，法学の登場人物としての資格を得る。

　権利主体同士の相互関係を法的に表現する際に用いられるのが権利・義務の概念である（これらを包括する用語として「法関係」という言葉が使われることもある）。権利・義務とは何かを簡単に説明することはきわめて困難であり，この問題を深く研究する法学の個別分野を学ぶときに詳細を理解してほしい。ここではさしあたり，他者に対して一定の **作為**（○○すること）・**不作為**（○○しないこと）を要求し，それを訴訟によって貫徹できる資格を **権利** といい，他者に対して一定の作為・不作為をとることの拘束を **義務** とよぶ。権利や義務はいずれも「誰かの」「誰かに対する」ものであるため，**主観法** とよばれることがある。法学でしばしば出てくる「主観」という言葉の多くは，個人の権利・義務に関係するという意味で用いられている。

　しかし，法学の世界はこれだけで構成されているわけではない。こうした権利・義務ないし法関係が展開するための基盤として，法

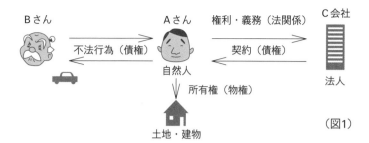

（図1）

的な秩序ないし一般的なルールが存在する。これを **法制度** とよぶ。たとえば，人と人との関係である債権債務関係（例：売買）を発生させる基盤には，双方の合意によって権利・義務を発生させる契約制度や，加害行為という事実に着目して加害者に被害者に対する損害賠償義務を生じさせる不法行為制度などがある。これらは，個々の場合や個人個人の差異を問わず一般的な形で存在しており，そのため **客観法** とよばれる。

　以上を前提に，法学が紛争を解決する際の手順を簡単に説明する。たとえば，あなた（自然人）が大学生協（法人）で行政法の教科書を予約注文したとする。しかし何日待っても連絡がないので，あなたは生協に対して予約をやめたいと連絡した。しかし生協側はすでに発注したのでキャンセルできないとの返事であった。

　法学では，あなたが生協に予約注文した段階で通常は契約が成立したと考える。そのうえで契約の性質を特定し（この場合は売買契約），それに関する一般的なルールを今回のケースにあてはめて問題を解決する。ここでは契約解除の規定（民法540条以下）が使えるかどうかを検討することが考えられる。また，勘違い（錯誤）や騙された（詐欺）といった意思の形成や意思表示に問題があった場合や，契約内容が社会的に見て適当ではない（公序良俗に違反する）場合には，契約が無効となったり取消可能となったりする結果，予約のキャンセルが可能になることもありうる。

このように，法学では問題となっている紛争を権利・義務に分解し，それらに対して法制度が準備する一般的なルールをあてはめることで問題を解決するのである。

法学の内部構造

　法学は政治学・経済学・社会学・人文学などとともに，いわゆる文科系科目の一翼を担っている。これらと比較した法学の特色として **規範学** という言葉が使われることがある。ある社会的な現象を分析する際に，その現状を記述するタイプの学問と，あるべき姿を論ずるタイプの学問とがあり，法学は後者の性格を概して持っている。たとえば，行政活動の現実を分析して記述するのは「**行政学**」の役割であるのに対し，行政活動がこうあるべきであると論じるのが「**行政法学**」の役割である（政治学と憲法，法社会学と民法も同じ関係である）。このように法学には対応する隣接諸科学の分野が存在していることが多く，そこでの知見を得ておくと法学がより理解しやすくなるのである。

　法学の内部は大きく **基礎法学** と **実定法学** とに分けられる（→第1章2，本書の表紙裏の図を参照してほしい）。おおまかにいえば，六法に載っている法律条文を主たる対象にしているのが実定法学であり，そうでないのが基礎法学である。基礎法学の中には，法哲学（法理学）・法制史（法史学）（→第16章）・法社会学・比較法といった科目が含まれている。基礎法学の特色は，つぎに説明する個別法分野に共通する要素を研究することで，法学の内部における知識の相互交流を行うこと，そして他の分野とのインターフェイスとしての機能を担うことにある。

　これに対し，実定法学の方は大きく **基本法科目** と **応用法科目** とに分けられる。基本法科目とは，法学の基本的な知識・技術の体系を持つ科目であり，国と国民との関係を扱う **公法**（→第6章），市民相互の関係を扱う **民事法**（→第7・8・9・10・11章），犯罪と刑罰

を扱う **刑事法** （→第12・13章）の3つに類型化されている。後に説明する応用法科目は，これらを組み合わせて個別分野における問題の解決を考える科目といえる。基本法科目は司法試験の出題科目となっており，そのため法科大学院ではカリキュラムの中核を占めている。

　基本法科目の3つの類型を横断的に区切る概念として，**実体法** と **手続法** がある。実体法とは，権利や義務の成立条件や内容について定めている法で，公法における憲法・行政（作用）法，民事法における民法・商法，刑事法における刑法が含まれる。これに対し，手続法とは，権利や義務の実現の手続や手段について定めている法で，公法では行政（救済）法，民事法では民事訴訟法，刑事法では刑事訴訟法が該当する。

　応用法科目は個別の分野ごとに法的な問題を取り扱う科目である。歴史的に最も早く成立したのが **社会法** であり，公法と民事法の両方の要素を包含する労働法・社会保障法（→第14章）・経済法がここに含まれている。この他，租税法・環境法・知的財産法（→第15章）・医事法などさまざまな応用法科目があり，このうちの一部は司法試験の論文式における選択科目に含まれている。

🎬 法律に関係する職業

　法律に関係する職業として直ちに思い浮かぶのが法曹である。法曹は裁判官・弁護士・検察官の総称で，これらの職に就くためには，司法試験に合格し，司法修習を経る必要がある。司法試験を受験するためには，大学卒業後，2年間（法学既修者）または3年間（未修者）法科大学院で学ぶか，司法試験予備試験に合格する必要がある。

　法曹以外にも法律専門職として，司法書士・税理士・弁理士・行政書士といった職業があり，これらにもそれぞれ資格試験がある（法科大学院のような専門職大学院を卒業する必要はない）。たとえば司法書士は不動産取引の際に必要となる登記業務のほか，会社設立の

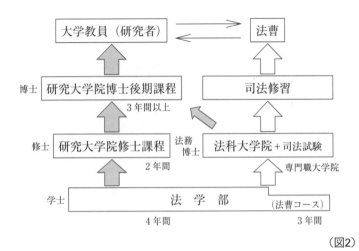

（図2）

登記や多重債務者に対する債務整理といったさまざまな業務を手掛けている。また研究者も法律専門職の一種であり、研究大学院の修士課程または法科大学院を経て研究大学院の博士後期課程に進むのが一般的なルートである（図2）。法律に関係する職業はこれだけに限られない。たとえば、公務員（国家公務員・地方公務員）の多くは、担当する分野の法令に精通していなければならない。また民間企業のとりわけ法務部でも、企業活動に伴って必要となる法的知識をもった従業員が必要になる。

2　法の基礎知識

法と法学の役割

　「法」とは何かを一言で語ることもまた難しい（→第1章）。ここではさしあたり「複数当事者間の行為を調整・制御する規範的命題」を法と定義することとしたい。

　法とは規範的命題＝ルールである。ルールとは何かを考えるには、

野球のルールを思い浮かべるとわかりやすい。プレーヤーがルールを知ったうえで行動することで野球の試合は成り立つ。プレーヤーの特定の行為がルール違反かどうか問題になった場合には，審判がルールに従って最終的な判断を下す。このようなしくみを社会生活全般に広げたのが法である。法はわたしたちが社会において行動する際の基準としての役割をもっている（法のこの機能を **行為規範** と表現することがある）。また野球の審判に当たる役割を果たすのは，多くの場合には裁判所である（→第4章）。

　しかし，法と野球のルールとはまったく同じ性質を持っているわけではない。法の典型的な特質としてしばしば **強制性** が挙げられることがある。たとえば，刑法が定めているルールに違反した場合には，刑事手続を経て刑事罰が科される。あるいは行政機関が建築基準法のルールに違反した建築物に対してそれを取り壊すよう命令した場合，命令された側が取り壊さないときには行政が代わって建物を取り壊すしくみがある（**行政代執行**）（→第7章）。このように，不遵守の相手方に対して最終的には国家権力によって強制的に従わせるしくみを背景にもっていることが，法とスポーツのルールとの大きな違いである（→より詳細には第1章）。

　もうひとつ，法とスポーツのルールの違いとして知っておくべきことは，法の適用と価値判断との密接な関係である。

　野球のルールを適用する場合には，たとえば全国大会で何度も優勝したことがある強いチームと連戦連敗の弱いチームとの対戦であっても，弱いチームに有利なようにルールを解釈することは通常はなされない。これに対し，法を解釈し適用する際には，両当事者の力関係や置かれている状況といった現実の要素が大きな影響を与える。しばしば「法学は大人の学問」「法学に正解はない」といわれることがある。この表現はこの問題と深く関係している。法学は社会を構成する客観的・普遍的な一般原則にもとづいて客観的に（＝

誰がみても）正しい唯一の解決策を解明する学問ではない。法が対象としている現実社会は利害関係が複雑に絡み合い，生身の人間がそれぞれ必死に生きている舞台である。そこで起きる千差万別の紛争をルールの機械的な適用で解決できるほどルールは詳細化できているわけではないし，仮にできたとしても量が膨大すぎて運用するのは困難であろう。そこで，個別の紛争事例のどの要素に注目して一般的なルールである法を適用するかという作業が不可欠であり，この局面で解釈者はどの価値を重視するのか態度決定し，紛争の解決策を考え，両当事者が納得できる内容と理屈を提示する。

　この意味で法学は客観的真理を求める「科学」というよりはむしろ，紛争解決あるいは紛争予防のための知恵ないし「技術」を集大成したものである。こうした作業をすることから，法を解釈・適用する者は現実社会の問題に精通し，またバランスのよい解決策を導き出せるだけのバックグラウンドを有している必要がある。法学が大学以降で本格的に教授される理由もここにある。

　このように説明すると，法学はきわめて胡散臭いもののように思われるかもしれない。たしかに，仮説と検証のプロセスを経ながら客観的真理を探究する「科学」のあり方と比べると，解釈者の価値判断に重きを置いている法学は，自己満足ないし欺瞞の学問のように見える。しかし，それではもし法や法学なしに社会のさまざまな紛争を解決しようとするとどうなるかを考えてほしい。生身の人間同士の利害がぶつかり合うなかでは冷静な議論はできず，結果として力の強い者の主張が通ることになりかねない。法学はそこに共通の概念や言語を導入し，当事者が生の利害ではなく法的な理論構成ないし「理屈」で競争することを可能にする。このようにすることで当事者間の対話はより冷静で合理的なものになる。そして，多くの人にとってより説得的であると思われる理屈を提示し，かつその結果が現実的に見ても妥当であると考えられた解決策が支持を得て，

（図3）

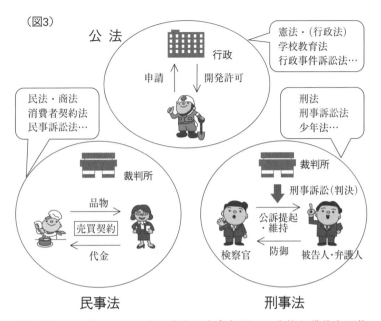

紛争解決へと繋がっていく。法学は当事者間での冷静な議論を可能
にする紛争解決のための道具なのである。

法の種類

　法にはさまざまなものがあるので，これらをグループに分けた方
が理解しやすい。そのための分類軸として，分野による区別，内容
による区別，形式による区別の３つがある。以下，それぞれについ
て説明する。

　①　分野による区別

　分野による区別は，法の対象に着目したもので，国と国民との関
係を主として取り扱う **公法**，市民相互の関係を取り扱う **民事法**，
犯罪と刑罰について扱う **刑事法** の３種類が通常挙げられる（図3）。

　ある社会問題を解決するため，これらは組み合わせて使われるこ
とが多い。たとえばサラ金などによる多重債務問題を解決するため，

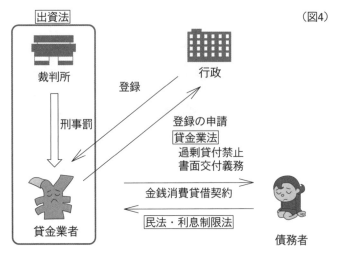

（図4）

民事法の世界では利息制限法によって上限金利を超える利息は無効としている。また刑事法の世界に属する出資法は，上限金利を超える貸付行為に刑罰の制裁を準備することでこうした行為を禁圧しようとしている。さらに公法においては，一定の条件を満たした貸金業者を登録するしくみを設けることで，不適格な業者が市場に入ってこないようにしている（図4）。

② 内容による区別

内容による区別は，法の定めている規定の内容に着目したもので，実体法・手続法・組織法の3種類に分けられることが多い。

実体法 は権利や義務の発生条件やその内容を定めているもので，民法・刑法が典型である。これに対し **手続法** は，実体法によって内容が決まっている権利・義務を実際に実現するための（主として裁判）手続を規定したもので，民事訴訟法・刑事訴訟法・行政事件訴訟法などがここに含まれる（→第7・10・11・13章）。さらに，法人格の付与や法人内部の組織構成について定めている法を **組織法** とよぶ。たとえば一般社団法人・財団法人法（一般社団法人及び一

般財団法人に関する法律）や会社法がこれにあたる（→第9章）。

③　形式による区別

形式による区別は，法の存在形式に注目したもので，個別の実定法科目で扱われる法源論がこの問題を論じている。法は大きく **成文法（実定法）** と **不文法** とに区別できる。

成文法は条文の形式で書かれている法のことであり，その細かい分類はつぎに説明する。これに対し，不文法は条文の形式にはなっていない法のことで，代表的なものとして慣習法と判例法がある。**慣習法** は一定の地域や業種で慣習化しているルールのことである。また，**判例法** とは同種事件における最高裁判例の積み重ねにより形成される判断ルールのことで，厳密な意味で法源とはいえないものの，事実上下級裁判所の判断を拘束する（→第5章）。

実定法は大きく，民主的に構成された合議組織（例：国会）による議決を経て定立されるものとそうでないものとに分けられる。

民主的過程を経て定立される規範は，国家レベルでは **法律**，地方公共団体においては **条例**，国際レベルにおいては **条約** とよばれる。これらの相互関係は，始原的な民主政過程を設定する国家の憲法によって規定される。日本国憲法の場合には，地方公共団体の条例について94条が「法律の範囲内」で条例を制定することができるとしていることから，法律と条例が矛盾する場合には法律が優位することになる。これに対し条約については61条で国会承認の手続を予定していることから，条約は法律の形式に変更することなく国内法的効力をもちうる。ただし，条約と法律のどちらが優先的な効力をもつかについて学説は分かれており，条約が優先するとする見解が優勢である（くわしくは憲法・国際法で学ぶ）。

法律・条例の委任を受けて，または独自に，行政機関や裁判所が策定する法規範がある。行政機関が定める法規範は **命令** とよばれる（例：憲法81条）。ここには内閣が定める **政令**，内閣総理大臣が

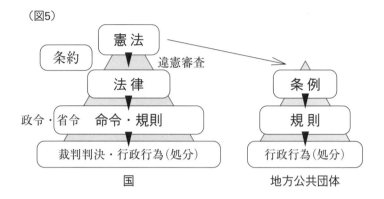

（図5）

定める **内閣府令**，各省大臣が定める **省令**，外局の長が定める **規則**，地方公共団体の首長（例：県知事）等が定める **規則** が含まれる。裁判所が定める法規範もまた規則とよばれる。これらが国民の権利・義務を規定するためには，法律・条例による委任が必要である。

🔖 法の優劣関係

　法にはさまざまな存在形態があることを知るとともに重要なのは，これらがピラミッド構造をもっていることを理解することである（図5）。すなわち国家法では頂点に憲法が位置づけられ，その下に条約→法律・条例→命令・規則→裁判判決・行政行為が続く。上位規範に違反する下位規範は違法であり，無効または取消対象となる。下位規範は上位規範を具体化するものと位置づけられ，上位規範は下位規範に対して細目を定めるとの委任を行うことで下位規範の正統性を確保する。この構造を最終的に担保しているのが憲法の定める **違憲審査制**（→第6章）である。

　それでは，たとえば法律と法律のように上記のピラミッド構造で同序列にあるもの同士が矛盾牴触する内容をもっているとき，両者をどのように調整すればよいだろうか。

　ひとつの方法は，立法者が条文の中で両者の適用関係を明示する

方法である。ある法律の中に別の法律の条文を適用しないという規定（**適用除外規定**）が置かれることがある。（例：道交法 113 条の 2）。これは、矛盾する内容をもつ別の法律の規定を適用しないことで、その法律に適用上の優先を認めるものである。

こうした明文の規定がない場合には、次の 2 つのルールによって両者の効力が調整される。

まず、**特別法優先** の考え方である。類似の対象を規律する法律のうち、適用範囲が広いものを **一般法**、適用範囲が狭いものを **特別法** とよぶ。たとえば、契約に関しては民法も消費者契約法も定めを置いており、消費者契約法は消費者と事業者との間で締結される契約を対象としている法律なので、民法が一般法、消費者契約法が特別法にあたる。

これでも決まらないときは、**後法優先** の考え方が用いられる。時間的に前にできた法律と後から制定された法律の内容が矛盾する関係にあるときは、後の法律の規定が優先される。なぜなら、後からできた法律の方が、立法者のより新しい意思を示していると考えられるからである。

3　法律の基礎知識

法律条文の構造

法学を学ぶ者にとって最も重要な能力のひとつは、法律の条文の構造を正確に理解することである。そのためにまず法律の全体構造を理解したうえで、個別の条文がその法律のなかでどのような役割を果たしているのかを判断することが最初の作業となる。六法などで法律をながめると、その最初の部分に目次が付いていることが多い。目次をみれば、その法律がどのような内容を規定しているのかのイメージがつかめるのと同時に、どのような条文の並び方になっ

ているかがわかる。

　たとえば民法の目次を見ると，「総則」「物権」「債権」「親族」「相続」の5つの編から構成されていること，総則の中には「人」「法人」といった法学の世界の登場人物に関する規定や「法律行為」という権利・義務関係を生じさせる法的行為に関する規定が置かれていることなどがわかる。こうした法律の全体構造とならび，各条文についていることが多い表題もまた，その条文がどのような性格を持っているのかを判断する手がかりとなる。

　つぎに，個別条文の形式的な構造に注目しよう。

　大半の法律では（編）→章→節→款の順にツリー状の構造がとられており，そこにそれぞれの条文が「**条**」として置かれている。原則として第1条から順番に番号が振られている。ただし，法改正によって途中が追加されると，後ろの条番号を維持するために「○条の2」のように **枝番号** を用いることがある（例：裁法31条の2）。また，改正で条文が削除されている場合には，途中の条文が飛ばされていることもある（例：商法32条〜500条）。各条の中である程度のまとまりを区切る際，「**項**」の単位が用いられる。これに対し，項の単位の意味のまとまりのなかで列挙をしたい場合には「**号**」が用いられる。号による列挙が始まる前までの文章を「**柱書**」とよぶことがある。この他，複数の文から成り立っている条文において，「ただし」で始まる文を「**ただし書**」，その前の部分を「**本文**」とよび分けることがある。さらに，2つの文章からなる条文をよび分ける際に「**前段**」「**後段**」という語が使われる（以上の例として，民法13条）。

　以上を踏まえて，条文の実質的構造を読み解いてみよう。

　とりわけ権利・義務に関する規定（実体規定）に関していえば，多くの法律条文は「……のときは，……できる・しなければならない」という形をとっている。これを **要件効果構造** とよぶ。前半部分

の条件部を **要件** といい，この要件を充足する結果として生じる内容である後半部分が **効果** にあたる。たとえば詐欺罪を規定する刑法246条1項でいえば，「人を欺いて財物を交付させた者は」が要件（刑法の場合には **構成要件** という用語が一般に用いられる），「10年以下の懲役に処する」が効果である。問題となっている事件の事実関係が上記の要件を充足するといえる場合には，刑法のこの規定の定める効果が発生することになるのである。

法解釈の技術

　法学の任務は大きく **解釈論** と **立法論** とに分けられる。

　解釈とは，条文上の言葉の意味内容を確定する作業をいう。たとえば先に例に挙げた刑法246条1項は，詐欺罪の要件として「人を欺いて財物を交付させた者」と規定している。それではここでいう「財物」にはどのような種類の財産も含まれるのであろうか。こうした条文上の言葉の意味を確定する作業が解釈とよばれるものである。法学による問題解決は，生の事実から法的評価に必要な要素を取り出し，そこに一般的なルール（たとえば法律の規定）をあてはめる過程をたどる。この一般的なルールの意味内容は解釈という作業によってはじめて確定される（→第1章2）。ここにはさまざまな考慮要素が働くため，唯一絶対的に正しいという解釈は存在しない。ただし，さまざまな解釈のバリエーションの中で，最も論理的で説得力がありかつ結論が妥当なものが，多くの人によって支持され，支配的な解釈として収斂していくことになる。

　それでは，具体的には解釈はどのように行えばよいのであろうか。最も基本的な解釈方法は，文言を通常の用語法にもとづいて解釈する **文理解釈** である。しかし，それだけでは文言の意味が分からない場合，つぎのような手段が使われることがある。

　第1は，起草者意思や条文の沿革を手がかりにする **歴史的解釈** である。ただし，立法者の意思は尊重に値するとしても，それが文

章化された段階でその読み方は解釈者に任されていると考えられるので，立法者の意思だけで直ちに解釈が決まるわけではないことに注意が必要である。

　第2は，条文単独では意味を確定できない場合に，その条文のみならず条文が含まれる法律の全体構造，さらには法体系の全体のなかの位置づけをも考慮する **論理解釈（仕組み解釈）** である。文理解釈よりも意味を拡張して捉える **拡張解釈** や，逆に意味を狭める **限定解釈** がよく見られる手法である。たとえば，憲法で保障されている基本的人権を広範に制約する法律・条例が制定されている場合，その規定を素直に文理解釈すると違憲無効になりそうだと解釈者が考えると，そうならないように当該文言の意味を大幅に限定する解釈がなされることがある。これを **合憲限定解釈**（→第1章2）とよび，論理解釈の典型である。

　第3は，現実社会の問題解決のために合理的な解釈を試みる **目的論的解釈** である。この立場を推し進めると，法解釈の作業は解釈者の問題状況把握にもとづく望ましい結論がまず先にあり，解釈はそれを正当化するための理屈の後付け作業と捉えられることになる。例えば，具体的紛争における利害対立状況を検討したうえで，どのような利益が実現されるべきかを端的に問う **利益衡量論** とよばれる立場は，解釈という形をとって裁判官が紛争解決ルールを独自に作り出す法創造機能を高く評価している。

　以上は書かれている文言の意味を確定する手法であるのに対し，ある問題を解決するためのルールがそもそも法律には書かれていない場合にこれを補充するための解釈技術もある。

　第1は，あるケースについて法規定がない場合，類似のケースで準備されている法規定を手がかりに推論する **類推解釈** である。通謀虚偽表示の無効は善意の第三者に対して対抗できないとする民法94条2項を，真の権利者が別の人が権利者であるかのような外観

をつくり出したときにそれを信頼した第三者は保護されるべきだとする「権利外観法理」のひとつの現れと見て，厳密には通謀虚偽表示があったとはいえない場合にも適用するのがこの例である。この一種として，類推の許容性・必要性がより高い **勿論解釈** がある。たとえば憲法29条3項は，財産権を正当な補償のもとに公用収用できるとする規定を置いているのに対し，生命や健康に関して同種の規定はない。そこで，予防接種の副作用で被害を受けた人を救済する論理として，憲法は財産権に対する補償を定めているのだから，それよりも重要な権利である生命・健康に関する権利を公共目的のために犠牲にした場合にももちろん補償がなされるべきであると主張するのがこの場合にあたる。

　第2は，あるケースについて法規定がない場合，それとは反対のケースで準備されている法規定を手がかりに，それとは逆の効果を認める **反対解釈** である。私人間の合意で法関係を形成する契約の内容や当事者の選択は市民にゆだねられているとする **契約自由の原則** は，民法の基幹的な原則であるにもかかわらず，かつては明文でこれを定めた規定がなかった。そこで，契約にもとづき形成される債権と並んで民法が定める権利である物権につきその内容は法律で定められると規定する民法175条を反対解釈することで，契約については法律で内容を形成しないとする契約自由の原則が導き出されていた。しかし，2017年に実現した民法（債権法）改正により，現在では民法521条2項に明文規定が置かれている。

　以上の解釈手法を用いる場合には，法規定がない場合とある場合との比較を慎重に行い，本当に類推・勿論・反対解釈ができるかどうかを十分検討する必要がある。

　これらの手法を具体的な事例にあてはめて考えてみよう（図6）。あなたは診察室1の先生の診察を待っている。しかし予約時間になってもよばれる気配がない。隣の診察室2には「1時間待ち」の札

（図6）

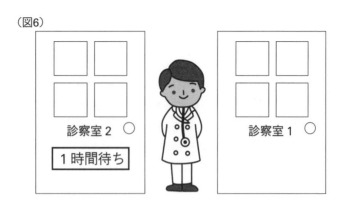

が出ている。あなたも 1 時間待ちと考えるべきだろうか。

　診察室 1 には札が出ていないことの意味を探究する立場に立つと，まず「文理解釈」の場合には，1 時間待ちとは表示されていないのだから，1 時間待ちではないと考えることになるだろう。また，「論理解釈」の場合でも結論は同じく 1 時間待ちではない。しかし理由づけは異なっており，この病院では待ち時間があるときは札が出るしくみを採用しているにもかかわらず診察室 1 にはその表示がないからだと考えられるだろう。さらに，「目的論的解釈」でも 1 時間待ちではないという結論となりうるものの，その理由は待ちたくないと解釈者が考えているからだということになる。

　これに対し，診察室 1 に札が出ていないのはルールが書かれていないと考えて，それを補充する立場に立つと，まず「類推解釈」の場合には，1 時間待ちだと考えることになるだろう。なぜなら，どちらの診察室も同じように混雑しているので，診察室 2 の表示を類推して診察室 1 もやはり 1 時間待ちだと考えられる。これに対し，「反対解釈」を用いると，結論は反対になる。なぜなら，1 時間待ちの表示が診察室 1 にはあえて出されていないからである。

　これらの解釈手法の結果出てきた結論はいずれも正解であり，相

互に優劣関係はない。また同じ解釈手法を使ったとしても，上記とは違う結論が出てくる可能性もある。そこで，法学を学ぶ者が身につけるべき能力としてつぎの2つがあることになる。

ひとつは，すべての紛争当事者の立場に立ってそれぞれの利益主張を法的に構成できる技術である。法学は時代劇のような勧善懲悪の学問ではない。立場を変えても法的に主張を組み立てることができる力は法学を学ぶ際に欠かすことができない要素である。

そしてそのうえでもうひとつは，多数ある解釈のなかでどれを選ぶかを決め，それを他の人に分かりやすく説明する能力である。バランス感覚に裏打ちされた説得的な主張こそ，他の人に納得してもらえるものといえるだろう。

[note] 難しい法律用語

初学者にとって法学が難しいと感じる要因のひとつは，使われている法律用語が日常生活の用語とは大きく違うことである。たとえば，日常生活でも用いられている用語が，法学の世界では異なった意味を持っていることがある。法学の世界で「善意」「悪意」（例：民法189条）といえば「知らないこと」「知っていること」であって，日常用語の善悪とは関係がない。また「社員」（例：一般社団法人・財団法人法27条）とは会社の従業員のことではなく，法人の構成員（株式会社でいえば株主）を指している。つぎに，通常とは読み方が違う法律用語も存在する。「遺言」は「いごん」，「立木」は「りゅうぼく」，「競売」は「けいばい」と読む。さらに，そもそも意味不明の法律用語もある。「瑕疵（かし）」とは欠陥・傷の意味，「欠缺（けんけつ）」とは欠落・不存在の意味である。また「心裡留保（しんりりゅうほ）」とは冗談，「通謀虚偽表示（つうぼうきょぎひょうじ）」とはお互いに示し合わせて嘘をつくことを意味する。

なぜこのような難しい用語が用いられるようになったのか。それは明治期に日本が西欧法を継受した際に，先人たちが当時の漢語の知識を総動員し，苦労を重ねて翻訳をしたからである。訳語が整備され，基盤的な法典が制定される明治中期以降になってようやく，わが国で

は日本語を用いた法学の教授が可能になったのである（→第2章）。

立法の技術

立法論とは，現行法ではできない解決を法改正の手段を使って実現することを主張する議論をいう。たしかに立法論は現行法の壁を破って解決策を考える魅力的な作業ではある。しかし，実際に立法をするためには以下で説明する時間とコストのかかる利害調整過程を経る必要があり，かつ立法の内容にはさまざまな制約があることにも留意する必要がある。つまり立法論は，十分な解釈論上の努力を踏まえ，それでもなお解決できない困難な課題がある場合に用いるべき手段である。

つぎに，立法時に用いられる法律文特有の語法について略説する。

法律文における接続詞として注意すべきものが以下の4つである。選択の接続詞には「もしくは」と「または」があり，「もしくは」の方がより小さい選択関係を示す（AもしくはBまたはCは，〔AもしくはB〕またはCという関係になる）。同じことは並列の接続詞「及び」と「並びに」にもいえる（A及びB並びにCは，〔A及びB〕並びにCという関係になる）。これらは単に並列の関係を示しているのではないことに注意が必要である。

また，漢字とひらがなで意味が違うものがある。「者」は自然人または法人，「物」は物件，「もの」は抽象的なものを指す。「時」は時点で「とき」は場合を指す。さらに，似たような言葉にもかかわらず意味が違うものもある。「推定する」は当事者がそうでないことを反証すれば覆すことができるのに対し，「みなす」は法律によって事実をそのように擬制するので反証は不可能である。「適用」は条文をそのままあてはめるのに対し，「準用」は状況に応じて必要な修正を加えたうえであてはめることを指す。

最後に，立法過程を簡単に説明する（表紙裏の図「法律ができるまで」も参照）。国会に提出される法律案には大きく分けて，内閣提出

法案 と 議員提出法案 がある。本数が多くまた成立の可能性が高い
のは内閣提出法案であるので，以下では内閣提出法案の立法過程を
説明する。

　内閣提出法案はその法を所管する省庁の中で法律の原案が作成さ
れ，省内手続・政府内手続・与党審査を経て，国会での審議・議決
によって成立する過程をとる。

　省内手続は，所管課での議論がベースになり，局長などが加わる
局議を経て，大臣官房との調整，省全体での議論（省議）が行われ
る。この省内手続と並行して関係する審議会でも議論がなされ，利
害関係者や専門家などが意見を出す。省内手続が終わると今度は政
府内手続に入る。主要なものは内閣法制局審査と各省協議である。
内閣法制局 は主として立法技術面からチェックをかける。また閣議
の全会一致原則から，提出される法案はすべての省庁が同意しなけ
ればならず，各省協議は縄張り争いの舞台になる。

　国会に提出されると，委員会に付託されて趣旨説明・質疑・討
論・採決が行われ，本会議での討論・採決となる。このように立法
作業は膨大なコストがかかり，また利害関係者との妥協の結果，当
初想定された立法内容とは異なる結果に落ち着くことも少なくない。

〈参考文献〉
① 　法学入門と題された書籍は数多いので，書店で実際に手にとって自分の感
　性に合うものを購入して読破することを勧める。ここでは特色ある単著とし
　てつぎの3冊のみ紹介する。
　○ 　田中成明『法学入門〔新版〕』（有斐閣，2016年）……法学に関する基礎
　　的な知識を幅広い視野から簡潔に説明している。
　○ 　米倉明『民法の聴きどころ』（成文堂，2003年）……前半部分では法学
　　の学習方法のアドバイス，後半は民法の基礎的な考え方を説明している。
　○ 　田中英夫編著『実定法学入門〔第3版〕』（東京大学出版会，1974年）
　　……判決文を読む訓練をしながら，法学の基本的な用語や考え方をわかり
　　やすく紹介している。

初学者が法学の本を読むとしばしば意味が分からない単語が登場する。その場合には，

○ 高橋和之ほか編『法律学小辞典〔第5版〕』（有斐閣，2016年）

などの法律学辞典を用いるとよい。慣れてくれば基本書の索引を使って特定の単語の意味を調べることができるようになってくる。

② 法学の学習方法については

○ 弥永真生『法律学習マニュアル〔第4版〕』（有斐閣，2016年）

○ 横田明美『カフェパウゼで法学を』（弘文堂，2018年）

○ 大橋洋一『法学テキストの読み方』（有斐閣，2020年）

が詳細かつ包括的に説明している。この他，雑誌『法学教室』（有斐閣）『法学セミナー』（日本評論社）の毎年4月号等には法学入門特集が掲載されることが多い。

③ 民法総則の基本書や民法の入門書のなかにも，法学入門で学ぶべき内容が掲載されている。代表的な作品としてつぎのようなものがある。

○ 内田貴『民法I〔第4版〕』（東京大学出版会，2008年）……民法の基本書として最も定評があるシリーズであり，Iの冒頭部分の解説が法学入門の内容にあたる。

○ 大村敦志『新基本民法1 総則編〔第2版〕』（有斐閣，2019年）……民法学のベーシックな考え方に絞って丁寧な解説を行っている。

○ 山本敬三『民法講義I総則〔第3版〕』（有斐閣，2011年）……民法総則の全体構造がどうなっているかを常に意識しながら読み進めることができる基本書である。

○ 我妻栄（遠藤浩ほか補訂）『民法案内1〔第2版〕』（勁草書房，2013年）……法的な思考力の前提となる概念や考え方についての丁寧な説明が魅力である。

④ 法学を学ぶ上で重要な，法学文章の書き方については，

○ 井田良ほか『法を学ぶ人のための文章作法〔第2版〕』（有斐閣，2019年）

が丁寧な説明を与えてくれる。

第4章

裁判制度とその役割

本章のねらい　　本章は，法の実現過程のひとつである裁判制度のあらましを理解することを目的とする。まず1で概論として，いかなる場合に裁判制度が利用できるか，裁判手続にはどのような種類があるか，裁判制度をつかさどる裁判所や裁判制度を支える人びとにはどのようなものがあるか等，裁判制度の基礎的事項について解説する。続く2・3では，具体的な裁判手続である民事裁判・刑事裁判の概要を示す。

1　裁判制度

裁判と裁判手続の種類

(1)　裁判制度の利用が認められる場合

　「司法権」をつかさどる国家機関を，「裁判所」という。この裁判所が担っているのが裁判制度である。裁判制度とは，具体的には裁判手続のことである。

　では「司法権」とは何か？　司法権とは，「具体的な紛争について，法を適用し，宣言することによって，これを解決する国家の作用」を意味すると理解されている。

　これに対応し，日本では，基本的には，裁判制度の利用は，「当事者間の具体的な権利義務ないし法律関係の存否に関する紛争であって，かつ，法令の適用により終局的に解決できるもの」（これを

法律上の争訟という）が存在する場合に限って認められると理解されている（裁法3条1項参照）。たとえば，Bにお金を貸したのに返さないとしてAがお金を返すよう求めてBを訴える，殺人罪でCが検察官により起訴される，あるマンションの建築許可処分が下りたのに対し，日照権の侵害を理由として周辺住民が建築許可処分の取消しを求めて訴える，というような場合に「法律上の争訟」が存在することになる。他方でたとえば，かねがね総理大臣の靖国神社参拝が違憲であると思っている人がいたとして，彼が，抽象的に総理大臣の靖国神社参拝が違憲であることの確認を求める訴えを提起しても，裁判所では門前払いを喰らう。総理大臣の靖国神社参拝が違憲であることを裁判所に宣言してもらいたい人は，「総理大臣の靖国神社参拝によって自己の権利が侵害された」と主張して訴えを提起しなければならない（違憲審査制について→第6章）。

　もっとも，法律が明文で認めている場合には，「法律上の争訟」に該当せずとも裁判制度の利用が認められる（裁法3条1項参照）。たとえば，成年後見人の選任などは「紛争を解決するもの」ではないが，裁判所で行われる（民法7条）。また，「国又は公共団体の機関の法規に適合しない行為の是正を求める訴訟」（行訴法5条）も，訴えを提起する人が当該機関の行為により自己の権利等を害されていない場合でも認められる場合がある（同法42条。このように自己の利益の侵害を理由としない訴訟を，**民衆訴訟**という）。

(2)　裁判手続の種類

　このように裁判制度は，大雑把にいえば，原則「具体的な権利義務にかかわる紛争」が存在する場合にその利用が認められるが，紛争の内容に応じて，裁判制度も，大きく①民事手続，②刑事手続，③行政訴訟手続に分けられる。①民事手続とは，私人間同士の法律関係にかかわる手続である。貸した金を返さないので返せという訴えを提起する，というのは民事手続の典型である（→本章2）。②

刑事手続とは，犯罪に関する刑事事件にかかわる手続である。Cが殺人罪で検察官により起訴される，というのは刑事手続の典型である（→本章3）。③行政訴訟手続とは，国や地方公共団体の行政（難しい言葉を使うと「**公権力の行使**」）の是正を求めるための手続である。マンションの建築許可処分の取消しを求める訴訟を周辺住民が提起する，というのは，行政訴訟手続の典型である。

　以上のうちとくに①の民事手続，③の行政訴訟手続については，われわれ一般私人による能動的，主体的な利用が考えられる。そして，どちらの手続を利用するかは，直面している具体的な紛争の内容に応じて決まる。同じ私人を相手に権利を主張する，というのであれば①民事手続，公権力の行使の是正を求めるのであれば③行政訴訟手続を利用すべきことになる。

🏛 裁判所および裁判制度を支える人びと

(1) 裁判所

　裁判制度をつかさどるのは裁判所である。「裁判所」には「建物としての裁判所」と，実際に裁判をする裁判官によって構成される「**裁判体（裁判をする主体）としての裁判所**」の2通りの意味がある。このうち「建物としての裁判所」には5種類ある。まず，全国に1つしかない **最高裁判所**（最高裁），つぎに，全国8ヵ所（札幌・仙台・東京・名古屋・大阪・広島・高松・福岡。ただし，支部もある）に存在する **高等裁判所**（高裁），そして，全国50ヵ所（ただし，支部もある）に存在する **地方裁判所**（地裁）・**家庭裁判所**（家裁），さらに，全国438ヵ所にある **簡易裁判所**（簡裁），である。

　(a)　民事手続に限ってみた場合，われわれが「訴え」を提起したいと思ったら，訴えを提起すべき裁判所は，地裁か，家裁か，簡裁である。民事手続が対象とする私人間の法律関係に関する紛争は，大きく，認知の要求や離婚など，われわれの人としての身分にかかわる紛争と，財産にかかわる紛争の2種類に分けられる。このうち，

人としての身分にかかわる紛争について「訴え」を起こす場合には（このような人の身分にかかわる訴訟を **人事訴訟** という），家裁に訴えを提起する（裁法 31 条の 3 第 1 項 2 号）。それに対し，財産にかかわる紛争については，地裁ないし簡裁に対して訴えを提起する。地裁と簡裁のどちらに訴えを提起するかは，原則として訴えによって実現したい権利のもっている価値によって決まり，その価値が低い（＝ 140 万円以下の）場合には簡裁に，高い（＝ 140 万円を超える）場合には地裁に訴えを提起する（同法 24 条 1 項，33 条 1 項 1 号）。以上のように，地裁・家裁・簡裁は，まず訴えを受け付ける「第一審裁判所」としての役割を担っている。

判決に対しては原則として上級裁判所に対して不服申立てをすることができる。第一審裁判所の判決に対する不服申立てを **控訴** といい（民訴法 281 条 1 項），控訴を受けた第二審裁判所の下した判決に対する不服申立てを上告という（同法 311 条 1 項）。

地裁・家裁が第一審裁判所として下した判決に対する控訴事件は高裁が（裁法 16 条 1 号），高裁が第二審裁判所として下した判決に対する上告事件は，最高裁が取り扱う（同法 7 条 1 号，民訴法 311 条 1 項）。また，簡裁が下した民事判決に対する控訴事件は地裁が（裁法 24 条 3 号），地裁が第二審として下した民事判決に対する上告事件は，高裁が扱う（同法 16 条 3 号）。

(b)　行政訴訟手続については，行政事件にかかる訴え（**行政訴訟**）の第一審裁判所は原則すべて地裁である（同法 33 条 1 項 1 号，24 条 1 号。ただし，特別法により高裁が第一審裁判所となる場合もある。公選法 204 条）。したがって控訴事件は，高裁の担当であり（裁法 16 条 1 号），上告事件は最高裁の担当である（同法 7 条 1 号）。

(c)　刑事手続については，原則は，地裁ないし簡裁が，刑事訴訟の第一審裁判所となる（裁法 24 条 2 号，33 条 1 項 2 号。また，内乱罪等〔刑法 77 〜 79 条〕高裁が第一審を担当することもある〔裁法 16 条

4号〕)。控訴事件の担当は，すべて高裁である（同法 16 条 1 号）。上告事件は，最高裁が取り扱う（同法 7 条 1 号）。以上のほか，少年が罪を犯した場合には，刑事訴訟に代わり審判というものが行われるが（少年法 3 条 1 項 1 号），これは家裁の担当である（裁法 31 条の 3 第 1 項 3 号）。

(2) 裁判制度を支える人びと

裁判制度は人によって運用され，支えられている。以下では，これらの人びとのうち主なものを取り上げて簡単に説明する。

(a) 裁判官

裁判官は，1 人，あるいは複数で裁判体としての裁判所を構成し，裁判を行う。

裁判官には，最高裁の裁判官として，最高裁長官と 14 名の最高裁判事がいるほか，下級裁判所（すなわち，高裁，地裁，家裁，簡裁）の裁判官として，高裁長官，判事，判事補，簡裁判事の区別がある（裁法 5 条）。最高裁長官は内閣の指名にもとづいて天皇が任命するのに対し（憲法 6 条 2 項，裁法 39 条 1 項），最高裁判事は内閣が任命する（憲法 79 条 1 項，裁法 39 条 2 項）。下級裁判所の裁判官は，最高裁の指名した者の名簿によって内閣が任命する（憲法 80 条 1 項，裁法 40 条 1 項）。このなかでは，判事と判事補の区別が重要で，大雑把には，判事補とは法曹としての経験が 10 年以下の者，判事は 10 年以上法曹としての経験をつんだ者，と区別できる（裁法 42 条，43 条参照）。判事補は原則 1 人で裁判をすることができない（同法 27 条 1 項），といった制約を有する（ただし，判事補の権限を拡大する「特例判事補」という制度もある。判事補の職権の特例等に関する法律 1 条）。

裁判が公正であるためには裁判官が公正中立に裁判を行う必要があり，そのためには裁判官の独立を確保することが肝要である。したがって裁判官の独立は，憲法により保障され（憲法 76 条 3 項），

また裁判官の独立を実質的に保障するため，憲法上裁判官の身分保障もなされている（同78条前段）。

(note) 裁判官の身分

　現行法の裁判官の身分保障が十分なものかについては議論がある。とくに，下級裁判所の裁判官については，最高裁による厳しい内部統制という問題がある。下級裁判所の裁判官は10年という任期制をとっており（憲法80条1項），裁判官を続けるべく10年後に「再任」されるためには，最高裁にとって「おぼえのよい」裁判官でいる必要があるという指摘もあるからである（もっとも，対極にある終身裁判官制度は，適性を欠く裁判官を排除できないという欠点を有する）。また，わが国では裁判官は，事実上2年から4年の周期で転勤させられることになっており（拒否することは可能だが，実際には難しいのが実情であるといわれる），転勤先は，場所によっては裁判官としての事実上の「出世」「左遷」を意味するともいわれている。なお，裁判官の独立が問題となった事件として，戦前の**大津事件**（1891年），戦後の**平賀書簡事件**（1969年）が，また最高裁による再任拒否が実際に問題になった事件として，**宮本判事補事件**（1971年）が有名である。

(b) 検察官

検察官は，犯罪を捜査し，また，被疑者を被告人として訴え（公訴という）を提起・維持し，また確定した判決の刑の執行を指揮するといった役割を果たす（検法4条，6条）。

以上のほかにも，たとえば，一定の場合，民事訴訟の一種である人事訴訟の当事者となることもある（人訴法42条1項，43条2項）。

(c) 弁護士

弁護士は，民事手続・行政訴訟手続では，当事者の依頼を受けてその訴訟について当事者を代理する役割（**訴訟代理**といい，訴訟代理をする人を**訴訟代理人**とよぶ），刑事手続では被疑者・被告人を弁

護する役割（**弁護人**）を果たす。

　民事・行政事件における弁護士による当事者の代理は，強制ではない。当事者は自ら訴訟を追行することもできる（これを俗に**本人訴訟**という）が，第三者に訴訟追行をゆだねる場合には原則弁護士に依頼しなければならない（民訴法54条。**弁護士代理の原則**という）。

　弁護士は，訴訟代理のほか，一切の法律事務を行う権限を有する（弁法3条）。逆に弁護士でない者が，報酬を得る目的で法律事務を業として取り扱うことは原則として認められない（同法72条，77条3号。弁護士以外の**非弁活動の禁止**。これにより弁護士は法律事務についての広範囲な独占権を有する）。弁護士の行う訴訟代理以外の法律事務としては，法律相談，訴訟外の紛争解決にかかわる交渉の代理，特定企業・特定私人の法律顧問などが中心的である。

　(d)　裁判所書記官

　裁判所書記官は，裁判体としての裁判所に付属し，訴訟記録の保管等，訴訟事件に関する事務を担当する。もっとも，書記官は裁判官の単なる「秘書」ではなく，機関としては裁判所から独立しているし，書記官権限で行われる事項も多い（「判決書」等の訴訟に関する書面の送達〔民訴法98条2項〕など）。

　(e)　裁判所事務官

　裁判所事務官は，各裁判所に置かれ（裁法58条1項），書記官のもとで裁判関係書類の作成・発送等の裁判事務に従事したり，司法行政に関わる総務・人事・会計といった職務を担ったりする。事務官を経て書記官になる道もある。

　(f)　裁判所調査官

　裁判所調査官は，簡裁以外の各裁判所に置かれ，裁判官の命を受けて事件の審理および裁判に必要な調査・報告を行うことを職務とする（裁法57条，61条の2）。

　調査官の中では，**最高裁判所調査官**（→第5章1）のほか，**家庭裁**

判所調査官（離婚や親権者を決める事件・少年事件等で，事件の背景や当事者の性格・生い立ちなどを専門的科学的見地にもとづいて調査する）が重要である。これら以外の裁判所でも，租税事件や知的財産事件といった特殊技術的な知識を要する事件について，調査官は活躍しており（裁法57条2項かっこ書き），中でも近年は，知的財産事件における役割が強化されている（民訴法92条の8参照）。

　(g)　執行官

　民事手続中，判決等で認められた権利を強制的に実現する手続として，**強制執行手続** が存在する（→本章2）。強制執行手続は，義務者とされる者の意思に反して権利を強制的に実現するものなので，実力行使をともなう部分が多分にある。かかる民事執行手続の実働部隊として働くのが，執行官である。

　執行官も，裁判所からは独立した機関であり，固有の権限に属する事項は多い（たとえば，強制執行の一種である動産執行は，執行官が中心となって行う〔民執法122条1項〕）。

　(h)　司法書士

　司法書士は，①法務局に提出する書類の作成や申請の代理（法務局で行う申請としては，登記の申請，供託の申請などがある），②裁判所や検察庁に提出する書類の作成（裁判所に提出する書類の代表例が，訴え提起に必要な「**訴状**」である。検察庁に提出する書類としては，**告訴状** などがある）を主たる業務とする（司書法3条1項）。

　上記①のように，司法書士は，登記申請・供託申請の場でまず活躍する。②にあるように訴訟においても司法書士は活躍する。とくに，当事者が本人訴訟をする場合に，訴状等，裁判所に提出する必要がある書面を司法書士が代わりに書くことにより，司法書士が本人訴訟を側面から支援するということがよく行われてきた。

　さらに，③平成14年の司法書士法の改正により，司法書士は，特別の研修を受けたうえで法務大臣の認定を受ければ，簡裁の訴訟

では報酬を得て訴訟代理人となることができるほか，権利の価値が140万円を超えない紛争について相談に応じたり，裁判外の和解において代理人となったりすることができることとなった（同法3条1項6号，同2項）。

以上の業務も法律事務の一種であり，司法書士が①②③（とくに③）を業として営むことが許されるのは，弁護士による法律事務独占の例外をなす。

🖋 司法制度改革

21世紀，わが国の裁判制度は，大きな転機を迎えた。司法制度改革とよばれるものがそれである。

司法制度改革の背景には，規制緩和の大きな流れがある。以前の日本社会は「**事前規制型**」**社会**であった。行政による事前の規制を強くすることにより問題の発生自体を極力阻止しよう，という社会である。しかし，これでは経済活動が活性化しないとの批判が起こり，日米構造改革協議の影響などもあり，規制緩和による**事後規制型**の社会が志向されることになった。すなわち，行政による事前の規制はできるだけ少なくし，私人の活動の自由度を高める，そうすると必然的に欠陥商品が流通しやすくなる等，問題が多発することになるが，それは問題発生後に私人同士の訴訟で解決する，そして最終的には，企業等の行動は，私人による損害賠償請求訴訟等により社会の中で自律的にコントロールされる，というのである。

かかる事後規制型社会が成り立つためには，裁判制度（とくに民事裁判制度）がうまく機能していることが不可欠である。しかし，裁判制度は**二割司法**（本来の20％しか機能していないという意味）などとよばれ，機能していない状況にあった。そこで裁判制度の機能活性化を図る司法制度改革が遂行されることになったのである。

2001年6月12日に**司法制度改革審議会**が意見書を内閣に提出し，それにもとづき司法改革を推進するべく，同年11月に司法制度改

革推進法が成立した。そして同法にもとづき，司法制度改革審議会意見書に盛り込まれた事項がつぎつぎと実現されていった。

　その主な内容は，**弁護士人口の増加**（2001 年時点で司法試験の合格者数が年 1000 人であったのを，年 3000 人にまで増やすこととされた。但し，2015 年に当面 1500 人程度とする方針転換が政府によりなされた。2015 年 6 月 30 日法曹養成制度改革推進会議「法曹養成制度改革の更なる推進について」。2021 年の合格者数は 1421 人である），それにともなう法曹養成制度の改革（新しく**法科大学院**という法曹養成専門の大学院を設立し，法曹の資格試験である司法試験は，この法科大学院を卒業していないと原則受験できないこととされた），**司法へのアクセスの拡充**（**総合法律支援法**〔2004 年成立〕にもとづき設立された日本司法支援センター〔愛称・**法テラス**〕による，法律相談の斡旋等の業務の全国的展開や，**裁判外紛争処理手続**〔ADR。→本章 2，第 11 章〕の促進を図るいわゆる **ADR 法** の成立〔2004 年〕，司法書士等の**非弁護士による法律活動範囲の拡大** など），民事手続自体の「迅速な終了」を目的とした改革，国民の司法参加手段としての**裁判員制度** の導入，である。近時には，民事裁判手続の I T 化の動きも急速に進んでいる（2020年 2 月に審議を開始した法務省の諮問機関である法制審議会の 2022 年 2月の答申〔「民事訴訟法（IT 化関係）等の改正に関する要綱」。要綱案が法務省のウェブサイトで閲覧可能である〕に基づき，オンラインの訴状提出やウェブ会議を利用した審理を認める等する民事訴訟法改正案を，2022 年 3 月に政府が閣議決定した。2022 年の第 208 回国会〔常会〕に提出予定で，同国会中の成立が目指されている〔2022 年 3 月 13 日現在〕。また，裁判所では対応するシステム整備も進められている）。なお，同改正案には，民事裁判手続の IT 化と別に，新たな略式手続や，一定の場合に当事者が氏名等を秘匿して訴訟を行うことを可能にする制度の導入も盛り込まれている。

　この改革により，弁護士人口は飛躍的に増加したが（1995 年の 1

万5108人から2011年の3万485人へと，約15年で倍以上になっている。2021年は4万3206人である。もっとも，弁護士1人あたりの人口数は，2020年で，日本2999人，アメリカ249人，イギリス419人，ドイツ505人，フランス933人と，欧米の水準と比較すれば依然高い），地裁・簡裁での民事訴訟の新受件数が増加したとは言えず（地裁・簡裁の民事第一通常訴訟の新受件数の合計で2002年と2020年を比較すると，46万6911件から44万2789件へと，むしろ減少している），他方で，ADR（→本章2，第11章）の利用が拡大しているわけでもない（簡易裁判所における民事調停の新受件数は2003年の61万3260件をピークに減り続けており，2020年には2万6390件となっている。民間におけるADRの利用が進んでいるわけでもない）。事後規制型社会実現の前提となる裁判制度の機能改善が順調に進んでいるとは言いがたい。背景の1つには，国家予算に占める割合が0.4%程度という著しく低い水準に止まる司法予算が挙げられる。他方で，最近では事前規制の利点を見直す動きもある。

2　民事裁判

民事手続一般

　民事手続は，民事の紛争を解決するための裁判手続である。大きく，(1)判決手続，(2)強制執行手続，(3)民事保全手続，(4)倒産処理手続の4つの手続からなる。

　AがBに対して100万円の支払を求める権利を有し，その100万円の弁済期限はとうに過ぎているにもかかわらず，Bは支払おうとしないとする。このとき，AがBから力ずくで100万円を奪うことは，社会の秩序・平穏の維持のために禁止されている（これを**自力救済の禁止**という）。そこで，国家機関である裁判所がAに代わってBから100万円を取り立てる（＝権利を実現する）必要が出てくる。

(1) 判決手続

しかし，国家機関としてみれば，Aが本当にBに対して100万円の支払を求める権利を有しているかはわからない。Aが嘘をついているかもしれないからである。そこで，まず，Aが本当に100万円の支払を求める権利を有しているかどうかを調べる必要がある。これを行うのが，**判決手続** である。A・Bの主張を聞き，証拠も調べ，本当にAがBに対して100万円の支払を求める権利を有しているかどうかを裁判所が判断する。その結果やはりAはBに対して100万円の支払を求める権利を有しているとなれば，「BはAに100万円支払え」という判決が下る。

(2) 強制執行手続

上記の判決が下った場合に必要になるのが，強制執行手続である。Bに100万円の支払を命じる判決が下っても，Bがその判決に自ら従わない限り，判決はただの紙切れに過ぎないからである。**強制執行手続** は，「BはAに100万円支払え」といった判決が確定した場合に，それをBの意思に反してでも強制的に実現するための手続である（正確には，権利の存在を高度の蓋然性をもって示す，民執法22条に列挙された文書〔**債務名義** という〕があるときに，その文書によれば存在するとされる権利を実現するための手続が，強制執行手続である。債務名義の典型は確定判決だが，確定判決に限られない）。民事執行法により規律される。

(3) 民事保全手続

(1)の判決手続と(2)の強制執行手続があれば，権利実現のための手続として十分かといえばそうではない。たとえば，BがAに訴えられた場合，あるいは訴えられそうな場合，Bは自分の財産が差し押さえられて換価されることを嫌い，その財産を隠匿したり兄弟に譲り渡したりしてしまうかもしれない。また，強制執行を開始する前に，Bの事業が悪化し，Bが無一文になるかもしれない。これらの

場合，いくら100万円を支払えという判決があり，それを強制的に実現するための手続が用意されていても，100万円の支払を受ける権利は実現できなくなってしまう。

そこで，Bが財産を他人に譲り渡したりする前に，Bの有する財産について，それをBの財産として固定し，隠匿されたり散逸したりすることもないようにする，という手続が必要になる。これが**民事保全手続**である。民事保全法により規律される。

権利の強制的実現を前もって保障しておく（＝「保全しておく」）ための手続である。

(4) 倒産処理手続

以上の3つの手続が互いに密接な有機的関連性を有しているのに対し，これらと相対的に独立しているのが，**倒産処理手続**である。これは，ある経済主体（以下，「債務者」という）が経済的に破綻してしまった場合に，その破綻状態を処理するための手続である。大きく，手続の開始の時点で債務者が有していた財産を（原則として）すべて債務者から奪い，それらをお金に換えて，そのお金を債権者に分配する形の「**清算型手続**」（**破産手続**等）と，債務の額を減額したりして債務者の経済的負担を軽くする一方，債務者の経済活動を見直すなどして債務者の経済的な再建を図っていく「**再建型手続**」（**民事再生手続，会社更生手続**）に分けることができる。

🎯 判決手続

以上の民事手続のうち，地方裁判所を第一審とする手続を念頭に，判決手続についてややくわしくみよう。判決手続は，**民事訴訟**ともよばれ，また俗に**民事裁判**とよばれることもある。

(1) 訴えの提起

判決手続は，**訴えの提起**により始まる。訴えを提起する人を原告という。原告は，必ず，誰かを相手として訴えを提起しなければならず，訴えを提起された人を**被告**という。原告・被告を合わせて

当事者 とよぶ。

　原告は，訴えの提起に当たっては，必ず **訴状** という文書を裁判所に提出しなければならない（民訴法 133 条 1 項）。訴状には，原告・被告の名前と，いかなる権利主張を原告は被告に対してするのか（これを **請求** という。請求の内容＝原告が被告に対して主張する権利又は法律関係のことを **訴訟物** という），を必ず記載しなければならない（同法 133 条 2 項）。訴訟は，この「請求」の当否（＝訴訟物たる権利又は法律関係の存否）をめぐって展開される。

　なお，訴えには，①「被告は〇〇せよ」（たとえば，被告は原告に対し甲土地を明け渡せ，など）という判決を求める **給付の訴え**，②「△△であること（たとえば，甲土地の所有権を原告が有していること）を確認する」という判決を求める **確認の訴え**，③「原告と被告を離婚する」等の法律関係の変動を生じさせる判決を求める **形成の訴え**，の 3 種類がある。

(2)　訴え提起後の審理

　裁判所は訴状の提出を受けると，第 1 回「**口頭弁論期日**」を指定し，原告にはその期日に対する呼出状を，被告には，訴状と呼出状を **送達** する（同法 138 条 1 項，139 条，94 条 1 項。送達とは，裁判所が所定の厳格な方式に則って書類を届けることをいう。同法 98～113 条参照）。**口頭弁論** とは，公開の法廷で両当事者双方が出席する機会を与えられ，裁判所に対して直接口頭でそれぞれの **主張** をし合う，あるいは裁判所の面前で **証拠調べ** を行う，という審理の方式のことをいう。判決手続では，必ずこの口頭弁論を開いて審理をしなければならない（同法 87 条 1 項。**必要的口頭弁論** という）。このことは，①当事者が口頭で述べたことだけが裁判の基礎となる（**口頭主義**），②審理は公開の法廷で行わなければならない（**公開主義**。憲法 82 条 1 項），③当事者双方に期日への出席の機会，また自己に有利な主張や証拠の提出をする機会が与えられなければならない（**双方審尋**

主義)，を意味する。また，判決書は必ず当事者の主張を聞き証拠調べに立ち会った裁判官が書かなければならないとされている（**直接主義**。民訴法 249 条 1 項。もっとも，裁判官の転勤が頻繁なことが影響し，訴訟の途中で裁判官が交替するということは珍しくない。その場合に一から訴訟をやり直していてはいつまでたっても訴訟は終わらないので，従前の口頭弁論の結果を，当事者が新しい裁判官に口頭弁論期日内に口頭で伝えることで，新しい裁判官が従前の口頭弁論に関与したことになるとされている〔同法 249 条 2 項〕)。

　審理は，口頭弁論期日を何回か繰り返すことによって行われる。民事訴訟の審理は原則①当事者による **主張** の交換→②争点（当事者間で主張に食い違いのある点）の抽出・絞込みと調べるべき証拠の選別（**争点・証拠の整理**）→③争点についての **証拠調べ** という段階を経て進行する（これは，**弁論主義**という，民事訴訟で原則的に採用されている審理原則に適合した審理方法である。弁論主義とは，判決の基礎となる事実・証拠の収集を当事者の責任・権限とする考え方をいい，①裁判所は当事者のいずれもが主張しない事実を判決の基礎としてはいけない，②裁判所は当事者が一致して主張する事実を判決の基礎としなければいけない，③裁判所は当事者の申し出ない証拠を調べてはいけない，という 3 つの準則から構成される。弁論主義についてより詳しくは→本書旧版第 9 章参照）。訴え提起をうけた裁判所における審理を「**第一審**」と呼ぶ。

　なお，当事者は口頭弁論期日で口頭でいいたいことをいえばよいのであるが，各回の口頭弁論期日の前にあらかじめ自分の主張したいことを裁判所・相手方に知らしめるために **準備書面** を提出することが求められている（同法 161 条 1 項）。

(3) 判　決

　証拠調べが終わり，裁判所が何が事実なのかという判断する材料がそろったところで，裁判所は口頭弁論を終結する（**結審**ともいう）。

これにより，もはや口頭弁論は開かれない（ただし，同法153条）。

その後，裁判所は，証拠調べの結果を踏まえ，当事者のいずれの主張が正しいかを判断し，「事実」（裁判所が正しいと思う事実）を認定する。そして，その認定した事実に法律を適用して，**請求**の当否についての結論を出す。そして原告の請求は正しい，という場合には，原告の請求どおりの判決を出す（**請求認容判決**）。原告の請求は間違っている，という場合には「原告の請求を棄却する」という判決を出す（**請求棄却判決**）。

判決は請求の当否を判断する結論部分である**主文**と，当事者の主張を記載した**事実欄**と主文にいたるまでの裁判所の事実・法律に関する判断を記載した**理由欄**からなる。判決は当事者に送達され（同法255条），その送達から2週間以内に敗訴当事者が控訴を提起すれば，事件は控訴審に移る。控訴が提起されなければ判決は**確定**する。

給付の訴えを認容する判決（給付判決）が確定すれば，この判決は**債務名義**となる。これを給付判決の効力とみて**執行力**という（民執法22条1号。給付判決は確定前でも「**仮執行宣言**」というものが付与されれば，執行力を有し債務名義となる。民訴法259条1項，民執法22条2号）。形成の訴えを認容する判決（**形成判決**）が確定すると，判決により原告が求めた法律関係の変動（たとえば，離婚＝婚姻関係の解消）が生じる。これを形成判決の効力とみて**形成力**という。給付の訴えを全部棄却する判決，形成の訴えを全部棄却する判決，確認の訴えに対する判決を**確認判決**という（必ず何らかの事項を確認する内容の判決だからである）。そして，給付判決・形成判決・確認判決はいずれも**判決主文**で判断された事項について，当事者はそれを（原則として）もう二度と争えない，という効力を有する（民訴法114条1項）。この効力を**既判力**という（たとえば，「被告は原告に100万円支払え」という判決は，原告が被告に対し100万円の支払いを

求める権利を有している，ということを当事者はもはや争えないという既判力を有する。既判力につき→第10章参照)。

　なお，訴訟は必ず判決で終わるわけではなく，判決にいたる前に当事者の意思により終了する場合もある。その典型が訴訟中，裁判官のもとで和解が成立する場合である（**訴訟上の和解**）。この場合和解内容は，調書という訴訟の正式な記録文書に記載され，この**和解調書**は執行力を有し，債務名義となる（同法267条，民執法22条7号）。

　(4) 訴訟要件

　請求認容判決・請求棄却判決はともに，請求の当否（これを**本案**という）について判断しているので，**本案判決**という。

　しかし，場合によっては，訴訟の場としての設定に不備があり，請求の当否について判決を下すこと自体がそもそもふさわしくないことがある。たとえば訴訟代理人として登場した人物が代理権を欠いていたような場合である。そのような場合には，「原告の訴えを**却下**する」という判決が下る（**訴え却下判決**。**訴訟判決**ともいう）。そして，この訴え却下判決ではなく本案判決が下るために必要な要件のことを**訴訟要件**とよぶ。訴訟要件はたくさんあるが，たとえば訴訟代理人が代理権を有することや，訴えにかかる事件が法律上の争訟（→本章1）に該当することは，訴訟要件のひとつである。

　(5) 控訴審・上告審

　第一審における裁判所の判決に対して控訴がなされると，**第二審**（**控訴審**）で審理が継続する。

　控訴審裁判所は，第一審で当事者が提出した主張・証拠に，第二審で当事者が提出した主張・証拠を加えて，第一審裁判所とは独立に自ら事実を認定し，法律を適用して判断を下す。このような制度を「**続審制**」という。

　控訴審裁判所の判決に対しては，敗訴した当事者は，民訴法312

条が「上告理由」として列挙している不備が判決にある（たとえば，判決内容が憲法に違反している，等）と主張する場合に限って，「上告」という形で不服を申し立てることができ，その場合には，第三審（上告審）で審理が継続する（その他，上告受理申立てという制度もある。同法 318 条 1 項）。

上告審裁判所は，原則として，自ら **事実** 認定は行わず，控訴審裁判所が適法に認定した事実を前提にしなければならない（同法 321 条）。すなわち，上告審裁判所は **法律問題** のみについて審理をする。そのため，上告審を「**法律審**」とよぶ（これに対し，事実認定も行う第一審・第二審を「**事実審**」とよぶ）。

🏃 判決手続以外の紛争解決手段

民事手続は，紛争解決のための手段である。そしてその要をなすのが，判決手続であった。しかし，判決手続以外にも紛争解決手段はある。

具体的には，①相対交渉，②斡旋，③調停，④仲裁などである。

① **相対交渉** は，基本的に紛争当事者同士が交渉し合う，というものである。どちらか一方ないし双方に代理人がつくことはありうるが，その代理人は代理する当事者のために行動している。

② **斡旋** は，第三者が中立な立場で，相対交渉を仲介・促進する，というものである。

③ **調停** は，第三者が中立的な立場で，しかし，斡旋からさらに踏み込んで積極的に紛争当事者間の和解案を提示するなどして，紛争当事者間の和解の成立を取りまとめようとするものをいう。

④ **仲裁** は，**私的裁判** ともいわれ，紛争当事者双方が，特定の **仲裁人** を選任し，その仲裁人による判断に従う，という合意を結ぶものである。この合意にもとづき，仲裁人が出した紛争解決のための基準（**仲裁判断** という。判決手続でいえば判決に相当する）に紛争当事者双方は拘束され，仲裁判断を争うことは原則できなくなる。

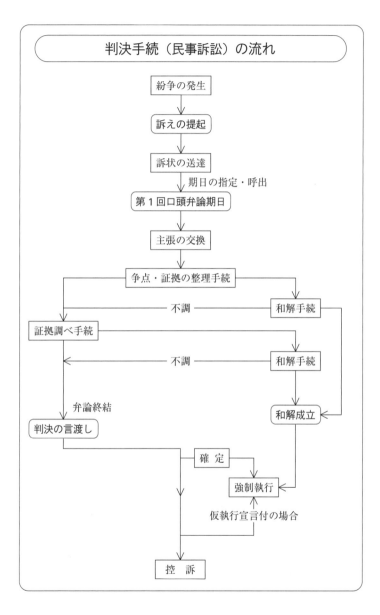

判決手続（民事訴訟）の流れ

紛争の発生

訴えの提起

訴状の送達

期日の指定・呼出

第1回口頭弁論期日

主張の交換

争点・証拠の整理手続

不調   和解手続

証拠調べ手続

不調   和解手続

弁論終結   和解成立

判決の言渡し

確　定

強制執行

仮執行宣言付の場合

控　訴

仲裁は，事前の合意にもとづくものとはいえ，仲裁判断が紛争当事者を拘束するものであるので，判決手続に近づく。そのため，仲裁手続にも相応の厳格性が要求され，**仲裁法** なる法律が存在する。

以上のうち，第三者が中立的な立場で関与する②～④が，判決手続に代替する紛争処理手続であるとして，**裁判外紛争処理手続** (Alternative Dispute Resolution ＝ **ADR**) とよばれる（ADR につき，詳細は→第 11 章）。

なお，①～③は，結果として，紛争当事者間に **和解** が成立してはじめて紛争解決がなされた，といえる場合である。それに対し，④は紛争当事者間に和解が成立することは必要ではなく，仲裁判断はそれ自体が両紛争当事者を拘束する。その意味で①～③と，④は区別される。

(note) 民事訴訟の判決文について

　民事訴訟の判決文の書き方（様式）には，平成 5 年頃を境に，変化がある。

　平成 5 年頃より前に一般的であった判決文の様式を，「旧様式」といい，平成 5 年頃より一般化した判決文の様式を「新様式」という。

　旧様式判決は，判決の「事実欄」と「理由欄」（→本書 72 頁）を明確に区別し，前者に当事者の主張を，後者に裁判所の認定した事実と法律判断を記載する。そして，「事実欄」における当事者の主張は，主張責任（弁論主義〔→本書 71 頁〕の①の準則により，当事者のいずれもが主張しない事実が判決の基礎にならない結果，当該事実が有利に働く当事者に生じる，勝訴可能性が減じるという不利益のことをいう。主張責任についてより詳しくは，→本書旧版第 9 章参照）に従い，原告が主張責任を負う事実についての原告の主張（「請求原因」という）→被告が主張責任を負う事実を用いた被告による反論（「抗弁」という）→原告が主張責任を負う事実を用いた，抗弁に対する再反論（「再抗弁」という）→……という順番に順序だてて記載する。

　これに対し，新様式判決は，「事実及び理由」という項目を立てて，そのひとつの項目の元に，当事者の主張と，裁判所の認定事実・法律

判断を一体として記載する。当事者の主張について，主張責任にしたがって順序だてて記載することもしない。具体的には，「①争いのない事実，②争点，③争点についての原告・被告の主張，④争点についての裁判所の判断」という小項目を立て，当事者の主張と裁判所の認定事実と法律判断を記載する。

旧様式判決の形（一例であり，バリエーションはある）

　主文

　事実
　　第一　当事者の求めた裁判

　　第二　当事者の主張
　　　1　請求原因
　　　2　請求原因に対する認否
　　　3　抗弁
　　　4　抗弁に対する認否および再抗弁
　　　5　再抗弁に対する認否

　理由

新様式判決の形（一例であり，バリエーションはある）

　主文

　事実及び理由
　　第一　請求
　　第二　争いのない事実
　　第三　争点
　　第四　争点についての当事者の主張
　　　1　原告の主張
　　　2　被告の主張
　　第五　争点に対する判断

---

3 刑事裁判

刑事訴訟の基本構造

刑事訴訟（刑事裁判）とは刑事事件を扱う裁判の手続をいう。裁判所は，**検察官** による **公訴** の提起（起訴）がなければ審理できない（**不告不理の原則**）。他方，公訴を提起され，その裁判が確定していない者を **被告人** という。

日本の刑事訴訟は，**当事者主義** あるいは **当事者追行主義** とよばれる構造を採用する。これは，互いに攻撃・防御をなすことにより訴訟を進行させる主導権を当事者たる検察官・被告人に与える一方，裁判所を公平・中立な第三者的審判者とする構造である。だが当事者といっても，一方は国家機関で，他方は一市民である。その力の格差は明白である。また被告人は，その有罪が証明されない限り無罪を推定され，必要最小限の負担を超える権利侵害は許されない（**無罪推定の法理**）。そこで被告人の権利や，公訴されてはいないが犯罪の嫌疑を受け，捜査対象とされる **被疑者** の権利を十分に保障することによって当事者主義を実質化させることを，**実質的当事者主義** あるいは **適正手続** という。これに関して，憲法 31 条〜 40 条は刑事手続上の人権を詳細に定める（→第 13 章 2 刑事手続上の人権(1)）。また実質的当事者主義を実現するうえで，被疑者・被告人の正当な法的利益を保護する **弁護人** の役割は重要である。たとえば自力で弁護人を頼むことができない者にとっては **国選弁護人制度**（憲法 37 条 3 項，刑訴法 36 条以下）が，また逮捕・勾留されている者にとっては **弁護人との接見交通権**（憲法 34 条, 刑訴法 39 条 1 項）が，弁護人の実効的な援助を受けるために不可欠である。

刑事手続のアウトライン

刑事訴訟は，広義には公訴提起前の捜査手続などを含み，刑事手続ともよばれる。刑事手続のあり方を具体的に定める法律が **刑事訴**

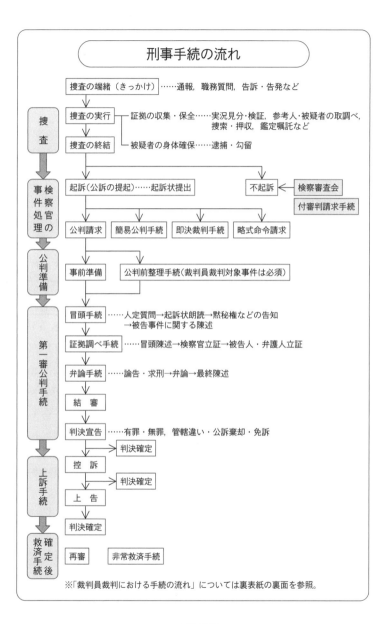

刑事手続の流れ

捜査の端緒（きっかけ） ……通報，職務質問，告訴・告発など

捜査

捜査の実行 ──┬── 証拠の収集・保全……実況見分・検証，参考人・被疑者の取調べ，
捜索・押収，鑑定嘱託など

捜査の終結 ──┴── 被疑者の身体確保……逮捕・勾留

事件処理 検察官の

起訴（公訴の提起）……起訴状提出　　　　　　不起訴 ← 検察審査会
付審判請求手続

公判請求　　簡易公判手続　　即決裁判手続　　略式命令請求

公判準備

事前準備　　公判前整理手続（裁判員裁判対象事件は必須）

第一審公判手続

冒頭手続 ……人定質問→起訴状朗読→黙秘権などの告知
→被告事件に関する陳述

証拠調べ手続 ……冒頭陳述→検察官立証→被告人・弁護人立証

弁論手続 ……論告・求刑→弁論→最終陳述

結審

判決宣告 ……有罪・無罪，管轄違い・公訴棄却・免訴

判決確定

上訴手続

控訴

判決確定

上告

判決確定

救済手続 確定後

再審　　非常救済手続

※「裁判員裁判における手続の流れ」については裏表紙の裏面を参照。

訟法 である。以下，一連の手続のアウトラインを示す（ただし，裁判の執行等は除く）。

(1) 捜　査

捜査 とは，捜査機関（司法警察職員〔捜査権をもつ警察職員のこと〕・検察官・検察事務官）が，犯罪があるとの嫌疑を抱いたとき，証拠を収集・保全し，被疑者の身体を確保することをいう。これは基本的にインフォーマルな手続で，強制的な取調べなど人権侵害が発生しやすい。そこで，捜査は一方当事者である捜査機関が単独で行う公判の準備活動にすぎず，被疑者もこれとは独立して，捜査機関と対等な立場で準備を行うための防御権が保障されなければならないという **弾劾的捜査観** が論じられてきた。

しかし実務では，取調べによる自白獲得を中心とする捜査が行われてきた。このような捜査を支えるものとして，**代用刑事施設制度**（従来 **代用監獄制度** といわれてきたもの。刑事収容施設及び被収容者等の処遇に関する法律15条1項）と **取調べ受忍義務**（刑訴法198条1項の反対解釈）がある。前者は，被疑者・被告人の本来的な身体拘束の場所は拘置所などの刑事施設であるところ，その代用として警察の留置施設の使用を許容するものである（実際，被疑者のほとんどが留置施設に収容されている）。これに対しては，捜査機関の支配下に被疑者を置く点で自白強要や防御権侵害を招くとの批判がある。後者は，身体拘束されている被疑者が，取調べ室に出頭し，そこに留まって取調べを受け続ける義務をいう。これについては，**黙秘権** 保障（憲法38条1項）との牴触などの問題点が挙げられている。

被疑者・被告人の身体拘束は **逮捕**（刑訴法199条，210条，213条）・勾留（同法60条以下，207条1項）である。保証金納付や住居制限等の条件によって勾留の執行を停止する **保釈** については被告人にしか認められていない（同法88条以下，207条1項）。

note 取調べの可視化と弁護人立会い

　日本の捜査機関は，取調べにより真相を解明し良好な治安を支えてきたという自負を持つ。ゆえに代用刑事施設制度の廃止や取調べ受忍義務の否定には強く抵抗してきた。このようにして取調べの抜本的な改革が進まない状況の中，なお取調べ手続の改善を目指す「第三の道」が，取調べの可視化（録音・録画制度）である。

　可視化によって，暴行・暴言といった，一目瞭然の酷い取調べは防止されるかもしれない。だが捜査機関による圧力や被疑者の精神的・身体的ダメージがすべて映像や音声として記録され，簡単に見抜けるか。捜査機関との対峙や拘禁などによる圧力・ダメージに思い至らないまま，自白場面を漫然と視聴するのでは，かえって判断を誤る危険がある。

　2016 年の刑事訴訟法改正による録音・録画制度導入（→近年における立法の展開）後，取調べへの弁護人立会い権を確立する必要性が主張されている。立会い権が，黙秘権（憲法 38 条 1 項）と弁護人の有効な援助を受ける権利（憲法 34 条）の一環として確立すれば，取調べのあり方が大きく変わるのは必至である。

　捜査のうち，重要な法益侵害を伴うものを **強制捜査** といい，法律にとくに定めがある場合に許される（**強制処分法定主義**，刑訴法 197 条 1 項ただし書）。これは，国会の制定する法律の根拠が必要だという意味で民主主義の要請であると同時に，法定による適正手続の保障という憲法 31 条の適正手続の要請に基づく。また強制捜査を行うには「法定」だけでは足りず，裁判官が事前に発付する令状を必要とする（**令状主義**，憲法 33 条・35 条）。これは，事前の司法審査を行うことによって，運用上も適正手続を保障するためである。

　強制捜査以外の捜査は **任意捜査** であるところ，強制捜査と任意捜査との区別は重要な論点である。また科学技術の発展によって，物理的な有形力を用いず，捜査を受ける者が知らないうちに密かに行われ，しかも嫌疑の対象とされる犯罪事実とは無関係の情報を含む，大量の情報を効率的に収集しうる捜査手法——たとえば **通信傍**

受（盗聴）や GPS 捜査（車両に使用者らの承諾なく秘かに GPS 端末を取り付けて位置情報を検索し把握する捜査）──について，①強制・任意のいずれであるか，②強制捜査であるとしても令状主義の要請を満たすか（憲法適合性の有無），③蓄積された情報の管理という点で立法的措置を要しないか，といった点が問題となる。

(2) 公訴（起訴）

公訴 は国家機関たる検察官が行う（**国家訴追主義・起訴独占主義**，刑訴法 247 条）。公訴の提起は，被告人の氏名・公訴事実（検察官が主張する犯罪事実）・罪名を記載した起訴状を提出するだけで，裁判所に予断を生じさせる書類・物を提出・引用してはならない（**起訴状一本主義**，刑訴法 256 条）。これは，**公平な裁判所**（憲法 37 条 1 項）を確保するためである。

検察官の不起訴処分には，① **訴訟条件**（有罪か無罪かについて審理し，またいずれかの判決をするための条件）が欠ける場合，②罪とならない場合，③犯罪の嫌疑がなし・不十分の場合，④刑の免除事由のある場合，そして⑤起訴猶予がある。このうち **起訴猶予** とは，嫌疑があって，また訴訟条件が整っていても，被疑者の性格・年齢・境遇，犯罪の軽重・情状，犯罪後の情況を考慮して不起訴とするものである。このような起訴猶予処分を認める考え方を，**起訴便宜主義（起訴裁量主義）** という（刑訴法 248 条）。

もっとも国家機関である検察官が起訴裁量を掌握していることにより，その判断が一般市民や被害者の意識から乖離し，また恣意的・政治的に行われることがありうる。そこで不当な不起訴あるいは不当な起訴を抑制する手段が必要になる。

不当な不起訴に対しては，①告訴人（捜査機関に犯罪事実を申告し，その訴追を求める人）などへの通知（同法 260 条，261 条，犯罪捜査規範 10 条の 3），② **付審判請求手続（準起訴手続）**，③ **検察審査会** による審査がある。②は，検察官が公務員の職権濫用罪について不起訴

処分にしたとき，この処分に不服があり訴追を求める人（告訴人・告発人）が，裁判所の審判に付することを請求する制度である（刑訴法262条以下）。これは，捜査機関による人権侵害事件に対する起訴率の低さへの対策という意義をもつ。だが実際の運用は不活発である。③は，衆議院議員の選挙権者からくじで選ばれた11名の検察審査員が，不起訴処分の当否を審査するものである。検察審査会は民意の反映によって検察の独善を修正するとの意義があるものの，その起訴相当の議決に拘束力がないという限界があった。もっとも法改正により現在，2度目の起訴相当の議決には拘束力が付与されている（検審法41条の2以下）。しかし民意の反映というのであれば，検察審査会は起訴処分についても審査権をもつべきであろう。

そこで不当な起訴に眼を転じてみると，これを抑制する法制度は一切ない。しかし，特に起訴猶予との関係で，起訴猶予により手続から解放された者と，本来ならば起訴猶予されるべきなのに起訴され有罪判決が言い渡された者との落差に照らすと，むしろ不当起訴こそコントロールの必要が高い。この点，1960年代の弁護実践から誕生し，学説による支持・発展をみた（狭義の）**公訴権濫用論**，すなわち，検察官がその訴追裁量権限を逸脱した不当起訴について公訴を無効とする（公訴棄却または免訴の裁判で手続を打ち切る）との理論が注目される。もっとも最高裁は，一般論として「検察官の裁量権の逸脱が公訴の提起を無効ならしめる場合のありうること」を認めたものの，それは「たとえば公訴の提起自体が職務犯罪を構成するような極限的な場合に限られる」との基準をとったため（最一小決昭和55〔1980〕年12月17日刑集34巻7号672頁），この厳格な基準のもとで不当起訴とされるケースは，実際のところ，ほとんどない。しかし不当起訴が疑われるものの裁判所は公訴有効とした事案（反戦ビラ配布の目的で自衛隊官舎内に入った者を住居侵入罪で逮捕・起訴した，いわゆる立川反戦ビラ事件〔最二小判平成20〔2008〕年

4月11日刑集62巻5号1217頁〕など）が存在する以上，公訴無効基準の緩和，検察審査会による起訴処分の審査権の創設などが検討されてよい。

（3）　公判手続（第一審公判手続）と証拠法

公判手続 とは，公訴の提起から裁判が確定するまでの手続をいう。したがって，これは第一審の手続はもとより，後述の上訴の手続も含む。

その中心となるのは，公判廷で行われる公判期日の手続（狭義の公判手続）である。犯罪事実の存否の確認はこの意味での公判で行われるとする **公判中心主義** は，近代刑事訴訟の大原則である。そしてこの原則を実質化させるものとして，ⓐ **公開主義**，ⓑ **口頭主義**，ⓒ **直接主義** がある。ⓐは審判を公開の法廷で行う原則，ⓑは審判を口頭によって提供された訴訟資料にもとづいて行う原則，ⓒは裁判所が直接取り調べた証拠のみにもとづいて裁判しうる原則である。いずれも，近代以前の刑事訴訟が書面等を用いて密室で処理することにより恣意的な裁判が行われる危険性をもっていたことに対する歴史的教訓から生まれた。

公判の中心部分は事実の認定で，これを律する法規制（証拠法）がある。以下，その一部をみておこう。

まず証明を要する事実（**要証事実**。その典型は犯罪事実）は，証拠にもとづき認定されなければならない（**証拠裁判主義**，刑訴法317条）。また，どんな情報でも事実認定の資料すなわち証拠になるわけではなく，一定の資格（**証拠能力**）と適式な証拠調べが必要である（厳格な証明，同条）。証拠能力については，① **自然的関連性** の法則，② **法律的関連性** の法則，そして③ **証拠禁止** というカテゴリーに分けることができる。以下，①②③それぞれの例を挙げる。

まず，①根拠のないうわさのように，証明する力がないものは，自然的関連性がないとして証拠能力が否定され，その結果，事実認

定の資料から排除される。また，②傷害事件において，「私は被告人がYを殴っているのを見た」というAの供述を，Bが聞きとって書いた供述録取書は，Aの見間違い，Aの記憶違い，あるいはAのウソといった誤りが混入していないか，Aを反対尋問するなどして公判でチェックすることができない。このような伝聞証拠は，その信用性が誤って評価される危険が類型的に高いので，法律的関連性がないとして証拠能力が否定される（**伝聞法則**，同法320条）。なお被告人の**証人審問権**（憲法37条2項前段）と伝聞法則は密接な関係にあると考えられる（伝聞法則の例外規定に対する違憲論もある）ものの，判例は，前者について，公判廷にいる証人に対する反対尋問を保障しただけであるという（最大判昭和24〔1949〕年5月18日刑集3巻6号789頁）。そして，③証拠禁止とは，証明力の有無・強弱にかかわらず，一定の利益を守るため，証拠から排除するものである。その典型例は，適正手続を守るため，証拠の収集手続に違法があった場合，その証拠能力を否定するという，**違法収集証拠排除法則**である。

　事実の認定は，最終的には，審判者である裁判所の仕事である。近代以降，証拠の価値判断を事実認定者（陪審や裁判官など）の心証にゆだね，法律上の制限を加えないとする**自由心証主義**（刑訴法318条）が採用されてきた。これは，自白を有罪認定の法律上の要件とするといった**法定証拠主義**と自白を獲得するための**拷問制度**とを克服し，人間の理性的判断にもとづく裁判，そして人権保障にかなう裁判へと転換する歴史的意義があった。もっとも近年においては，自由心証が実際の運用のなかでブラックボックス化・権威化していることも問題視されている。

　要証事実について当事者による立証が尽くされた後，裁判所が当該事実について法の要求する心証を得られなかった場合，不利益に判断される当事者の地位を**実質的挙証責任**（客観的挙証責任）という。

刑事訴訟においては，無罪推定の法理から派生した「**疑わしきは被告人の利益に**」（in dubio pro reo）の原則が妥当するので，被告人に対する刑罰権の行使を正当化するすべての要素について，検察官のみが実質的挙証責任を負うのが原則である。したがって「疑わしき」とは検察官の主張に疑いが残るという意味である。この原則は，罪のない者を誤って処罰するという最大の不正義を回避すべしとする **無辜の不処罰主義** の要請にもとづく。

　もっとも検察官が挙証責任を負うといっても，犯罪事実の **証明基準** が低いならば，無辜の不処罰主義も画餅に帰す。そこで，これについては **合理的疑いを超える証明** というきわめて高度な基準が設定されている。合理的疑いとは，英米法における，理性（reason）ある一般人が抱く疑い（reasonable doubt）に由来する。つまり特別の高度の疑いではなく，普通人が「被告人が有罪だという検察官の主張には疑いが残る」と思えば，それが合理的疑いである。

　(4)　上　訴

　上訴（刑訴法 351 条以下）とは，いったん言い渡されたが未だ確定していない裁判について，その誤りを正すよう，上級裁判所に求める不服申立てをいう。有罪・無罪の判決に対する上訴として，**控訴** と **上告** がある。控訴は第一審判決を不服として高等裁判所に申し立てるもので，上告は主に控訴審判決を不服として最高裁判所に申し立てるものである。

　とりわけ，無辜が誤って有罪とされることのないように，また違法な手続による人権侵害が放置されることのないように，上訴審手続において慎重に原裁判を審査することは，公正な裁判・適正な手続の保障として憲法の要求するところである。たしかに，刑訴法は被告人による上訴のみならず，被告人に不利益な上訴をする権限を検察官に認めている（同法 351 条 1 項）。しかし，かかる検察官上訴については，（憲法の要請でない）法律上の権限にすぎないこと，ま

た被告人に再度の手続的苦痛を与える点で**二重の危険の禁止**（憲法 39 条）に反するといった批判があることに留意する必要がある。

(5)　確定後救済手続

　裁判が確定すれば，原則，これを到着点としなければならない。そうでなければ刑事訴訟は制度として成り立たない。しかし確定した裁判といえども，実は誤っており不正義の状態にあるということはありうる。ここに，確定前の救済手続としての上訴制度のほかに，確定後の救済手続が用意される契機がある。

　非常上告（刑訴法 454 条以下）とは，判決の確定後，その法令違反を是正する救済手続である。その主たる目的は，法令の解釈・適用の統一にある。

　再審（同法 435 条以下）とは，確定した有罪判決に対して，その言渡しを受けた者の利益のために行われる救済手続をいう。したがって，不利益再審は認められていない。

　現行の憲法・刑事訴訟法が制定される前，再審の理念は「真実の追求」と考えられていた。すなわち「真実の追求」を目指す刑事手続の到着点である判決は「真実とみなされる」ので確定する。もっとも確定判決が「みなされた真実」というのは，「真実そのもの」と背離する可能性もある。そこで，確定判決の誤りを正す再審制度を用意することで，確定判決の言渡しを受けた者にとって利益となるか不利益となるかを問わず，「真実の追求」に万全を期すことにした。ただし確定判決は「みなされた真実」である以上，簡単にくつがえすべきでない。よって再審の要件は厳格になる。

　しかし，憲法 39 条が訴追された被告人の手続的苦痛に注目する二重の危険の禁止を採用し，また判決が確定するのは（それが真実とみなされるからではなく）訴訟制度を維持するという制度的理由にすぎないと考えられることによって，再審の理念は「真実の追求」から無辜の救済へと 180 度転換した。すなわち不利益再審は二重の

危険の禁止に反するため廃止され，利益再審だけが設けられた（刑訴法435条）。その結果，再審においては，刑罰権（訴訟制度）の維持という国家的利益と無罪を主張する被告人の権利との間に，一定の緊張関係が生ずることになる。もっとも，再審による無辜の救済は公正な裁判・適正な手続の保障として憲法の要求するところであるから，後者（無罪を主張する被告人の権利）に優位性を認めるべきである。また再審による誤判・人権侵害の是正こそトータルな意味での訴訟制度の維持につながりうる。なぜなら誤判・人権侵害を放置したままであっては，訴訟制度に対する人びとの信頼はゆらぎ，制度としての正当性も崩壊しかねないからである。

近代刑事訴訟の理想と日本刑事手続の現実

起訴状一本主義や伝聞法則（証人審問権）は，裁判所が捜査機関の嫌疑を引き継いだり，捜査で作成された書面を証拠としたりする公判の捜査依存性を排除して，公判中心主義を実現するのに有効である。ここに，近代刑事訴訟の理想がある。

もっとも日本の刑事手続の現実に眼を向けると，検察官は広大な起訴裁量をもち，犯罪の嫌疑や起訴猶予に関する事情については捜査（取調べ）によって調べ上げたうえで，「確信」をもって起訴するとされる。すなわち広大な起訴裁量は強大な捜査とセットで成り立つ。またこのように刑事手続の重点が捜査・公訴に寄ると，相対的に公判の役割は低減しうる。

くわえて刑訴法には伝聞法則の例外が多く定められ（同法321条以下），実務上もこれが活用されてきた。つまり裁判官は，公判廷での証言等から心証をとるよりも，捜査で作成された供述録取書（供述調書）から心証をとることが常態化してきた。

これらの現実から，ⓐ強大な捜査，ⓑ広大な起訴裁量，ⓒ捜査依存，そしてⓓきわめて高い有罪率（99％強！）という，互いに関連する要素が抽出される。もっともその評価については，受容的（肯

近年に再審無罪判決が確定した著名事件

事件名（発生年・罪名）	確定判決	結果・現状ないし特徴・裁判所の判断
①富山・氷見事件 （2002年・住居侵入，強姦，強姦未遂）	懲役3年	2007年に再審無罪。服役後に真犯人が見つかり，自白は虚偽であったことが判明。富山地高岡支判平成19（2007）年10月10日裁判所ウェブサイト。また国家賠償請求訴訟（富山地判平成27〔2015〕年3月9日判時2261号47頁）で警察官の取調べの違法性が認められた（確定）。
②栃木・足利事件 （1990年・わいせつ誘拐，殺人，死体遺棄）	無期懲役	2010年に再審無罪。服役中に遺留物のDNA型鑑定で別人の型が出て，自白は虚偽であったことが判明。宇都宮地判平成22（2010）年3月26日判時2084号157頁。
③茨城・布川事件 （1967年・強盗殺人）	無期懲役	2011年に再審無罪。自白の信用性が否定され，任意性にも疑問があるとされた。もともと被告人2名と犯行とを結び付ける客観的証拠は一切なかった。水戸地土浦支判平成23（2011）年5月24日LEX/DB25471410。また国家賠償請求訴訟（東京高判令和3〔2021〕年8月27日LEX/DB25591454）で警察官ならびに検察官の取調べの違法性が認められた（確定）。
④東京・東京電力女性社員殺害事件 （1997年・強盗殺人）	無期懲役	2012年に再審無罪。服役中に遺留物のDNA型鑑定で別人の型が出た。もともと自白などの直接証拠は一切なく，情況証拠による事実認定が争われていた。なお本件は一審無罪であったところ，控訴審で逆転有罪，最高裁で確定という経緯をたどっている。東京高判平成24（2012）11月7日判タ1400号372頁。
⑤大阪・強姦虚偽証言事件 （2008年・強制わいせつ，強姦）	懲役12年	2015年に再審無罪。被害者及び目撃者の各供述について信用性が認められず，虚偽のものであることが明らかになったとされた。大阪地判平成27（2015）年10月16日判時2316号119頁。
⑥大阪・東住吉事件 （1995年・現住建造物等放火，殺人，詐欺未遂）	無期懲役	2016年に再審無罪。被告人及び共犯者とされた者の自白には証拠能力（任意性）が認められず，これらを除いた証拠からは，自然発火の可能性が合理的な疑いとして認められるから，被告人が犯行を行ったとは認められないとされた。大阪地判平成28（2016）年8月10日判時2324号28頁。
⑦熊本・松橋事件 （1985年・殺人）	懲役13年	2019年に再審無罪。再審請求審で自白の信用性が否定され，検察官による新たな立証もなく，弁護人は迅速な審理・判決を求めていることをふまえると，検察官が請求する自白などは却下するのが相当であり，結局，被告人が犯人であることを示す証拠はなく，被告人が被害者を殺害したとは認められないとされた。熊本地判平成31（2019）年3月28日判時2481号93頁。
⑧滋賀・湖東記念病院事件 （2003年・殺人）	懲役12年	2020年に再審無罪。自白以外の証拠によって患者が殺害されたという事件性は認められず，むしろ致死性不整脈等の原因で死亡した具体的な可能性が認められ，また自白は信用性に重大な疑義があるばかりか，任意性に疑いがあり証拠排除すべきであるから，その結果，事件性すら証明されておらず，犯罪の証明がないことに帰するとされた。大津地判令和2（2020）年3月31日判時2445号3頁。

※ 「裁判所ウェブサイト」は，https://courts.go.jp の「裁判例情報」欄を指す。
※ 「LEX/DB〔8桁の番号〕」は，TKCの法律情報データベース「LEX/DBインターネット」の「判例データベース」における「LEX/DB文献番号」を指す。

定的）なそれと批判的なそれとに分かれてきた。

　前者によれば，徹底した捜査（取調べ），十分な証拠固めのうえ
での「確信」による起訴，捜査で作成された供述調書が頻繁に証拠
とされる公判，そしてきわめて高い有罪率は，真実追求への熱意に
もとづく，精度の高い「精密司法」を構成するものである。これら
は治安の確保や手続の効率性にとって有効であると積極的に評価で
きる。違法捜査が行われたとしても，それは熱意のあまりオーバー
ランしたものであるから，過度に非難されるべきものではない。誤
判は真実追求にもとるが，病理的・例外的な事象である。

　後者によれば，強大な捜査権には人権侵害の危険がある。広大な
起訴裁量のもとでの起訴・不起訴のふるい分けは「裁判」であるか
のように権威化し，公判は検察官の「有罪（起訴）」という判断を
追認する場となる。捜査で作成された供述調書が証拠の中心となる
調書裁判は，公判中心主義を形骸化させる。このような刑事手続の
構造が誤判の原因であることは，死刑再審無罪事件（免田，財田川，
島田，松山の各事件）や近年の再審無罪事件（→近年に再審無罪判決
が確定した著名事件）等の経験からも明らかである。

　いずれにしても，刑事手続の現実が，近代刑事訴訟原則が想定す
る刑事手続モデルをそのまま模写したものでなかったことは明らか
である。もっとも次の問題は，この現実が1990年代中葉以降相次
いできた立法やその下での運用によってどうなってゆくか，である。

近年における立法の展開

　1999年成立の**犯罪捜査のための通信傍受に関する法律**（通信傍受法）
は，組織的な犯罪への対処を謳い（同法1条），捜査としての通信
傍受（盗聴）を合法化した。もっとも，その立法過程では，**立法事
実**や**憲法適合性**について疑問が提起され，強い反対もあった。そ
のため対象犯罪の限定や手続的要件の厳格化が講じられたものの，
同法が捜査権限を拡大強化したことは明白である。

1990年代中葉から具体的な動きをみせてきた司法制度改革（→本章1）は，刑事手続法制に対しても再編を迫った。すなわち2004年成立の裁判員の参加する刑事裁判に関する法律ならびに刑事訴訟法等の一部を改正する法律によって，ⓐ「国民の中から選任された裁判員が裁判官と共に刑事訴訟手続に関与する」**裁判員制度** の創設，ⓑ「刑事裁判の充実・迅速化を図るための諸方策」としての **公判前整理手続**（刑訴法316条の2以下）や **即決裁判手続**（同法350条の16以下）の創設，ⓒ「公的弁護制度の整備」としての **被疑者国選弁護制度**（同法37条の2以下）の創設，ⓓ **検察審査会の議決に対する拘束力の付与**（前述）が行われた。しかし身体拘束や被疑者取調べ等の捜査に関する改正，伝聞証拠や自白を規制する証拠法に関する改正，上訴・再審に関する改正はいずれも行われなかった。これらは刑事手続の構造を規定する根幹部分である。それが手つかずに残されたことは，法改正の目的が，近代刑事訴訟原則が想定する刑事手続モデルへ改革することではなかったことを裏づける。

　もっとも，検察官が被告人や関係者を強引に取り調べ，また主任として担当した検察官が有罪立証に不都合な証拠物を改ざんしたことが明らかとなった厚生労働省元局長無罪事件（郵便不正事件。大阪地判平成22〔2010〕年9月10日判タ1397号309頁〔一審無罪・確定〕）や証拠改ざん事件（大阪地判平成23〔2011〕年4月12日判タ1398号374頁〔一審有罪・確定〕）を契機とする立法に向けた動きは，取調べの録音・録画制度の導入を，その中心課題とするものであった。だが2016年刑事訴訟法・通信傍受法改正は，取調べの録音・録画制度について，裁判員裁判対象事件と検察独自捜査事件の逮捕・勾留中の被疑者取調べに限定し，幅広い例外事由を設けた（刑訴法301条の2）。

　他方で同改正は，通信傍受の対象犯罪を大幅に拡大し（通信傍受法3条と別表第2），新たな傍受の実施手続を設け（同法20条など），

協議・合意制度（刑訴法 350 条の 2 以下）や**刑事免責**（同法 157 条の 2 と 157 条の 3）といった「司法取引」制度を導入するなど，捜査・訴追権限の拡大強化を図った。協議・合意制度は，共犯者，あるいは自分が嫌疑をかけられている犯罪とは無関係の第三者の犯罪について証拠を提供する見返りに，自分の犯罪について不起訴などの恩典を受けるという「取引」を行うものであるところ，罪を免れるために虚偽の供述をするなどして他人を引っ張り込む危険がある。また刑事免責は，証人に対し，尋問に応じてした供述およびこれに基づいて得られた証拠は証人に不利益な証拠として用いないことを条件に，証言を義務づけるものである。これについても，証人が「免責」を得るため虚偽の供述をする危険は否めない。

　たしかに同改正は，被疑者国選弁護制度の対象事件を，全ての勾留状が発せられた事件および勾留状が請求された事件に拡大するという被疑者の防御権を広げる側面もあった（同法 37 条の 2）。だが逮捕段階や在宅事件の被疑者は同制度の対象外とされた。このようにして同改正全体としてみれば，捜査・訴追権限の拡大強化の側面が上回ったといわざるをえない。

　他方でこれらの動きと併行して，2000 年以降，犯罪被害者対策の一環として，**被害者等の刑事手続への関与**を拡充するための刑訴法改正が相次いでいる（2000 年，2007 年）。被害者等とは「被害者又は被害者が死亡した場合若しくはその心身に重大な故障がある場合におけるその配偶者，直系の親族若しくは兄弟姉妹」とされる（同法 290 条の 2 第 1 項）。とりわけ 2007 年改正は，一定の要件を満たした場合に被害者等が**被害者参加人**として刑事裁判に参加しうる制度を創設した（同法 316 条の 33 以下）。これについて，被害者等が尊重されるとの積極的な評価がある反面，被告人の権利保障に深刻な影響を及ぼす，無罪推定の法理に反するとの批判もある（→第 13 章 2 刑事手続上の人権(3)）。また人を死亡させた罪の公訴時効につ

いて死刑に当たる罪のそれを廃止するなどの，2010年における **公訴時効** の改正（刑訴法250条）も，被害者遺族団体による要求をかなえるものであった。すなわち時の経過によっても処罰感情は希薄化しないから，公訴時効を廃止して，長期にわたり刑事責任を追及できるようにすべきであるという。しかしこれに対しては，とりわけ証拠の散逸——たとえばアリバイ証人の死亡といった，被疑者・被告人に利益な証拠の散逸——によって防御が困難となり，ひいては冤罪の危険があるのではないかとの批判もある。

✐ これからの刑事裁判はどうなる？

　2009年5月の施行から10年を越えた裁判員裁判の法廷は，従来の調書裁判から大きく様変わりし，証人尋問や被告人質問を優先させた証拠調べが行われている。裁判員が膨大な調書を読んで心証を形成するのは大きな負担となり，現実的でないからである。このような法廷の様子は，一見，公判中心主義的である。だがそれは，裁判員の関与しない非公開の公判前整理手続で，裁判官主導の下，あらかじめ争点と証拠が絞られた後の証拠調べである点では，当事者主義や公判中心主義にそぐわないようにみえる。また証人尋問で供述を得られなかった，あるいは以前と異なる供述がなされた場合，緩やかな要件で調書を証拠として許容する伝聞法則の例外規定（特に刑訴法321条1項2号）は残されたままである。

　取調べの録音・録画記録媒体（取調べビデオ）について，調書より「正確」だから，主要事実（犯罪事実）を証明する実質証拠として証拠能力を認めるのが当然だという主張がある。しかしこれでは公判が「取調べビデオ上映会」化して，公判中心主義とは逆行し，捜査（取調べ）依存の裁判になってしまう。録音・録画制度は万能の方策ではなく，直ちに取調べの抑制につながるわけではない（→ note 取調べの可視化と弁護人立会い）。

　捜査機関が保管する証拠を被告人側に閲覧させる **証拠開示** は，

2004年改正で導入された公判前整理手続の一環として法整備された。もっとも公正な裁判を実現するためには、争点と証拠の整理にとらわれない開示が広く認められる必要がある。

　身体拘束との関係では、2006年頃から勾留請求却下率や保釈率が上昇傾向にある。この身体拘束に対する抑制方向の動きは、裁判官、裁判所の姿勢の変化を現わしている。もっとも自白を得るために身体拘束が流用されないよう、身体拘束と被疑者取調べとを切り離す改革——代用刑事施設制度の廃止、取調べ受忍義務否定の明文化、起訴前保釈の導入など——は、捜査・訴追当局（警察・検察）の強い抵抗にあって、近年の度重なる法改正によっても実現していない。

　このように刑事裁判を取り巻く現状は複雑である。もっともそうであるからこそ、これを感覚論ではなく社会科学的に分析する眼差しと、近代刑事訴訟原則という試金石からどのように評価されるかという眼差しとが、求められている。

〈参考文献〉

① 裁判制度一般に関する入門者向け文献として、市川正人・酒巻匡・山本和彦『現代の裁判〔第8版〕』（有斐閣、2022年）。

② 民事手続に関する入門者向け文献として、川嶋四郎ほか『はじめての民事手続法』（有斐閣、2020年）

③ 物語形式の民事訴訟についての入門書として、福永有利ほか『アクチュアル民事の訴訟〔補訂版〕』（有斐閣、2016年）、山本和彦『よくわかる民事裁判——平凡吉訴訟日記〔第3版〕』（有斐閣、2018年）。

④ 一般市民による民事訴訟の貴重な体験記として、勝村久司『ぼくの「星の王子さま」へ』（幻冬舎、2004年）。

⑤ 刑事訴訟法に関する入門者向けの文献として、緑大輔『刑事訴訟法入門〔第2版〕』（日本評論社、2017年）、中川孝博『刑事訴訟法の基本』（法律文化社、2018年）、豊崎七絵「刑事手続と法」緒方桂子・豊島明子・長谷河亜

希子編『日本の法〔第 2 版〕』（日本評論社，2020 年）第 7 章。

⑥　刑事訴訟の実際に関する一般読者向けの文献として，本文で触れた厚生労働省元局長無罪事件の被告人であった著者による，村木厚子（聞き手・構成 江川紹子）『私は負けない 「郵便不正事件」はこうして作られた』（中央公論新社，2013 年），亀石倫子・新田匡央『刑事弁護人』（講談社現代新書，2019 年），木谷明『違法捜査と冤罪　捜査官！その行為は違法です。』（日本評論社，2021 年）。

第5章

判例の読み方

本章のねらい　　　六法全書に書かれた制定法のみを眺めていたのでは，法律学の全貌を把握することはできない。

裁判所の下す判決は，個々の訴訟において制定法を現実の具体的事案に解釈適用したものであり，ある時は制定法を補完し，ある時は時代に合わない制定法を置き換える役割を果たす。裁判所が行う事実認定や法の解釈適用は機械的作用ではなく，どのように事実を切り取り，先例と相矛盾せず事案を峻別するのかといった点で，裁判所は法形成過程において創造性溢れる役割を担っている。

本章では，裁判所の書いた「判例」を読むに当たり，いかなる点に留意すべきなのかという問題について，具体例を交えながら検討を加える。

1　判例を読むために知っておくべきこと

「判例」と「裁判例」の違い

「判例」と「裁判例」の違いを説明することは意外と難しい。裁判例とは，ある訴訟において裁判所が説示した内容やその集積を指し，当該判決ないしその集積は「事実的」なものとして扱われている。それに対し，判例とは，後続する訴訟において何らかの規範的な拘束力を有する裁判例，つまり **先例** としての価値を有する裁判

例に対して限定的に用いられる言葉であり，とりわけ最上級審（日本で言えば最高裁判所）の判決に対して使われる。

　これは判決が **法源** であるか否かという点とも関係する。立法府たる議会において制定された法律のみが法源であるとし，訴訟において裁判官は当該法律を機械的に解釈・適用し，結論を導き出しているに過ぎないと考えるのであれば，判決には法源としての地位はない。しかし，訴訟における裁判官による法規の解釈・適用は機械的ではない（→第1章，本章2）。

　厳密な意味での「判例」と「裁判例」の違いは以上のとおりであるが，高等裁判所や地方裁判所の判決等の下級審裁判例も含め，裁判例の集積が一定の方向性を示している場合には，それを「判例」と呼ぶこともある。また，いわゆる「**学説**」に対置されるものとしての「裁判所の考え方」という意味で「判例」という言葉が用いられることもあり，用語法は必ずしも一定していない。したがって，読者が今後「判例」という言葉に接した場合には，それがどのような文脈で使われているのかという点に注意を払う必要がある。

「判例研究」または「判例評釈」の一般的な方法論

　判例研究（「**判例評釈**」とも言われる）とは，ある判決を取り上げ，当該判決の意義，当該判決の論理の内在的検討（内部に論理的矛盾はないかなど），従前の判例・学説との関係，当該判決の射程や残された課題などについて，多角的かつ立体的に検討する作業である。日本の裁判例は，最高裁判決を引用することはあるものの，アメリカやドイツなどと異なり，下級審の判決や学説などを通常は引用しないため，判決相互の関係や判決の位置づけについて，当該判決だけを読んだのでは分からない場合も多く，判例研究の意義は大きい。

　読者が判例を検討する際には，いわゆる「判例百選」をはじめ，出版社から刊行されている判例集や「ケースブック」などを参照することが珍しくないだろう。そこで，それらに掲載されている判例

研究の一般的な方法論を最初に説明する。

　以下では，わが国における判例研究の確立に大きく貢献した末弘嚴太郎（1888-1951）が執筆した『〔新装版〕法学入門』（日本評論社，2018 年）136 頁以下の「判例の研究と判例法」の記述を参照する（同書は今から 90 年近く前の 1934 年に原本が出版されているが，現在も法学入門書としての輝きを失っていない。同書は，法学を学びたい初心者と，末弘と思われる法学者の問答の形式を取っていて実に読みやすく，かつ，内容は奥深い）。

　同書における末弘の考えを要約すると以下のようになる。判決は個々の事案の具体的な事実に対応して下されるものであり，事実・法律・結論が相互に関連する。裁判官は具体的な事件において事実を選択・構成する（**事実認定** を行う）と同時に，**法律の解釈適用** を行って結論を出しており，裁判官がただ単に予め用意された事実に法規を当てはめ，結論を機械的に導き出すと考えるのは誤りである。つまり，判決の中で触れられている法律や学説だけを事実と無関係に取り出して分析を行い，抽象的な法則を見出すような態度は妥当でない。

　また，事実との対応関係で法律の解釈・適用が行われて結論が出される以上，自ずと判決には「**射程（判決の射程）**」が存在する。したがって，ある事実に基づいて下された判決が，他の事案において，どのような事実の下であれば，同様の結論，あるいは違った結論となり得るのかという点を厳密に見定める作業が求められる。つまり，判例研究においては，ある判決が後続の裁判例において **拘束力** を有する部分はどこなのかということを厳密に測定しなければならない。この作業を行う際に用いられる用語が（狭義の）「**判決理由（あるいは「判旨」）**」と「**傍論**」である。

　判決理由 とは，英米法で言われる「ratio decidendi（レイシオ・デシデンダイ）」に対応する。これは判決主文の判断を導き出すため

に必要不可欠な理由部分であり，判決の中に書かれている内容の中で真に判例となるもの，つまり後続の裁判例に対する拘束力を有するものを指す。それに対し，**傍論**とは「obiter dictum（**オビター・ディクタム**）」に対応し，判決中の裁判官の意見のうち判決理由に該当しない部分を指す。傍論は，後続の判決に事実上の影響力を有することも少なくないものの，判決理由とは違い，先例としての拘束力を有する部分ではない（付言すると，これらは英語の読み方である。元来はラテン語由来であり，発音は異なる）。

1917 年から 1920 年にかけてアメリカのシカゴなどに留学した末弘は帰国後，東京大学法学部で「**民事法判例研究会**」（通称「**判民**」設立当初は**民法判例研究会**）において，前述した問題意識に基づく判例評釈を始めた。東京大学法学部の紀要である「**法学協会雑誌**」に掲載されている「最高裁判所民事判例研究」はこの方法論に則っており，末弘の方法論は現在の判例評釈にも大きな影響を与えている。

「生の判決文」を読むことの大切さ

「判例百選」に代表される書物は，ある法分野の「論点」ごとに判決が簡潔に整理されるとともに，多くの判決を通覧できる点で便利である。しかし，読者がゼミや研究会などで判例研究を行う際には，「加工された判決文」が掲載された書物だけを参照するのではなく，より「一次資料」に近い，いわば「生の判決文」に当たって分析することを勧めたい。

判決文にどのようにアクセスすればよいか。下級審裁判例で重要と思われるものは，「判例時報」や「判例タイムズ」などの民間雑誌に掲載される。最高裁まで争われた事件については，最高裁の公式判例集として，民事事件についてまとめた「**最高裁判所民事判例集**」（略して「**民集**」），刑事事件についてまとめた「**最高裁判所刑事判例集**」（略して「**刑集**」）に掲載されるものが多い。しかし，例えば最高裁の民事判決について，その全ては民集に登載されておらず，

重要性が高いと考えられる判決のみが民集に掲載される。最高裁として重要度が低いと考えるものは,「最高裁判所裁判集民事」(略して「集民」)に掲載されるか,あるいは公式判例集には掲載されず,上述の民間雑誌等に掲載されるにとどまるものもある。

現在では,紙媒体の判例集や民間が提供するデータベースに加え,**裁判所ウェブサイト** の「**裁判例情報**」に各種の裁判例が掲載されて検索が可能となっているので,積極的に活用してほしい。なお,これらの判例集には,判旨の部分に傍線が引かれることが多いが,これらは編集の段階で付加されたものに過ぎず,裁判所の公式見解などではない。それら傍線が概ね判決理由に対応している場合が多いであろうが,判例研究に当たっては,虚心坦懐に判決文を読み込むべきである。

また,判決文よりもさらに一次資料に近いものに **訴訟記録** がある。謄写等の制限はあるものの(何人も訴訟記録の閲覧を請求できる。民訴法91条1項,刑訴法53条1項)。訴訟記録には,当事者が提出した証拠や証人尋問等が記載されており,判決文からは分からない訴訟の内実を知ることができるし,訴訟記録を確認することにより,当事者の主張立証の巧拙に気づくこともあるため,筆者が判例評釈を行う場合には,可能な限り訴訟記録を閲覧するように努めている。民事訴訟記録の保存義務は判決確定後5年しかないため(この点には批判も根強い),気になる判決は早めに訴訟記録を見に行くことが望ましい。

判決を具体的に分析する際には,(民事判決を念頭に置いた記述となるものの)①原告が勝ち取りたいもの(原告の **請求**),②原告の請求を成り立たせるために必要となる(通常は複数の)条文,③それらの条文の効果を発生させるために原告が主張すべき事実(いわゆる「**要件事実**」),④原告の主張に対する被告の主張(反論),⑤原告の主張と被告の主張の結果として浮かび上がった争点に対して裁判

所が立てた規範およびそれに基づく結論などに留意すべきである。その上で，⑥当該判決の判決理由や傍論の見極め，⑦当該判決と類似する事案との関係，⑧当該判決の射程，⑨当該判決の課題などを検討すべきである。

最高裁判決の位置づけ

　以下では，判例の調べ方や研究方法に関連して，最高裁判決について4点追加する。

　第1に，最高裁判所は法律の解釈・適用に関する判断のみを行う「**法律審**」であり，**事実認定**を行なう審級（**事実審**）ではない（→第4章1）。したがって，事実の部分に関して詳細を知りたい場合には，当該最高裁判決の原審，原々審を参照しなければならない。

　最高裁は法律審であり，事実認定の権限を持たないから，「**破棄自判**」と「**破棄差戻し**」の違いにも注意が必要である。最高裁が原判決を破棄するに当たり，原審の認定事実のみで判決が下せる場合と，それのみでは判決を下すのに事実認定が不十分である場合がある。前者では最高裁が自分で判決を下す「自判」が可能であるが，後者では最高裁は事実認定を行なえないため，下級審に判決を差し戻し，事実認定をさらに尽くさせることが必要となる。

　第2に，最高裁判決の多くは**小法廷判決**であるが，数は少ないものの**大法廷判決**も存在する（本章で後に検討する「北方ジャーナル事件」の上告審判決は最高裁大法廷判決である）。小法廷で裁判することができず，大法廷で取り扱わなくてはならない場合とは，①当事者の主張に基づいて法律等が憲法に適合するか否かを判断するとき（裁法10条1号）。ただし，過去の大法廷判決を踏襲する場合には小法廷で審理することができる（同号かっこ書），②法律等が違憲であると判断する場合（同条2号），③判例変更を行う場合（同条3号）である。また，上記①〜③に該当する場合（最高裁判所裁判事務処理規則9条2項1号）のほかに，④小法廷の裁判官の意見が2説に

分かれ，その説が各々同数の場合（同2号），⑤大法廷で裁判することを相当と認めた場合（同3号）にも大法廷に回付がなされる（同条3項）。

第3に，最高裁判決には**法廷意見（多数意見）**のほかに，**少数意見**が付されることがある。少数意見には，**反対意見**，**補足意見**および**意見**がある（なお，これらの呼び方や分類は慣例によるものであり，法令上用いられているものではない）。反対意見は，法廷意見に反対する裁判官による意見である。補足意見は，法廷意見に加わった裁判官がさらに自らの意見を述べたものである。補足意見を書く裁判官は，法廷意見に同意している点でそれも当該裁判官の意見であるとともに，補足意見についても当該裁判官の意見となる。意見は，法廷意見の結論には賛成するものの，理由づけを異にする意見であるから，厳密には法廷意見のロジックには同意していないことになる。もっとも，実際には，補足意見と意見の違いについて判然としない場合もあると言われる。

第4に，「最高裁判所（民事・刑事）判例集」に掲載された最高裁判決に関しては，**最高裁判所調査官**（→第4章1）による解説（通称「**調査官解説**」）が発表されることが一般的である。最高裁調査官は民事，行政および刑事の3分門に分かれる形で合計40名ほど在籍している。最高裁調査官には優秀な裁判官が選ばれるとされ，事件が最高裁に係属すると，担当の調査官は記録の調査，論点整理，関係する判例・学説の精査を行い，その調査結果を取りまとめて各裁判官に提出するが，その際に個人的な見解を付すこともあるといわれる。したがって，調査官の存在は，最高裁判決の道筋を左右する上で重要な存在であり，その調査官の判例解説は，一般的な判例批評とは異なった地位が与えられている（略称として，通常の判例評釈は「**判批**」というが，調査官解説は「**判解**」ということが多い）。

調査官解説は，「ジュリスト」誌の「**時の判例**」という欄に記載

された後，より詳細な形で「法曹時報」という雑誌，次いで年度ごとにまとめて『最高裁判所判例解説民事篇』・『最高裁判所判例解説刑事篇』に掲載される。したがって，最高裁判決を調べる際には，それが民集や刑集に掲載されている場合には必ず調査官解説にも目を通してほしい。

2　具体的に判例を検討してみよう

序　論

　以下では，最大判昭和 61（1986）年 6 月 11 日民集 40 巻 4 号 872 頁［北方ジャーナル事件］を取り上げる。名誉毀損 に対する 事前差止め の可否が争われた本判決は，憲法における 表現の自由，民法上の 人格権，民事手続法における差止めの 仮処分 などの問題に加え，名誉毀損については刑法の議論が参照される点を含め，複数の基本法科目に関係する重要判例である。SNS（ソーシャル・ネットワーキング・サービス）等を通じて誰もが表現者や発信者になりうる現代社会では，名誉毀損の問題は私たち一人ひとりにとって他人事ではなく，現代においても本判決の重要性は全く減じていない。

　以下では，本判決の検討に当たり，「最高裁判所民事判例集」のページで記述を行う（章末に付録として掲載した判決文も参照してほしい）。

事実の概要

　本件の 事実の概要 は，民集 40 巻 4 号 880 頁 11 行目以下（以下でページ数を示す場合には当該民集を指す）の「原審の適法に確定した事実関係の概要」に記述されている。最高裁は 法律審 であり，事実認定は控訴審までで終わっているためである。本件では，907 頁以下に「上告人の上告理由」が掲載されているが，これは上告人の主張を述べたに過ぎない。

最高裁判決の事実の詳細を知るためには，下級審判決の事実認定を参照する必要がある。本件の第二審判決（922頁）を見ると，控訴人の主張が付加されてはいるものの，「理由」（923頁）において事実認定は行われていない。したがって，本件の事実認定の詳細を知りたければ第一審判決（908頁）を参照すべきである。第一審判決では，「当事者の主張」（909頁）として，原告が主張する請求原因事実（909頁〜911頁）と，それに対する被告の反論が示されている（911頁〜913頁）。これらの当事者の主張立証を通じて，どの事実の存否が本件の争点となっているのかということが明らかになる。

　本件第一審判決の事実認定は「理由」（913頁以下）で行われている。理由1（913頁〜914頁）は当事者に争いのない事実を示している。理由2（914頁〜915頁）は当事者の提出した証拠，証人尋問，弁論の全趣旨に基づいて事実認定を行っている。理由3は，本件出版物が出版された場合に被告の社会的評価が低下すること，本件記事の真実性を認めがたいことなどを指摘しており，これらも事実認定に含まれるだろう。これらの事実認定を踏まえて，理由4以下で，どのような場合に名誉毀損に対する事前差止めが認められるべきかという点についての第一審裁判所の判断がなされている。

　このように，判決文には両当事者の主張が記載されているが，裁判所の認定した事実に依拠して判例研究を進めるべきである。下級審の事実を参照する際には，古い時代の裁判例の書き方（「**旧様式**」または「**在来様式**」と呼ばれる。→第4章2の(note)民事訴訟の判決文について）においては，「理由」の部分を参照すべきである（その中に，例えば「請求原因1⑴の事実は当事者間に争いがない」というように記述がなされているから，それに対応する事実を拾うことになる）。比較的最近の裁判例の書き方（「**新様式**」と呼ばれる）では，「当裁判所の判断」と書かれた部分に裁判所が認定した事実が記されてい

ることが多い。そのほかの「当事者の主張」に係る部分は，事案の具体的内容を知る上での助けにはなるものの，判例評釈を行う際には，裁判所が認定していない事実を採用することは避けたほうが安全であろうし，「当事者の主張」を過度に評価して感情移入するような事態は避けなければならない。

✍ 「判決理由」（判旨）

　本判決の判決理由（判旨）について，民集および調査官解説は4つに分けて論じている（判例研究では「判旨」という言葉のほうが多用されるため，以下では「判旨」の言葉を用いる）。もっとも，複数の判例評釈（参考文献に掲げた阪口評釈，宍戸評釈など）は，判旨を以下のように5つの部分に分けている。

　　判旨1：憲法21条2項前段にいう検閲の意義（875頁後ろから2行目
　　　　　　～876頁9行目）
　　判旨2：人格権としての名誉権に基づく侵害行為の差止めの可否（877
　　　　　　頁1行目～9行目）
　　判旨3：表現行為に対する事前抑制のあり方（878頁10行目～16行
　　　　　　目）
　　判旨4：人格権としての名誉権に基づく侵害行為の差止めが許容される場合（878頁最終行～879頁9行目）
　　判旨5：公共の利害に関する事項についての表現行為の事前差止めが認められる場合の仮処分手続のあり方（879頁10行目～880
　　　　　　頁4行目）

　民集や調査官解説では，上記の判旨3を独立の項目としていない。つまり，判例評釈をどのように執筆するのかによって判旨の採用や分節化を行うべきであり，判旨の取り方は必ずしも1つに固定されないことが分かる。

　また，判決によっては，「判決理由」（判旨）に続けて，「けだし」といった言葉で始まる文章において「理由づけ」が書かれているこ

とも多い。一般的に，理由づけは判旨と異なるものの，筆者自身の経験を交えて述べるならば，理由づけの部分が先例との峻別や判決の射程の考察を行う上で重要な場合も少なくないように思われる。読者がゼミや研究会などで報告する際には，当該部分は理由づけだが，と前置きした上で，判旨に続けて理由づけに触れることは，聴衆の理解を助ける上であってもよいであろう。この辺りは，読者が実際に報告等を行なう際に臨機応変に対応してほしい。

　さらに，本判決には，伊藤正己裁判官，大橋進裁判官（牧圭次裁判官が同調）および長島敦裁判官の補足意見，ならびに，谷口正孝裁判官の意見が付されている。これらの少数意見は，本判決をより多面的に理解する際の助けとなるだろう。

🎞 他の判決との関係（「判決の射程」を含む）

　最後に，本判決の射程を含めて，本判決と他の判決との関係について触れる。本判決の法廷意見は，以下の5つの最高裁判決または最高裁決定を引用している（補足意見ではさらに複数の最高裁判決が引用されているが，それらについては紙幅の都合で割愛する）。

　判旨1に関して：最大判昭和59（1984）年12月12日民集38巻12号1308頁［札幌税関検査事件］

　判旨2に関して：最大判昭和44（1969）年6月25日刑集23巻7号975頁［夕刊和歌山時事事件］，および，最一小判昭和41（1966）年6月23日民集20巻5号1118頁［「署名狂やら殺人前科」事件］

　判旨5に関して：最一小決昭和23（1948）年3月3日民集2巻3号65頁［仮処分判決に対する執行停止申立事件］，および，最大決昭和25（1950）年9月25日民集4巻9号435頁［強制執行停止決定に対する特別抗告事件］

　本判決はこれら5件の最高裁判決の影響を受けているから，本判決の判例研究では，これらの最高裁判決にも目配りしながら検討を行うことが望ましい。ごく一例を挙げれば，判旨1に関して，昭和

59年最高裁判決で問題となった物件は（海外で）公表済みの書物等であったが，本件では未公表著作物の出版が差し止められている。これら2つの事件を比較することによって，本件における「事前抑制」の特徴がより明瞭に浮かび上がることになるだろう。

　また，本判決はその後，現在に至るまで数十件の判決および決定で引用されており，その影響力の大きさを窺い知ることができる。それら後続の判決は本判決を引用しつつも，事案の差異に応じて，本判決とは異なる規範を立てて結論を導き出している。ごく一例を挙げれば，最二小判昭和62（1987）年4月24日民集41巻3号490頁［サンケイ新聞事件］では，名誉毀損に対する救済として日刊紙に反論文の掲載を求めることができるか否かが争点となった。名誉毀損が問題となっている点で，昭和62年最高裁判決は本件最高裁大法廷判決を引用しているが，当該事件では反論文掲載請求権が新たな争点となっているから，最高裁はその争点についてさらに具体的な検討を行っている。

　このように，最高裁判決の判旨は，後続の類似事案に対して大きな影響力を有する。だからこそ，当該判決の判決理由と傍論を切り分けるとともに，当該判決の射程を明確化する役割が判例研究に期待されている。

　本章では「判例の読み方」について検討した。判決は社会で実際に起きている紛争を解決するために下されており，仮に認定事実や適用条文が同じであるように思われる事案であっても，個々の紛争にどれ1つとして同じものがない以上，先例との切り分けや射程を論じる必要がある。また，「神は細部に宿る」といわれることがあるが，どんな小さな事案であっても，それは必ず理論的に大きな問題とつながっているはずである。判例研究を行うに当たっては，そういった体系的な理論と個別の事案との視点の往復運動を行い，事

案の些細な内容に目を奪われるのではなく（木を見て森を見ないという結果に陥ることなく），本質を見極める力を同時に養っていただきたい。

　「法的なものの考え方」を養う方法として，判決を読む作業を地道に継続することは，非常に大きな実りをもたらすはずである。最高裁が有する影響力の大きさゆえに，私たちは最高裁判決を読むことに注力しがちであるが，いわば「泥臭く」下級審判決を読むことも大切であるという点を最後に指摘しておきたい。下級審判決を読む際には，原告の請求，原告の請求を成り立たせるために必要な条文と主張すべき事実，原告の主張に対する被告の主張（反論）などを丁寧に分析しなくてはならないが，読者がこれらの作業を行う訓練を積めば，さまざまな法律科目の期末試験，司法試験や公務員試験をはじめとする種々の試験で出題される「**事例問題**」に対応する力を磨くことにもつながるはずである。読者が判決を検討する際に，本章の内容が参考になることを願っている。

〈参考文献〉

① 　判例研究の方法論については，本文中でも言及した，末弘嚴太郎『〔新装版〕法学入門』（日本評論社，2018 年）〔原本は 1934 年〕126 頁以下「判例の研究と判例法」を是非とも参照されたい。判例の読み方について，基本的な内容を初学者向けに丁寧に解説したものとして，青木人志『判例の読み方——シッシー＆ワッシーと学ぶ』（有斐閣，2017 年），最高裁調査官経験者の手になるものとして，中野次雄編『判例とその読み方〔3 訂版〕』（有斐閣，2009 年）がある。また，大村敦志・道垣内弘人・森田宏樹・山本敬三『民法研究ハンドブック』（有斐閣，2000 年）306 頁以下の「補論　判例評釈の書き方」も参考になる。

② 　判決を検討する際に，私たちはしばしば，裁判所が定立した規範（一般に「判旨」に相当する部分）に目を奪われがちであるが，末弘が説く判例研究の方法論によれば，当該事案の事実との対応関係に注目しなくてはならないはずである。判例研究において事実認定の部分を精密に分析することの大切

さを教えてくれるものとして，木庭顕『[笑うケースメソッド] 現代日本民法の基礎を問う』(勁草書房，2015 年) がある (なお，「笑うケースメソッド」には，公法と刑事法についての続編がある)。

③　判決が定立する規範は，一定の社会的事実をモデル化したもの (いわゆる「社会モデル」) を前提としているはずである。規範と社会モデルの関係を平易に解説するものとして，寺本振透「社会ネットワーク分析を法学に応用する」東京大学法科大学院ローレビュー 5 巻 (2010 年) 319 頁がある。

④　「北方ジャーナル事件」最高裁大法廷判決の判例評釈としては，調査官解説である加藤和夫「判解」『最高裁判所判例解説民事篇 (昭和 61 年度)』(法曹会，1989 年) 278 頁に加え，阪口正二郎「判批」長谷部恭男・石川健治・宍戸常寿編『憲法判例百選 I〔第 7 版〕』(有斐閣，2019 年) 148 頁，宍戸常寿「判批」長谷部恭男・山口いつ子・宍戸常寿編『メディア判例百選〔第 2 版〕』(有斐閣，2018 年) 148 頁，山本敬三「判批」潮見佳男・道垣内弘人編『民法判例百選 I　総則・物権〔第 8 版〕』(有斐閣，2018 年) 10 頁，笠井正俊「判批」上原敏夫・長谷部由起子・山本和彦編『民事執行・保全判例百選〔第 3 版〕』(有斐閣，2020 年) 180 頁などがある。また，本判決の今日的意義については，山口いつ子「ネット時代の名誉毀損・プライバシー侵害と『事前抑制』」論究ジュリスト 1 号 (2012 年) 50 頁を参照。

⑤　本文中でも少し触れたが，民事事件の判決書は 1990 年代に入って書き方が改まっている。それ以前のものを「旧様式」または「在来様式」，それ以後に一般化したものを「新様式」という。これらの違いについては，家原尚秀「民事判決書の在り方についての一考察」東京大学法科大学院ローレビュー 10 巻 (2015 年) 63 頁を参照されたい。

⑥　訴訟記録の閲覧は，事件係属中は当該裁判所 (民事事件の場合。刑事事件は閲覧できない)，判決確定後は民事判決であれば第一審が係属した裁判所，刑事判決であれば事件記録が保管されている検察庁で請求できる。もっとも，例えば東京地裁は多くの事件を抱えているため，訴訟記録の一部は東京地裁の建物とは別の場所で保管されており，閲覧請求後すぐに訴訟記録にアクセスできない可能性がある。筆者の経験では，訴訟記録を閲覧したい場合には，どんなに遅くとも，訪問 1 週間前には関係機関に連絡を取ることが望ましい。東京地裁における訴訟記録の閲覧については，東京地方裁判所民事訟廷記録係閲覧謄写室「民事事件記録の閲覧・謄写の御案内」〔https://www.courts.go.jp/tokyo/vc-files/tokyo/file/20171117-eturan-tousya.pdf〕を参照されたい。

また，刑事事件の訴訟記録の閲覧を含めて，実際の訴訟記録の閲覧に関する貴重なレポートとして，ほんとうの裁判公開プロジェクト『記者のための裁判記録閲覧ハンドブック』（新聞通信調査会，2020年）も興味深い。

〔付録〕北方ジャーナル事件

○損害賠償請求事件

（昭和 56 年（オ）第 609 号　同 61 年 6 月 11 日大法廷判決　棄却）

【上告人】　控訴人　原告　株式会社北方ジャーナル
【被上告人】　被控訴人　被告　国　外 2 名　　代理人　L　外 8 名
【第 1 審】　札幌地方裁判所　昭和 55 年 7 月 16 日判決
【第 2 審】　札幌高等裁判所　昭和 56 年 3 月 26 日判決

　　　　　○　判示事項〔略〕

　　　　　○　判決要旨〔略〕

　　　　　○　主　　文
本件上告を棄却する。
上告費用は上告人の負担とする。

　　　　　○　理　　由
一　上告人の上告理由第一点(4)について
　憲法 21 条 2 項前段は、検閲の絶対的禁止を規定したものであるから（〔札幌税関検査事件〕……）、他の論点に先立つて、まず、この点に関する所論につき判断する。
　〔判旨 1：憲法 21 条 2 項前段にいう検閲の意義〕憲法 21 条 2 項前段にいう検閲とは、行政権が主体となって、思想内容等の表現物を対象とし、その全部又は一部の発表の禁止を目的として、対象とされる一定の表現物につき網羅的一般的に、発表前にその内容を審査したうえ、不適当と認めるものの発表を禁止することを、その特質として備えるものを指すと解すべきことは、前掲大法廷判決の判示するところである。ところで、一定の記事を掲載した雑誌その他の出版物の印刷、製本、販売、頒布等の仮処分による事前差止めは、裁判の形式によるとはいえ、口頭弁論ないし債務者の審尋を必要的とせず、立証についても疎明で足りるとされているなど簡略な手続によるものであり、また、いわゆる満足的仮処分として争いのある権利関係を暫定的に規律するものであって、非訟的な要素を有することを否定することはできないが、仮処分による事前差止めは、表現物の内容の網羅的一般的な審査に基づく事前規制が行政機関によりそれ自体を目的として行われる場合とは異なり、個別的な私人間の紛争について、司法裁判所により、当事者の申請に基づき差止請求権等の私法上の被保全権利の存否、保全の必要性の有無を審理判断して発せられるものであって、右判示にいう「検閲」には当たらないものというべきである。したがって、本件において、札幌地方裁判所が被上告人Bの申請に基づき上告人発行の「ある権力主義者の誘惑」と題する記事（以下「本件記事」という。）を掲載した月刊雑誌「A」昭和 54 年 4 月号の事前差止めを命ずる仮処分命令（以下「本

件仮処分」という。）を発したことは「検閲」に当たらない，とした原審の判断は正当であり，論旨は採用することができない。

二　上告人のその余の上告理由について

1　論旨は，本件仮処分は，「検閲」に当たらないとしても，表現の自由を保障する憲法21条1項に違反する旨主張するので，以下に判断する。

(一)　所論にかんがみ，事前差止めの合憲性に関する判断に先立ち，実体法上の差止請求権の存否について考えるのに，〔判旨2：人格権としての名誉権に基づく侵害行為の差止めの可否〕人の品性，徳行，名声，信用等の人格的価値について社会から受ける客観的評価である名誉を違法に侵害された者は，損害賠償（民法710条）又は名誉回復のための処分（同法723条）を求めることができるほか，人格権としての名誉権に基づき，加害者に対し，現に行われている侵害行為を排除し，又は将来生ずべき侵害を予防するため，侵害行為の差止めを求めることができるものと解するのが相当である。けだし，名誉は生命，身体とともに極めて重大な保護法益であり，人格権としての名誉権は，物権の場合と同様に排他性を有する権利というべきであるからである。

(二)　しかしながら，言論，出版等の表現行為により名誉侵害を来す場合には，人格権としての個人の名誉の保護（憲法13条）と表現の自由の保障（同21条）とが衝突し，その調整を要することとなるので，いかなる場合に侵害行為としてその規制が許されるかについて憲法上慎重な考慮が必要である。

主権が国民に属する民主制国家は，その構成員である国民がおよそ一切の主義主張等を表明するとともにこれらの情報を相互に受領することができ，その中から自由な意思をもって自己が正当と信ずるものを採用することにより多数意見が形成され，かかる過程を通じて国政が決定されることをその存立の基礎としているのであるから，表現の自由，とりわけ，公共的事項に関する表現の自由は，特に重要な憲法上の権利として尊重されなければならないものであり，憲法21条1項の規定は，その核心においてかかる趣旨を含むものと解される。もとより，右の規定も，あらゆる表現の自由を無制限に保障しているものではなく，他人の名誉を害する表現は表現の自由の濫用であって，これを規制することを妨げないが，右の趣旨にかんがみ，刑事上及び民事上の名誉毀損に当たる行為についても，当該行為が公共の利害に関する事実にかかり，その目的が専ら公益を図るものである場合には，当該事実が真実であることの証明があれば，右行為には違法性がなく，また，真実であることの証明がなくても，行為者がそれを事実であると誤信したことについて相当の理由があるときは，右行為には故意又は過失がないと解すべく，これにより人格権としての個人の名誉の保護と表現の自由の保障との調和が図られているものであることは，当裁判所の判例とするところであり〔夕刊和歌山時事事件〕，〔署名狂やら殺人前科」事件〕……参照），このことは，侵害行為の事前規制の許否を考察するに当たっても考慮を要するところといわなければならない。

(三)　次に，裁判所の行う出版物の頒布等の事前差止めは，いわゆる事前抑制として憲法21条1項に違反しないか，について検討する。

(1)　〔判旨3：表現行為に対する事前抑制のあり方〕表現行為に対する事前抑制は，新聞，雑誌その他の出版物や放送等の表現物がその自由市場に出る前に抑止してその内容を読者ないし聴視者の側に到達させる途を閉ざし又はその到達を遅らせてその意義を

失わせ，公の批判の機会を減少させるものであり，また，事前抑制たることの性質上，予測に基づくものとならざるをえないこと等から事後制裁の場合よりも広汎にわたり易く，濫用の虞があるうえ，実際上の抑止的効果が事後制裁の場合より大きいと考えられるのであって，表現行為に対する事前抑制は，表現の自由を保障し検閲を禁止する憲法21条の趣旨に照らし，厳格かつ明確な要件のもとにおいてのみ許容されうるものといわなければならない。

〔判旨4：人格権としての名誉権に基づく侵害行為の差止めが許容される場合〕出版物の頒布等の事前差止めは，このような事前抑制に該当するものであって，とりわけ，その対象が公務員又は公職選挙の候補者に対する評価，批判等の表現行為に関するものである場合には，そのこと自体から，一般にそれが公共の利害に関する事項であるということができ，前示のような憲法21条1項の趣旨（前記㈡参照）に照らし，その表現が私人の名誉権に優先する社会的価値を含み憲法上特に保護されるべきであることにかんがみると，当該表現行為に対する事前差止めは，原則として許されないものといわなければならない。ただ，右のような場合においても，その表現内容が真実でなく，又はそれが専ら公益を図る目的のものではないことが明白であって，かつ，被害者が重大にして著しく回復困難な損害を被る虞があるときは，当該表現行為はその価値が被害者の名誉に劣後することが明らかであるうえ，有効適切な救済方法としての差止めの必要性も肯定されるから，かかる実体的要件を具備するときに限って，例外的に事前差止めが許されるものというべきであり，このように解しても上来説示にかかる憲法の趣旨に反するものとはいえない。

(2) 〔判旨5：公共の利害に関する事項についての表現行為の事前差止めが認められる場合の仮処分手続のあり方〕表現行為の事前抑制につき以上説示するところによれば，公共の利害に関する事項についての表現行為に対し，その事前差止めを仮処分手続によって求める場合に，一般の仮処分命令手続のように，専ら迅速な処理を旨とし，口頭弁論ないし債務者の審尋を必要的とせず，立証についても疎明で足りるものとすることは，表現の自由を確保するうえで，その手続的保障として十分であるとはいえず，しかもこの場合，表現行為者側の主たる防禦方法は，その目的が専ら公益を図るものであることと当該事実が真実であることとの立証にあるのである（前記㈡参照）から，事前差止めを命ずる仮処分命令を発するについては，口頭弁論又は債務者の審尋を行い，表現内容の真実性等の主張立証の機会を与えることを原則とすべきものと解するのが相当である。ただ，差止めの対象が公共の利害に関する事項についての表現行為である場合においても，口頭弁論を開き又は債務者の審尋を行うまでもなく，債権者の提出した資料によって，その表現内容が真実でなく，又はそれが専ら公益を図る目的のものではないことが明白であり，かつ，債権者が重大にして著しく回復困難な損害を被る虞があると認められるときは，口頭弁論又は債務者の審尋を経ないで差止めの仮処分命令を発したとしても，憲法21条の前示の趣旨に反するものということはできない。けだし，右のような要件を具備する場合に限って無審尋の差止めが認められるとすれば，債務者に主張立証の機会を与えないことによる実害はないといえるからであり，また，一般に満足的仮処分の決定に対しては債務者は異議の申立てをするとともに当該仮処分の執行の停止を求めることもできると解される（〔仮処分判決に対する執行停止申立事件〕，〔強制執行停止決定に対する特別抗告事件〕……参照）から，表現行為者に対しても迅速な救済の途

が残されているといえるのである。

2 以上の見地に立って、本件をみると、

(一) 原審の適法に確定した事実関係の概要は、次のとおりである。

(1) 被上告人Bは、昭和38年5月から同49年9月までの間、旭川市長の地位にあり、その後同50年4月の北海道知事選挙に立候補し、更に同54年4月施行予定の同選挙にも同年2月の時点で立候補する予定であった。

(2) 上告人代表者は、本件記事の原稿を作成し、上告人はこれを昭和54年2月23日頃発売予定の本件雑誌（同年4月号、予定発行部数第1刷2万5000部）に掲載することとし、同年2月8日校了し、印刷その他の準備をしていた。本件記事は、北海道知事たる者は聡明で責任感が強く人格が清潔で円満でなければならないと立言したうえ、被上告人Bは右適格要件を備えていないとの論旨を展開しているところ、同被上告人の人物論を述べるに当たり、同被上告人は、「嘘と、ハッタリと、カンニングの巧みな」少年であったとか、「B（中略）のようなゴキブリ共」「言葉の魔術者であり、インチキ製品を叩き売っている（政治的な）大道ヤシ」「天性の嘘つき」「美しい仮面にひそむ、醜悪な性格」「己れの利益、己れの出世のためなら、手段を選ばないオポチュニスト」「メス犬の尻のような市長」「Bの素顔は、昼は人をたぶらかす詐欺師、夜は闇に乗ずる凶賊で、云うならばマムシの道三」などという表現をもって同被上告人の人格を評し、その私生活につき、「クラブ（中略）のホステスをしていた新しい女（中略）を得るために、罪もない妻を卑劣な手段を用いて離別し、自殺せしめた」とか「老父と若き母の寵愛をいいことに、異母兄たちを追い払」ったことがあると記し、その行動様式は「常に保身を考え、選挙を意識し、極端な人気とり政策を無計画に進め、市民に奉仕することより、自己宣伝に力を強め、利権漁りが巧みで、特定の業者とゆ着して私腹を肥やし、汚職を蔓延せしめ」「巧みに法網をくぐり逮捕はまぬかれ」ており、知事選立候補は「知事になり権勢をほしいままにするのが目的である。」とする内容をもち、同被上告人は「北海道にとって真に無用有害な人物であり、社会党が本当に革新の旗を振るなら、速やかに知事候補を変えるべきであろう。」と主張するものであり、また、標題にそえ、本文に先立って「いま北海道の大地に広三という名の妖怪が蠢めいている。昼は蝶に、夜は毛虫に変身して赤レンガに棲みたいと暗くその毒気は人々を惑乱させる。今こそ、この化物の正体を……」との文章を記すことになっていた。

(3) 被上告人Bの代理人弁護士菅沼文雄らは、昭和54年2月16日札幌地方裁判所に対し、債権者を同被上告人、債務者を上告人及びD印刷株式会社とし、名誉権の侵害を予防するとの理由で本件雑誌の執行官保管、その印刷、製本及び販売又は頒布の禁止等を命ずる第1審判決添付の主文目録と同旨の仮処分決定を求める仮処分申請をした。札幌地方裁判所裁判官は、同日、右仮処分申請を相当と認め、右主文目録記載のとおりの仮処分決定をした。その後、札幌地方裁判所執行官においてこれを執行した。

(二) 右確定事実によれば、本件記事は、北海道知事選挙に重ねて立候補を予定していた被上告人Bの評価という公共的事項に関するもので、原則的には差止めを許容すべきでない類型に属するものであるが、前記のような記事内容・記述方法に照らし、それが同被上告人に対することさらに下品で侮辱的な言辞による人身攻撃等を多分に含むものであつて、到底それが専ら公益を図る目的のために作成されたものということはできず、かつ、真実性に欠けるものであることが本件記事の表現内容及び疎明資料に徴し本件仮

処分当時においても明らかであったというべきところ，本件雑誌の予定発行部数（第1刷）が2万5000部であり，北海道知事選挙を2か月足らず後に控えた立候補予定者である同被上告人としては，本件記事を掲載する本件雑誌の発行によって事後的には回復しがたい重大な損失を受ける虞があったということができるから，本件雑誌の印刷，製本及び販売又は頒布の事前差止めを命じた本件仮処分は，差止請求権の存否にかかわる実体面において憲法上の要請をみたしていたもの（前記1㈢(1)参照）というべきであるとともに，また，口頭弁論ないし債務者の審尋を経たものであることは原審の確定しないところであるが，手続面においても憲法上の要請に欠けるところはなかったもの（同(2)参照）ということができ，結局，本件仮処分に所論違憲の廉はなく，右違憲を前提とする本件仮処分申請の違憲ないし違法の主張は，前提を欠く。

3　更に，所論は，原審が，本件記事の内容が名誉毀損に当たるか否かにつき事実審理をせず，また，被上告人Bらの不法に入手した資料に基づいて，本件雑誌の頒布の差止めを命じた本件仮処分を是認したものであるうえ，右資料の不法入手は通信の秘密の不可侵を定めた憲法21条2項後段に違反するともいうが，記録によれば，原審が事実審理のうえ本件記事の内容が名誉毀損に当たることが明らかである旨を認定判断していることが認められ，また，同被上告人らの資料の不法入手の点については，原審においてその事実は認められないとしており，所論は，原審の認定にそわない事実に基づく原判決の非難にすぎないというほかない。

4　したがって，以上と同趣旨の原審の判断は，正当として是認することができ，その過程に所論の違憲，違法はないものというべきである。論旨は，採用することができない。

よって，民訴法396条，384条，95条，89条に従い，裁判官伊藤正己，同大橋進，同牧圭次，同長島敦の補足意見，裁判官谷口正孝の意見があるほか，裁判官全員一致の意見で，主文のとおり判決する。

〔各裁判官個別意見等　（略)〕

（裁判長裁判官　矢口洪一　裁判官　伊藤正己　裁判官　谷口正孝　裁判官　大橋進　裁判官　牧圭次　裁判官　安岡満彦　裁判官　角田礼次郎　裁判官　島谷六郎　裁判官　長島敦　裁判官　高島益郎　裁判官　藤島昭　裁判官　大内恒夫　裁判官　香川保一　裁判官　坂上寿夫）

上告人の上告理由〔略〕

○参照　〔第1審，第2審判決の主文事実及び理由　（略)〕

II　法学の展開

第6章

違憲審査制と国法秩序

本章のねらい　　　読者は高校までの学習ですでに，「違憲審査制」とか「違憲立法審査権」という語について学んだことがあるだろう。国会の制定した法律や地方公共団体の議会の制定した条例，さらには国や地方公共団体の行政処分などを，それが憲法に違反しているという理由で，裁判所が無効と判断する制度がそれである。本章は，この制度をいくつかの観点から考えることを課題とする。たとえば，日本ではこの制度が充分に機能しておらずもっと活性化すべきだという意見も聞かれるが，それはなぜなのか，そして果たしてそうすべきなのか……。また，「憲法は国の最高法規である」という表現も耳にしたことがあるだろうが，いったいそれはどういう意味なのか，もう少しくわしく検討してみよう。違憲審査制という制度は，憲法の最高法規性を保つために存在するものであるともいえるからである。そこでまず，そもそも憲法とは何か，ということから考えていくことにしよう。憲法とは何か，と聞かれたら，読者ならどう答えるだろうか……。

1　憲法とは何か

警察官は誘拐犯？

われわれは通常，日本という国に住んでいると考えている。真面目にそのことを疑う人は多くはないであろう。日本の総理大臣が誰であるかということも，大抵の人はすぐに答えることができるし，

その答えについて，それにしてもなぜあの人が内閣総理大臣なのだろうと悩む人もまた，通常多くはないと思う。警察に逮捕されたとして，それを悪い奴に誘拐されたと考える人も，また，税務署に隠し財産を持っていかれたとして，それを泥棒や強盗にやられたと考える人も，それほど多いとは思えない。

しかし考えてみると，警察官が誰かを逮捕するという行為の外形と，誘拐犯が誰かを連れ去るという行為の外形は，あまり異なるところがないようにもみえる。「マルサの女」（1987年公開の伊丹十三監督の映画で，宮本信子が演じた国税局査察部の査察官のこと）のやっていることと，強盗犯のやっていることもまた同様である。ところがわれわれは通常，両者をきちんと区別している（はずである）。外形的には同じ行動をしているにもかかわらず，それが異なると通常考えられるのは，同じ行動に対してわれわれの与える意味が異なっているからであるが，それでは，それはなぜなのか。

ひとつの答えが，法によってそう決められているから，というものである。もちろん具体的かつ詳細に○○法の○○条にそう決められているということを知っている必要はないし，現実にも多くの人がそのようなことを知っているはずもない。ただ，抽象的に，法が彼・彼女を警察官とし，彼・彼女にそのような権限を与えているからである，つまり警察官である彼・彼女は，特定の場合に，意に反して人を拘束し監禁する権限を法によって授権されているのに対し，誘拐犯にはそのような権限は与えられていない，だから両者は異なるといえるのだ，と説明することは，少なくとも法学を一通り勉強したことのある人であれば，思いつく説明であろう。

ある人を警察官として採用し，そして警察官となった人にさまざまな任務・権限を与える法は，たとえば警察法・警察官職務執行法といった警察法分野の諸法令や，公務員としての地位に関して定める国家公務員法・地方公務員法といった公務員法分野のそれである。

同様に，「マルサの女」や国税徴収官を強盗犯と区別する根拠は，彼女・彼を国税庁職員として採用し，彼女・彼にそのような任務・権限を与える，国税通則法・国税徴収法・国税犯則取締法といった税法分野の諸法令や，やはり公務員法分野の諸法令である。

🎯 法律の根拠としての憲法

それでは，法律に定められていればなぜそれが根拠となるのであろうか。法律というのは国法の諸種類のなかで，国会によって制定されたものをいうのであった（→第3章2）。しかし，そもそもなぜ，たとえば警察官職務執行法は法律であるといえるのか。もちろん，それが国会で制定されたからであると答えられようが，東京都千代田区の国会議事堂で行われているのは，テレビ中継などで見る限り，大きな部屋に集まった数百名の男女が，演説したり，ヤジを飛ばしたり，居眠りをしたり，拍手や挙手をしたり，あるいは起立したり着席したり……といった動作である。これを見て，通常われわれは国会議員が法案を審議していると考える。しかしそれがたとえば生徒総会や職員会議でもなく，また宗教団体の儀式でもなく，ほかならぬわが国の立法府の活動であると解釈する根拠は何か。ここでも，警察官と誘拐犯の例と同様に，外形的には区別できないはずの行動を，われわれはそれが国会審議であるときちんと区別する。なぜ彼らは国会議員であり，彼らは法律を作ることができるのか。法律を作っていることの根拠であるから，さきほどの例のようにその根拠を法律に求めるだけでは不十分であろう。そこでこの根拠となるのが，憲法というわけである。憲法が，法律を作ることができるのは国会であり，国会を構成するのは国会議員であり，国会議員には誰がどうすればなれるのか，国会議員はどのような手続で法律を作ることができるのか，等々を定めているからこそ，数百名の男女が集まってがやがやと何やら話し合っている風の行動をみて，われわれは，彼らが国会議員であり彼らは法律を作っているのだと考えるこ

とができるのである。

　本章の冒頭に，なぜわれわれは特定の人間を内閣総理大臣である
と考えるのかという珍妙な疑問を出しておいたことを思い出して欲
しい。これに対する答えも，内閣総理大臣たる地位につくための要
件や手続を定めたルールが存在するから，ということになり，そし
てそのルールが憲法である，ということになる。そしてそういう
ルールとしての憲法の存在を，日本という社会の多くの人が一応は
受け入れているからこそ，われわれはいちいち彼は本当に首相なの
か，あれは本当に国会か，○○法は本当に法律か，彼・彼女は本当
に警察官か，等々の疑問に真剣に悩むことなく，社会生活を送るこ
とができるのである。

憲法のさまざまな意味

　このように，憲法とは，特定の社会において共通の前提となる
ルールを定めたもののうち，国家という目に見えない存在を人びと
の頭の中での約束事として存在させるために必要不可欠なルールで
ある，ということができる。国家の権力を国家の名において行使す
る人間は誰か，国家権力はどのような場合にどのように発動するこ
とができるのか，法律を作るのは誰か，それを適用するのは誰か，
といった国家の根本的な枠組み（国制）を定めるルールがなければ，
われわれは，特定の人や集団を国家の機関として解釈することがで
きなくなる。国家があるところには必ず憲法がある，といわれたり，
憲法とは国家の基本法である，といわれたりする場合の憲法という
語は，そういう意味で用いられているのである。これを，**実質的意
味の憲法** という。

　ところで，実質的意味の憲法は，国により時代により，その存在
形式が異なることに注意しておこう。たとえば，誰が国王であるか
については，社会のほとんどの人が，それは○○家の血筋を引く者
であると信じて疑わないということもあるかもしれない。その場合，

必ずしも法律でわざわざ定める必要はないともいえる。そうすると，王位継承のルールについては，**成文法** では定められず，**不文法** で，あるいは **慣習法**（→第3章2）で定められていると説明されることになる。実質的意味の憲法，すなわち国家を構成するための重要な諸ルールは，必ずしも成文法で，しかも○○国憲法という名のついた1本の法典（これを **形式的意味の憲法** という）に書き尽くされるわけではなく，成文法に書かれていることもあれば，不文法や慣習法というかたちで存在していることもあるのである。たとえば，イギリスには形式的意味の憲法は存在しないが，もちろん，実質的意味の憲法は存在する。そして日本では，日本国憲法という形式的意味の憲法が存在し，その中に含まれる多くの規定は実質的意味の憲法である（逆にいうと，日本の実質的意味の憲法のすべてが，日本の形式的意味の憲法に書き尽くされているわけではない）。

[note] 憲法の意味

　有名な憲法学者の教科書に，つぎのような記述がある。それぞれどういう意味であるか，考えてみよう。
○阪本昌成『憲法1／国制クラシック〔全訂第3版〕』（有信堂，2011年）11頁
　「英語で constitution，ドイツ語で Verfassung といわれるとき，それらは，われわれが日常において『憲法』と呼ぶものとはニュアンスを異にする。われわれが『憲法』という言葉を聞いたとき，第一に，〝それは法の一種だろう〟と直感し，第二に，〝日本国憲法のように，成文化された法のことだろう〟とイメージするだろう（ちなみに，〝憲法とは法律の一種だ〟とあなたがもし考えているとすれば，それは大いに不正確である。……）。」
○長谷部恭男『憲法〔第8版〕』（新世社，2022年）5頁
　「国家が存在するということと，実質的意味の憲法が存在するということは，同一のことを異なる言い方で述べているにすぎない。チェスが存在するということと，チェスのルールが存在するということが同じであることと事情は同様である。」

2 憲法の特質

イギリスやニュージーランド, イスラエル等を除くと, 現在ではほとんどの国が形式的意味の憲法をもっているが, そのうち, 少なくともいわゆる西洋諸国の憲法には, いくつかの共通する——そして他の法律にはない——性質を見出すことができる。ここでは, 憲法が国家の基本法とか最高法規であるといわれる場合に特徴的な性質を, 3つ取り上げておくことにしよう。

硬性憲法としての憲法

ほとんどの国の憲法は, 法律を作る手続のみならず, 憲法自身の改正手続についての定めも置いている。改憲についての大枠の条件を憲法が定め, 細かい手続については法律が定める, というのがふつうである。たとえば, 日本国憲法96条1項は, 「この憲法の改正は, 各議院の総議員の3分の2以上の賛成で, 国会が, これを発議し, 国民に提案してその承認を経なければならない。この承認には, 特別の国民投票又は国会の定める選挙の際行はれる投票において, その過半数の賛成を必要とする」と定めるが, ここでいわれる「国民投票」の投票権者の範囲や投票方法等についての詳細は, 「日本国憲法の改正手続に関する法律」(平成19年法律第51号)が定める, という具合である。

憲法96条1項の規定から, 日本国憲法の改正には, 衆参両議院のそれぞれにおいて3分の2という特別多数がまず必要であり, つぎに国民投票において過半数という単純多数が必要であるということがわかる。これに対して, 通常の法律については, 憲法56条2項や59条1項の規定により, 両議院において過半数の賛成が得られたときに成立するのが原則となっている。つまり, 日本国憲法は, 憲法自身の改正方法を, 法律の制定・改正方法に比べて, より難しくしているということができる。このように, 通常の法律に比べて

改正手続がより厳格になっている憲法を，**硬性憲法** とよぶ。法律より硬い憲法という意味である。これに対して，改正の方法が通常の法律と変わらない憲法を，**軟性憲法** とよぶ。イギリスのように，形式的意味の憲法が存在せず，実質的意味の憲法がおもに法律として存在している場合には，当然軟性憲法ということになるが，現在では，多くの国の憲法が，形式的意味の憲法として存在しており，かつ硬性憲法である。

　このように，世界の多くの国で，憲法の改正が法律の改正に比べて難しくされていることにはいくつかの理由がある。詳細は今後憲法の講義等で学ぶことになるであろうが，そのうちのひとつに，国法秩序において，憲法が法律より上位にあるものとして構想されているから，というものがある。これが，つぎにみる憲法の最高法規性という性質である。

🎐 最高法規としての憲法

　憲法98条1項は，「この憲法は，国の最高法規であつて，その条規に反する法律，命令，詔勅及び国務に関するその他の行為の全部又は一部は，その効力を有しない」と定め，自身が国の最高法規であることを自ら宣言している。いまここで，たとえばある法律を制定・改正しようとしたところ，どうもそれが憲法に適合しないようにみえる，つまり違憲の疑いがある，という場合を考えてみよう。立法者にとっては，違憲でもいいから立法してしまえという乱暴な決断を別にすると，法律の内容を憲法適合的に変えるか，あるいは法律はそのままに憲法を変えるか，という選択肢が存在することになる。ところが，憲法が硬性憲法であれば，改憲するよりは法律を改める方が容易である（のは単純な算数の問題である）。このことは，硬性憲法の性質をもつ憲法が存在する国では，論理的には，憲法より下位の法令は憲法に適合するようにその内容が定められることになるはずである，ということを意味する。別ないい方をすると，憲

法改正手続規定と法律制定手続規定の比較により，当該憲法が硬性憲法であるということが明らかになれば，そのような規定を定める憲法自身は，下位の法令との関係では自らを優越的効力をもつものと考えているはずである，と言うことが可能なのである。つまり，憲法の最高法規性は，たとえ憲法98条1項のようにそれをわざわざ宣言する規定が存在しなくとも，憲法の硬性憲法性に論理的に内包されている性質である，と考えることができる。

　もちろん，世の中には論理的な思考ができない人もいるであろうし，違憲でもいいから立法してしまえという乱暴な立法者がいるかもしれないから，憲法98条1項のように，明示的に「この憲法」の「条規に反する法律」等は「その効力を有しない」と定めておくことは有意義である。とはいえ，実際にそのような乱暴な立法者がいれば，憲法に最高法規性を明記し，憲法に違反する国法等は無効であると定めても，さほど有効とはいえないのではないだろうか。乱暴な立法者とまではいえなくとも，迂闊な立法者はいるかもしれないし，そうでなくとも憲法の解釈を誤って，善意で違憲の法律を作ってしまうこともあるかもしれない。また，立法時には想定だにしなかった事案が生じ，それに当該法律を適用してみると違憲になってしまったということもありえよう。いずれにせよ，法の解釈に正解がない（→第1・3章）以上，そもそもある法律が違憲か合憲か，人によって判断が分かれることは当然ありうる。

🎞 違憲審査制を定める憲法

　このような厄介な判断を，立法者でも政府でもない特別な第三者的機関にゆだねるのが，違憲審査制である。憲法81条は，「最高裁判所は，一切の法律，命令，規則又は処分が憲法に適合するかしないかを決定する権限を有する終審裁判所である」と定め，違憲審査権限を最高裁を頂点とする裁判所に与えた。今日的な違憲審査制は，憲法を最高法規として頂点におく国法のピラミッド構造（階統性）

の重要性を徹底的に考え抜いた**ハンス・ケルゼン**（1881-1973）によって，オーストリア憲法（1920年）に導入されたのがはじめてであるが，とりわけ第二次大戦後の西洋諸国の憲法によって世界的に広まっていく（ただし，アメリカ合衆国では，連邦最高裁判所が1803年のある判決において，自らに違憲審査権限があると宣言し，以来200年を超える違憲審査の歴史を誇っているが，実は合衆国憲法そのものには違憲審査制についての規定はない）。そして世界の違憲審査制は，日本やアメリカのように通常の司法裁判所が違憲審査を行うタイプと，特別な裁判所（しばしば憲法裁判所と名付けられる）がそれを行うフランスやドイツ，イタリア，韓国のようなタイプ（**大陸型違憲審査制**とよばれる）とに，大きく二分することができる。

　日本でも，戦前にはこのような制度は存在していなかった。大日本帝国憲法（旧憲法）も硬性憲法であり（旧憲法73条2項），したがってそのことから当時の学説は，法律の内容が憲法に適合していなければならないという意味での憲法の最高法規性を当然のこととして捉えていたが，しかし，誰が法律の憲法適合性を判断するのか，そして誰が憲法違反の国法等の効力を奪うのかについての定め――現憲法81条に相当するもの――は旧憲法にはなかった。それゆえ，たとえば旧憲法下における通説的見解を代表した**美濃部達吉**（1873-1948）は，「若し法律が憲法違反の規定を設けたるときは其法律は憲法違反なるに拘はらず尚有効に成立し，其法律の内容を審査して之を無効ならしむべき権力を有する機関なきを以て，実際には憲法が法律に依り変更せらるるの結果あるを免れず」という，醒めた認識を示していた（『憲法撮要』〔有斐閣，1923年〕408頁。なお，片仮名を平仮名に，旧字体を新字体に改め，ルビを付けた）。

　つまり，違憲審査制のない戦前の日本の国法秩序においては，立法者自身が合憲と考えて作ったはずの法律については，たとえ誰かが違憲ではないかと考えたとしても，そのことを理由として立法者

の意に反してその効力が否定される制度はなかったのである。その意味で，戦前の憲法の最高法規性の保障は，立法者自身の賢慮なり自制なりに依存するものであった（いわば潜在的・自律的な最高法規性の保障）。これに対して戦後は，たとえ立法者が合憲であると考えているとしても，裁判所が違憲であると判断すれば法律は効力を奪われることになった。憲法の最高法規性は，目にみえるかたちで，そして立法者以外のものによって保障されるのである（いわば顕在的・他律的な最高法規性の保障）。法律は憲法に適合していなければならないという大前提からすると，違憲審査制はきわめて重要な制度であり，また望ましい制度であるようにもみえる。しかし，ことはそれほど単純には終結しない。

3　違憲審査制は両刃の剣!?

日本の違憲審査制は機能不全？

　西洋諸国の違憲審査制度に比べると，日本のそれは充分に機能していていないと批判されることがある。たとえば，最高裁がこれまでに特定の法律の特定の条文を違憲と判断したのはわずか10件で，日本と同じく戦後に違憲審査制を導入したドイツと比べても，1987年に憲法を改正してそれをはじめて導入した韓国と比べても，極端に少ない。これは **司法消極主義** であり望ましくない，最高裁は違憲判断を下すのにもっと積極的であるべきだ，といった主張を読者も目にしたことがあるかもしれない。

　比較法的にみて日本で違憲判決が極端に少ないことには，もちろんさまざまな理由があろう。そのなかで，日本の法律のほとんどはもともと **内閣提出法案** であって，内閣提出法案には，国会提出より前の段階で **内閣法制局** による厳格な審査が行われており（→第3章3），そこで違憲の可能性が徹底的に排除されるしくみになってい

ることには注目しておきたい（実際，これまでに違憲と判断された法令の多くは，戦前から存在していたものか，**議員提出法案** にもとづくものであった）。とはいえ，やはり少なすぎるのは事実で，学説の多くが違憲と考えている法令が，最高裁によって——ときには強引とも思える **合憲限定解釈**（→第1章2，第3章3）などの手法を用いて——違憲ではないと判断された例は数多い。また，選挙区における有権者の数が人口変動によって不均衡となり，その結果一票の価値に大きな較差が生じていることを法の下の平等（憲法14条）に反して違憲としながら，しかしそのような不均衡な議員定数のままで実施された選挙を無効とはしないという，屈折したかのような判断を示した判決（最大判昭和51〔1976〕年4月14日民集30巻3号223頁，最大判昭和60〔1985〕年7月17日民集39巻5号1100頁）もある。どうも日本の最高裁は政治部門に遠慮がちで，臆病で，せっかく憲法が違憲審査制を定めているにもかかわらず，それが十全に機能していないのではないか……。ひとまずは，そのように批判的に捉えることも可能であろう。

🎵 実はおそるべき制度？

しかし，よく考えてみると違憲審査制というのは実におそるべき制度である可能性がある。アメリカのように二大政党制が一応確立しており，政権交代が頻繁に起こる国において，裁判官にもそれなりに党派色が観察される場合，たとえば共和党の大統領によって任命された裁判官が多数を占めるときには，民主党政権の作った法律を積極的に違憲と判断する，ということが起こらないであろうか。日本ではこれまで政権交代がほとんどなかったが，たとえば定数不均衡訴訟において，公職選挙法の議員定数規定を違憲と判断するのみならず実際に選挙を無効とすることになると，最高裁の裁判官は，選挙の結果を見たうえでそれを無効としてやり直させるわけであるから，実は自分たちの支持しない政党が圧勝し，したがって自分た

ちにとって望ましくない政権交代が起こった場合にのみ選挙を無効とすることになるかもしれない，といった心配は杞憂であろうか。

　そもそも，日本国憲法によれば，国会は「国権の最高機関」であって「国の唯一の立法機関」（41条）であるし，国会を構成する国会議員は「全国民を代表する」（43条）地位にある。そのような国会の制定した法律を，最高裁の裁判官15名のうちの過半数，つまりわずか8名の判断で，違憲無効とするのが違憲審査制なのである。しかも，国会議員は国民による直接選挙で選ばれているから，民主的正統性を最も有しているといえるのに対し，最高裁の裁判官は，内閣が指名もしくは任命する（→第4章1）。内閣の首長である内閣総理大臣は国会議員によって指名される（67条）から，有権者たる国民との関係での民主的正統性についていえば，最高裁の裁判官のそれは，間接的なもの（国民→国会→内閣総理大臣）のさらにまた間接的なもの（内閣→最高裁裁判官）となるはずである。

　簡単にいうならば，選挙によって選ばれた国会議員の作った法律を，選挙によって選ばれていないごくわずかな人数の裁判官が，違憲と判断し無効としうるのが，違憲審査制なのである。違憲審査権限の行使は，すでにある法律を存在しないものとする，あるいは少なくとも適用できないものとする，という意味において，消極的な立法権の行使にあたるのではないであろうか。そうすると，国会は，本当に「国の唯一の立法機関」といえるのであろうか。

🔎 司法の独立と民主政

　かつてアメリカでは，1897年以降のいわゆるロックナー時代，そしてとくに1933年以降のいわゆる ニュー・ディール 期に，経済的弱者や労働者を保護するために政治部門が作った経済的な分野で国家の介入を強める法律を，連邦最高裁が，それらは経済的自由や契約の自由（→第3章3，第14章1）を不当に制約するとして，たて続けに違憲と判断することがあった。その結果，F・ルーズヴェ

ルト大統領（1882-1945）と最高裁は鋭く対立し，抜き差しならない状況にいたる。日本でも，戦前の刑法から戦後も削除されずに残っていた**尊属殺重罰規定**（刑法旧200条）について，最高裁がこれを違憲と判断したのは1973年（最大判昭和48〔1973〕年4月4日刑集27巻3号265頁）であったが，政府与党の一部に同規定の削除に強く反対する勢力があったため，同規定は判決から実に20年以上もそのままに残されていた（1995年改正で削除）。また，1960年代後半から70年代初頭にかけては，公務員の労働基本権や政治的行為の自由をめぐり，また憲法9条について，最高裁や下級審のいくつかの判決が，政府与党の考え方と正面から対立する判断を下し，「偏向判決」と大々的に非難され，「**司法の危機**」が叫ばれたこともあった（第4章1が触れる**平賀書簡事件**や**宮本判事補事件**は，いずれもこの時期に起こったものである）。

　尊属殺重罰規定の例は，最高裁の違憲判決に政治部門が従わない可能性があることの例であり，「司法の危機」の例は，裁判所の判断が政治部門と対立しすぎると，政治部門から異常な圧力を受ける可能性があることの例である。いずれも，かくもおそるべき権力を握っているはずの裁判所にとって，是が非でも避けたい事態のはずである。勇ましく違憲判決を下したところで，国政の中心に位置する政治部門から無視されたのでは最高裁の権威は地に墜ちる。あまりに政治部門を怒らせると，裁判所の組織・権限を定める法律や，さらには憲法までもが裁判所に不利に改正されてしまうかもしれない。政権交代を歓迎する世論が裁判所の選挙無効判決に怒りだしたらもはや最悪である。かといって，裁判所が政治部門に迎合する判決ばかりを出すのであれば，そんな裁判所はいらないと評されることになるであろう。裁判所には，憲法の最高法規性を保障する任務（憲法保障の役割）と，市民の権利を守る任務（権利保障の役割）とがあるはずであるが，そのいずれをも充分に果たさない統治の機構

は，税金の無駄である。

　アメリカ合衆国憲法とは異なり，日本国憲法は明示的に違憲審査制度を定めている。このことは，とりわけアメリカで盛んに議論されている **司法審査の民主的正統性** という難問が，日本では，憲法レベルにおいてすでに解決済みであることを意味する。**憲法制定権力**の決断として，戦後の日本はそのような制度を採用したのであり，その限りにおいて，日本の民主政は，民主的正統性を欠く機関に民主的正統性を最大に有する機関の誤りを正す任務をあえて与えるという，古典的かつ純粋な，あるいは19世紀的な民主政とは異なる体制なのである，ということになる（立憲主義にたつ民主政という意味で，立憲民主政ともよばれる）。

　とはいえ，憲法上与えられている違憲審査権をもっと積極的に行使すべきであるとは，必ずしも単純にはいえない可能性があるのは上述のとおりである。裁判所にとって，司法の権威ある地位や独立性を維持することは至上命題のはずであるが，そのためには，裁判所自身の戦略として，実に微妙な綱渡りをせざるをえない宿命にあるといえるのではないだろうか。一筋縄ではいかない問題が，ここにも存在しているのである。

〈参考文献〉

① 本章と同様に，本章筆者が憲法とは何かについて，その目的や特色に着目しながら解説したものとして，南野森「憲法——自由の砦・政治の矩・この国のかたち」南野森編『〔新版〕法学の世界』（日本評論社，2019年）第1章がある。本章とあわせて読むとわかりやすいだろう。さらに，憲法とは何かという問題を本章筆者がもう少しくわしく，原理論的な観点も交えて検討したものとして，南野森「『憲法』の概念——それを考えることの意味」長谷部恭男編『岩波講座憲法6／憲法と時間』（岩波書店，2007年）27頁以下もみてほしい。

② 「司法の危機」とよばれる時代に日本で起こった数多くの驚くべき事態に

ついては，そもそも司法をいかに捉えるかという問題も含めて，樋口陽一『比較のなかの日本国憲法』（岩波新書，1979 年）131 頁以下。そのことをふまえて，憲法 76 条 3 項が裁判官の良心に触れていることの意味を考察し，従来の通説的見解とは異なる解釈論の可能性を検討したものとして，南野森「司法の独立と裁判官の良心」ジュリスト 1400 号（2010 年）11 頁以下。

③　本章でも触れた定数不均衡訴訟を題材として取り上げ，違憲審査と民主政の緊張関係に注意を促すものとして，淺野博宣「投票価値の平等について」安西文雄ほか『憲法学の現代的論点〔第 2 版〕』（有斐閣，2009 年）439 頁以下。また，同じ著者による，「裁判官は憲法問題に直面したときにどうすれば良いのか」という問題関心を背景として書かれたものとして，「プラグマティズムは法の支配を否定するか――ドゥオーキンにおける立憲主義と哲学」井上達夫編『岩波講座憲法 1／立憲主義の哲学的問題地平』（岩波書店，2007 年）251 頁以下にも挑戦してほしい。さらに，同様の問題関心をもちつつ，日本に憲法裁判所を導入することの是非についても論じる，笹田栄司「違憲審査制――憲法裁判所の是非」横田耕一・高見勝利編『ブリッジブック憲法』（信山社，2002 年）227 頁以下も薦めておく。また，南野森「違憲審査制」宍戸常寿・林知更編『総点検　日本国憲法の 70 年』（岩波書店，2018 年）242 頁以下，池田晴奈「違憲審査制とグローバル化」横大道聡・新井誠・菅原真・堀口悟郎編『グローバル化のなかで考える憲法』（弘文堂，2021 年）330 頁以下もある。

第7章

感染症対策と行政法の役割

本章のねらい　　人類の歴史は感染症との戦いの歴史でもあった。我が国でも近代化以降，海外から新たな感染症が流入し，大きな被害をもたらした。しかしその後，公衆衛生状態の改善や医療技術の発展により，死因に占める感染症の割合は低下していった。そのような中で 2019 年末から流行した新型コロナウイルス感染症 は，日本のみならず全世界に深刻な影響を与えている。人類の生態系への介入や気候変動の影響を受け，未知の感染症がまん延するリスクは高まってきているとされており，新型コロナウイルス感染症が終息してもなお，感染症対策を継続する必要があると考えられる。

　我が国における感染症対策は，感染症の予防及び感染症の患者に対する医療に関する法律（以下「感染症法」という）と，新型インフルエンザ等対策特別措置法（以下「特措法」という）の 2 つの法律を中心に，公衆衛生・保健関係のさまざまな法令によってなされている。そしてこれらのほとんどは，行政法と呼ばれるグループに含まれる。そこで本章では，感染症対策を素材に，行政法の基本的な考え方を紹介し，法学と感染症対策の接点についての大まかなイメージを提示することとしたい。

1　感染症の脅威

　人間の健康維持にとって，感染症は大きな脅威である。20 世紀後半にはワクチンの普及によって天然痘は根絶されたものの，後天

性免疫不全症候群を引き起こすヒト免疫不全（HIV）ウイルスなどが発見され，21世紀に入ってからも，2003年の重症急性呼吸器症候群（SARS）や，2009年の新型インフルエンザの流行など，さまざまな感染症が社会的に注目されてきた。なかでも2019年末から全世界的に流行している新型コロナウイルス感染症（COVID-19）は，それまでの日常生活を大きく変容させ，社会全体に極めて甚大な影響を与えている。

✐ 民事法・刑事法による対応方法とその限界

感染症に対する対処方法は，患者の発見・感染経路の調査，隔離・行動抑制，消毒の3つに集約される。まず，感染症の病原体を特定し，病原体を保有している患者を発見し，その感染経路を調査して特定する必要がある。次に，患者に対する治療を行うとともに，患者を隔離して病原体が社会に広がらないようにする。感染経路が十分に追えない場合には，患者ではない一般市民に対しても行動抑制を行ったり，人が多く集まる施設等の使用を制限したりすることで，感染機会を減らす必要がある。さらに，病原体に冒された物や場所を消毒し，そこから感染が広がらないようにしなければならない。このように，感染症対策の基本は，現状よりも感染が広がらないように，時に隔離や行動制限のような強制力を発動して「**予防**」することにある。

強制力の発動の場面では，**刑事法**に大きな役割が認められる。しかし，刑事法は，過去の違法行為に対して**刑事罰**（懲役・罰金等）を科すことにより，その行為を非難し，将来発生しうる類似の犯罪行為を一般的に予防しようとしている。そこで，感染症のまん延を防止する目的で，将来的に発生しうる接触機会を抑制するための隔離や行動制限を行うことは，その射程外となる。また，将来の行動を制御する観点からは，**民事法**をベースに，関係当事者の合意に基づいて将来の行動を**契約**という形でルール化し，これに違反すれ

ば，損害賠償 や 差止め によって解決することも考えられる。しかし，民事法による法関係の形成は，当事者間の合意が基本である。一般的な病気の治療のために入院するのであれば，当事者間の合意によってその行動を制御することができるかも知れない。これに対して，感染症が広がらないように患者を隔離する措置は，患者がたとえ同意していなくても，まん延防止の観点から実施しなければならず，民事法に基づく契約によって，このような対策をとることはできない。

そこで，感染症対策においては，行政法 のしくみが幅広く用いられている。行政法の特色は，一定の社会問題を解決するために，恒常的な行政組織を設置してそこに任務を配分し，問題状況の発生を未然に防ぐことができるように，行政機関にさまざまな（場合によっては強制的な）権限を付与していることにある。民事法・刑事法による対処が，主として問題発生後を想定しているのに対して，行政法は問題発生前に介入する点に大きな特色がある（予防司法としての行政法）。

法律による行政の原理

行政機関が問題発生以前に強制的に介入することは，その相手方である我々の自由や財産にとって大きな脅威になる。そこで，そのような行政活動の前に，活動の根拠を法律で定めておき，それに従った行政活動を要求する 法律による行政の原理（法治主義）は，行政活動から権利や自由を防御する上で，とくに重要な考え方である。法律による行政の原理が成立する前は，国家は恣意的に私人の自由や財産を侵害することができ，これに対して私人の側が救済を求める余地は限定的であった。これに対して，法律による行政の原理は，一方では国家権力が行使される前に，国民代表によって構成される議会で制定される法律の根拠を要求する（法律の留保）ことで，国家権力が恣意的に行使されることを防止することができ，他方では

法律に反する行政活動を違法なものとして（**法律の優位**），裁判所による是正・権利救済を図ることを可能にした。この考え方が確立することによってはじめて，国家と私人とが（従属的・支配的関係ではなく）法的な関係に立つものと認識され，行政法が成立する前提条件が整ったのである。

　法律の留保で重要な点は，行政活動に先行して法律の根拠が必要となる行政作用が，必ずしも全ての行政活動ではないことである。国民の権利を制限したり，義務を課したりする行政作用（**侵害作用**）には法律の根拠が必要である点では，学説・実務には理解の一致がある（内閣法 11 条，国家行政組織法 12 条 3 項，地自法 14 条 2 項はこうした考え方が条文化したものと考えられている）。これに対して，国民に財やサービスを給付する作用（**給付作用**）や，相手方の同意に基づいて何らかの行政活動を行う場面（例：指導・勧告）には，法律の根拠は不要とする理解が有力である（**侵害留保理論**）。このような立場に立つと，内閣総理大臣・文部科学省が新型コロナウイルス感染症対策のために学校に対して一斉臨時休業を要請することにも，感染症対策に伴う行動制限による家計への悪影響を緩和するために特別定額給付金を支給することにも，それらに先立って法律を制定する必要はないことになる。

2　強制入院と宿泊療養

　それでは，どのような場合に法律の根拠が必要なのか，また行政法に関する解釈はどのようになされるのか。こうした点を，強制入院・宿泊療養を素材に確認することとしたい。その前提として，感染症法の基本的なしくみを説明する。

　感染症法の前身は，明治時代に制定された **伝染病予防法** である。この法律の基本構造は，現在の感染症法とあまり変わらなかった。

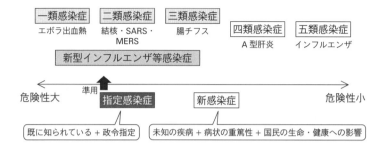

しかし，伝染病予防法は，患者の人権を軽視し，感染症から社会を防衛することに力点が置かれていたことから，ハンセン病患者に対する人権侵害などの問題が生じた。そこで，1998年に感染症法が制定された際には，患者の人権への十分な配慮が意識された。また，特措法は，2000年代に問題となった，SARSや新型インフルエンザの流行に対処するため，感染症法では十分にカバーできていない社会全体の行動制限や社会的影響の抑制を目的にしている。両者の関係を図式的に説明するとすれば，感染症法は感染者（患者）の処遇や行動についてミクロ的な対処を行おうとするものであるのに対して，特措法は感染症のまん延防止の観点から一般市民に対してマクロ的な行動制御を行おうとするものである。

　感染症法は，感染症をいくつかの類型に分けて（**法定感染症**），その危険度に応じた行動制限や入院等の措置をとることとしている。どのような感染症がどの類型にあたるかは，法律が直接規定しており，例えばペストは一類感染症，通常のインフルエンザは五類感染症である（感染症法6条1〜6項）。これ以外に，早期段階での対応が必要なものとして，**新型インフルエンザ等感染症**という類型が設けられており，新型コロナウイルス感染症は，2021年の法改正によって，この類型に含められた（感染症法6条7項3号）。

`(note)` 指定感染症と新感染症

　感染症法は，新たな感染症が発生した場合に，最終的には法定感染症のいずれかの類型に法律で分類することを予定している。その前に利用できる類型として，指定感染症と新感染症がある。**指定感染症** は「既に知られている感染性の疾病」であって，感染症法の規定を準用しなければ国民の生命・健康に重大な影響を与えるおそれがあるものとして政令で定めるものである（感染症法 6 条 8 項）これに対して **新感染症** は，「既に知られている感染性の疾病とその病状又は治療の結果が明らかに異なる」もので，病状の程度が重篤で国民の生命・健康に重大な影響を与えるおそれがあると認められるものである（同条 9 項）。新型コロナウイルスは，一般的な風邪のウイルスである在来のコロナウイルスや，SARS を引き起こすコロナウイルス等が原因の「既に知られている感染症」にあたると考えられたため，流行が始まった 2020 年 1 月の段階で **政令** を制定して指定感染症に指定し，2021 年の感染症法改正まで，主として二類感染症相当として感染症法の規定が準用されてきた。これは，新たな感染症に関する知見の蓄積や法改正までに時間がかかることから，内閣が定める **行政立法（行政基準）** である政令で指定することで暫定的な対処を可能とする法技術である。

🦠 強制入院の法的性格

　感染症法は，都道府県知事が感染症のまん延を防止するために必要があると認めるときは，患者に対して特定の医療機関に入院するよう **勧告** でき，この勧告に従わない場合には入院させることができるとする（同法 19 条 1 〜 3 項）。この規定に基づく入院は，**応急入院** とも呼ばれており，その理由は入院期間が 72 時間以内に制限されているからである（同条 4・6 項）。さらに入院が必要な場合には，10 日以内の期間を定めて改めて入院勧告を行い，これに従わない時には入院させることができる（同法 20 条 1 〜 3 項）。この **本入院** は，さらに 10 日以内の延長を行うことができるとされている（同条 4 項）。このような期間制限に加えて，勧告時の適切な説明努力

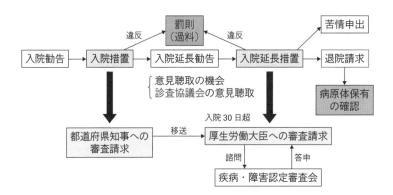

義務（同法19条2項・20条6項）や診査協議会の意見聴取（同法20条5項），さらに病原体保有確認・退院請求（同法22条3・4項），苦情申出（同法24条の2），行政不服審査の特例（同法25条）が規定されている。これらの規定は，新型インフルエンザ等感染症にも準用されているため（同法26条2項），新型コロナウイルス感染者も強制入院の対象となる。

　強制入院は，患者にとっては治療の機会が提供される点で，給付作用のようにも見える。しかし，入院中の行動は強く制限されることから，強制入院は国民の権利・自由を制限し，義務を課す侵害作用と考えられる。しかも，勧告に従わない場合には，都道府県知事は物理的な強制力を行使して入院させることができることから，人権侵害の程度が強い**即時執行（即時強制）**の一種とされてきた。一般的な行政法令では，相手方に何らかの義務を課す**行政行為（行政処分）**がなされ，相手方がこれに不満である場合には，これに対する争訟手段が利用可能である。具体的には，行政機関内部に対して再考を求める**行政不服審査**と，裁判所に対して是正を求める**行政訴訟**がある。しかし，強制入院の前になされる勧告は，それ自体として入院義務を課すものではなく，勧告に対する争訟手段はないと

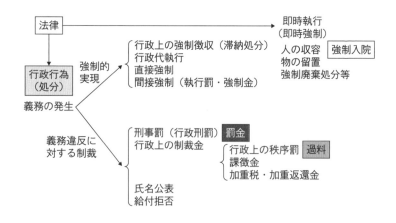

実務上考えられてきた。その理由は，感染症のまん延を防ぐためには，患者をできるだけ早く入院させ，社会から隔離しなければならないことに求められる。こうした義務を課す時間的余裕がないことが，権利救済の機会を与えないまま物理的な強制力を行使することを正当化してきた。

　相手方に義務を課さないまま実力を行使する即時執行は，行政機関による強制力の行使の中でも極めて権利侵害の程度が高いもので，その権限の抑制的な行使が求められてきた。そこで，感染症法22条の2で「感染症を公衆にまん延させるおそれ，感染症にかかった場合の病状の程度その他の事情に照らして，感染症の発生を予防し，又はそのまん延を防止するため必要な最小限度のものでなければならない」という**比例原則**の遵守が規定されている。ところが，新型コロナウイルス感染症に対する入院に関しては，勧告に従わなかったり，入院先から抜け出したりする例があったという。そこで，2021年の感染症法改正により，勧告に従わなかったり，入院中に逃げたりした場合に，50万円以下の**過料**とする規定が設けられた

（感染症法 80 条）。

　行政上の義務に相手方が従わない場合に対処するには，行政上の義務履行強制と，義務違反に対する制裁という 2 つの方法がある。**行政上の義務履行強制**は，課された義務を将来に向かって行政機関が強制的に実

	罰金	過料
手続	刑事手続	非訟事件 行政処分
強制手段	労役場留置	民事執行 滞納処分
前科		

現するものである。例えば，違法建築物の所有者に対して，その建物を壊すことを義務付ける **除却命令**（建築基準法 9 条）を出してもなお放置している場合には，行政機関が自ら，または委託した業者によって，その建築物を実際に壊すことができる。これを **行政代執行** といい，行政上の義務履行強制の代表的な手段である。**義務違反に対する制裁** は，過去の義務違反に対して制裁を科すことにより，将来同種の違反が起きないように一般的に予防するものである。例えば，違法駐車に対して刑事罰としての罰金を科す **行政刑罰** がある。もっとも，強制入院への不服従に対して規定された過料は刑事罰ではなく，**行政上の秩序罰** と呼ばれている。これは，刑事罰のように刑事手続（捜査→起訴→刑事訴訟）（→第 4 章 3）を経ることなく，裁判所または行政機関が決定する金銭的な制裁で，法律違反の場合には **地方裁判所** が **非訟事件手続** によって課す（条例違反の場合には地方公共団体の長が行政手続によって課す）こととされている。行政上の秩序罰の刑事罰との違いは，**前科** がつかないことと，資力がなく支払えない場合に **換刑処分**（労役場留置）がなされないことにある。

　この改正で新設された過料規定が入院「義務」の存在を前提としていることから，入院の勧告が入院義務を課すものではないとする従来の説明は通用しなくなり，勧告は行政行為（行政処分）となる。

そうすると，強制入院は相手方に義務を課さないままに実力を行使する即時執行ではなく，相手方が課された義務を履行しない場合にその実現を強制する行政上の義務履行強制の一種である**直接強制**と考えられる。

宿泊療養の法的性格

　新型コロナウイルスの感染者数は，患者用に確保している病床数を大幅に上回っており，強制入院だけでの対処ができなくなった。そこで，軽症の患者を中心に，自宅療養・宿泊療養がなされることになった。しかし，このことを許容する感染症法の規定は存在していなかった。法律の留保の考え方からすると，病院に入院させないとしても，自宅・ホテル等で患者の行動を制限することには，国民の権利を侵害し義務を課すことになるから，法律の根拠が必要である。根拠規定なしに自宅療養・宿泊療養を行うには，相手方から個別に同意をとる必要があり，また相手方が療養中に外出してもこれに対する制裁を加えることはできない。こうしたことを背景に，宿泊療養中に患者がホテルから無断で抜け出す事例が生じたことから，地方公共団体側が宿泊療養に関する根拠規定や罰則規定を求め，これに応じて2021年の感染症法改正で，次のような規定が加えられた（44条の3第2項）。

> 都道府県知事は，新型インフルエンザ等感染症（病状の程度を勘案して厚生労働省令で定めるものに限る。第7項において同じ。）のまん延を防止するため必要があると認めるときは，厚生労働省令で定めるところにより，当該感染症の患者に対し，当該感染症の病原体を保有していないことが確認されるまでの間，当該者の体温その他の健康状態について報告を求め，又は宿泊施設（当該感染症のまん延を防止するため適当なものとして厚生労働省令で定める基準を満たすものに限る。同項において同じ。）若しくは当該者の居宅若しくはこれに相当する場所から外出しないことその他の当該感染症の感染の防止に必要な協力を求めることができる。

もっとも，この規定は「協力を求めることができる」とされており（**努力義務規定**），宿泊療養の場合に何らかの行動制限を加えるものではない。先に紹介した強制入院に従わない場合の罰則（過料）は，宿泊療養に従わない場合には適用されない。行動制限は国民の権利を制限し義務を課す行政作用であるから，法律による行政の原理から考えて，この規定を拡大解釈して患者に何らかの義務を課すものと考えることは許されない。

　新型コロナウイルス感染症は，重症化のリスクが年齢や基礎疾患の有無等によって大きく異なり，無症状・軽症の患者もかなり存在することから，感染症法改正の際に，強制入院の対象となる一類・二類感染症の扱いをしない（例えば通常のインフルエンザと同様に五類感染症とする）ことも議論されていた。しかし，立法過程において新型インフルエンザ等感染症の中に含めることとされたため，強制入院を標準とする扱いは変わらなかった。他方で，患者を受け入れる病床を劇的に増やすことは困難であり，宿泊療養が恒常化することになった。宿泊療養に対する行動制限や罰則規定が設けられなかった理由は，行動制限に従っているか監視することが事実上不可能な自宅療養と同様の性格を持っていることや，強制入院と異なり入院に関する費用が法律の規定に基づいて公費で支払われるわけではないことに求められる。

3　行動制限と補償

　感染症のまん延を防止するためには，患者を隔離するだけでは足りず，一般市民間の接触機会を削減する必要がある。新型コロナウイルス感染症の流行に伴い，**ロックダウン**（都市封鎖）という言葉が我が国でも知られることとなった。感染症法 33 条は，一類感染症のまん延を防止するため緊急の必要がある場合に，72 時間以内

の期間を定めて，感染症の患者がいる場所等の交通制限・遮断を行うことを認めており，これを用いてロックダウン類似の措置をとることができるという見方もあった。しかし，この規定が使える要件はかなり限定されており，また仮にこの規定が使えるとしても，欧米の一部の国が行ったような1週間を超えるような期間のロックダウンを行うことはできない。法律による行政の原理の考え方からすると，法律にロックダウンを許容する規定がない以上，行政機関の判断でそのような行動制限を行うことはできないのである。

行動制限の法的性格

　感染症の患者以外に対する行動制限に関しては，特措法に多くの規定が設けられている。特措法の行動制限の特色は，**緊急事態宣言**（特措法32条）の有無によって，その程度が区別されていることである。緊急事態宣言が出されていない場合には，運航制限要請（同法30条）などの措置しか用意されていない。これに対して，内閣総理大臣が緊急事態宣言を出すと，広範囲にわたる行動制限が可能となる。この行動制限は，まん延防止に関するものと，医療・物資確保に関するものに分けることができる。まん延防止に関しては，知事による外出抑制要請（同法45条1項），**大規模施設の使用制限要請**（同条2項）が規定され，後者についてはさらに**命令**（同条3項）を行うことができる。施設使用制限要請・命令がなされた場合には，その旨を公表することができる（同条5項）。また医療・物資確保に関しては，臨時医療施設を開設するために必要な土地等の強制的な使用（同法49条），医療品・食品等の売渡要請・収用（同法55条）などが規定されている。

　2021年の特措法改正前までは，施設使用制限の要請に従わない場合には（命令ではなく）「**指示**」ができるとされ，指示違反への罰則は規定されていなかった。また，要請・指示があれば必ずその事実を公表しなければならないこととされていた。そうすると，指示

プラクティス労働法〔第3版〕

山川隆一 編

皆川宏之・櫻庭涼子・桑村裕美子・原昌登・中益陽子
渡邊絹子・竹内(奥野)寿・野口彩子・石井悦子

A5変・上製・412頁　ISBN978-4-7972-2464-1 C3332
定価：3,960円（本体3,600円）

〔illustration〕で学ぶ重要改正対応第3版

新ブリッジブック 法社会学

和田仁孝・西田英一・仁木恒夫 編

大坂恵里・酒井博行・西川佳代・平山真理
南野佳代・山田恵子・吉田直起

四六変・並製・288頁　ISBN978-4-7972-2942-4 C3332
定価：2,750円（本体2,500円）

諸分野との対話のアプローチで学ぶ

ブリッジブック 民事訴訟法〔第3版〕

井上治典 編

安西明子・仁木恒夫・西川佳代
吉田純平・吉田直起

四六変・並製・344頁　ISBN978-4-7972-2361-3 C3332
定価：2,750円（本体2,500円）

実践的な民事手続の流れを解説

〒113-0033　東京都文京区本郷6-2-9-102 東大正門前
TEL：03(3818)1019　FAX：03(3811)3580　E-mail：order@shinzansha.co.jp

信山社
http://www.shinzansha.co.jp

日本国憲法制定資料全集(9)
貴族院審議資料・修正審議・帝国議会議決
〔日本立法資料全集 79〕

芦部信喜・髙橋和之・高見勝利・日比野勤 編著

ついに全 21 巻が完結！
現行憲法の歴史研究の第一級資料集。
第 9 巻は、貴族院審議資料・修正審議
資料を掲載。

菊変・上製・432 頁
ISBN978-4-7972-2030-8 C3332
定価 55,000 円（本体 50,000 円）

情報公開法制定資料(1)
〔平成 11 年〕議事録編 I
〔日本立法資料全集 136〕

塩野 宏 監修　小早川光郎・宇賀克也・藤原靜雄 編著

制定経過資料を網羅的に整理考証す
る。本シリーズは全 14 巻で構成。(1)
〜 (5) が議事録編。議事録編には各頁
に討議事項を表示し (5) 巻末に事項索
引として一括掲載。本巻には、「はしが
き」「制定経過解説」を掲載。

菊変・上製・432 頁
ISBN978-4-7972-4131-0 C3332
定価 52,800 円（本体 48,000 円）

〒113-0033　東京都文京区本郷6-2-9-102　東大正門前
TEL：03(3818)1019　FAX：03(3811)3580　E-mail：order@shinzansha.co.jp

信山社
http://www.shinzansha.co.jp

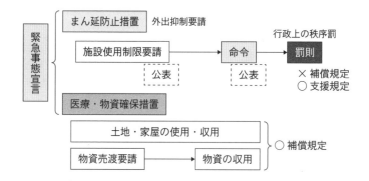

に従わない事業者が現れ，また指示があったことを公表することで当該施設が営業していることが知られ，かえって人が集まってしまうことが問題とされた。そこで，2021年の改正法で指示が命令に改められ，命令違反に対しては過料（**行政上の秩序罰**）が設定されるとともに，公表については「できる」こととして，状況によっては公表しない選択肢も認められた。

　では，命令に違反して営業している大規模施設に対して，出入口を強制的に封鎖する対応は可能か。行政上の義務履行強制については，行政代執行法2条の規定により，他人が代わって行うことができる何かをする義務（これを **代替的作為義務** という）については，これを賦課する法令の規定またはそれに基づく行政行為（行政処分）があれば，行政機関が自らその義務を強制的に実現できる。しかし，施設の使用制限・禁止は，何かをしない義務（**不作為義務**）であるため，行政代執行法とは別の（例えば強制入院に関する感染症法19条・20条のような）個別の法律の根拠規定がなければ，強制的な実現を行うことはできない（行政代執行法1条）。

✿ 損失補償と政策的補償

　特措法が定めるこうした行動制限の規定は，憲法が保障する **財**

産権の侵害となる可能性があり，その場合には損失補償（憲法29条3項）が必要となるはずである。しかし，特措法の中に損失補償の規定が置かれているのは，さきほどの2つの類型のうち医療・物資確保に関するも

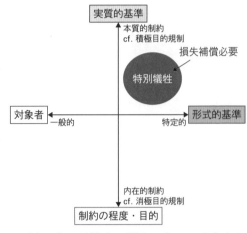

のだけであり（特措法62条），まん延防止に関するものには存在しない。もっとも，損失補償が必要であるはずなのに，これを認める法律の規定がない場合には，憲法29条3項を根拠に損失補償を求めることができるとする考え方（**請求権発生説**）が通説であり，最高裁も傍論でこのことを認めている（最大判昭和43〔1968〕年11月27日刑集22巻12号1402頁［名取川事件］）。

　損失補償は，適法な行政活動によって生じた損失を，公平負担の観点から金銭塡補する制度である。損失補償の前提は，行政活動が適法であることである（違法な行政活動によって生じた損害は**国家賠償**によって塡補される）。適法な行政活動であるにもかかわらず金銭が支払われる理由は，社会全体の利益のために特定の個人に大きな犠牲が生じていることが，**平等原則**の観点から許されないと考えられるからである。そこで，損失補償の要否を判定する基準として，**特別（の）犠牲**の有無が用いられる。その具体的な基準として，侵害の対象が一般的か特定的か，規制の強度がどの程度か（財産権の本質を侵害するものか），規制の目的がどのようなものなのか（安全・秩序維持目的か，国民の福利向上を目的とするか）などが挙げられる。

新型コロナウイルス感染症の影響は全国民に広がっており，施設使用制限の対象施設にはさまざまなものが含まれることから，規制の対象者が特定的とは言いがたい。また，大規模施設に人が集まることで人びとの生命・健康の保護や秩序維持が果たされなくなることから，規制の目的は安全・秩序維持（消極目的）であり，財産権の行使によって他者に迷惑を掛けることは正当な権利行使とは言えないから，こうした規制に伴うコストは財産権者側が負うべきと考えられる。このように考えると，損失補償は不要であるとの結論が導かれる。これに対して，大規模施設の使用制限でねらい撃ちされているのは飲食・エンターテイメント業界に限定されていると考えると，これらの業界の大きな犠牲のもとに新型コロナウイルスの流行が抑えられているとみることもでき，この点を重視すると損失補償が必要との結論を導く可能性もある。特措法は前者の理解を前提に，憲法上の損失補償ではなく，感染対策への協力に対する政策的な補償を実施する立場をとっている。2021 年の特措法改正では，新たに事業者に対する支援を行う規定を置いた（特措法 63 条の 2 ）。

〈参考文献〉

① 　行政法の入門書としては，本シリーズの 1 冊である宇賀克也編『ブリッジブック行政法〔第 3 版〕』（信山社，2017 年）ほか，多数のバリエーションがある。実際に書店等で手にとって，最も自分にあう入門書を講読することを勧める。

② 　行政法は，さまざまな行政法令の共通要素を扱った総論と，さまざまな法令を政策分野ごとにまとめた各論（参照領域）から構成されている。一般的な大学の法学部・法科大学院で講義されるのは行政法総論であり，行政側が私人に対して行政目的の実現のために一定の働きかけを行う行政過程論（行政作用法総論）と，違法・不当な行政活動によって被害を受けた私人の側がその救済を求める行政救済論に分かれている。行政過程論を扱った単著の基本書としてたとえば以下のような著作がある。

○ 　塩野宏『行政法 I 　行政法総論〔第 6 版〕』（有斐閣，2015 年）……学説

の最高峰を示す著作であり，最終的には本書を読みこなすことが行政過程論の理解にとって不可欠である。

- 宇賀克也『行政法概説Ｉ　行政法総論〔第7版〕』（有斐閣，2020年）……具体的な事例を豊富に紹介しつつ，行政法理論の現代的展開についてスマートに解説している。
- 大橋洋一『行政法Ｉ　現代行政過程論〔第4版〕』（有斐閣，2019年）……豊富な具体例を盛り込みつつ，理論問題についても細かくフォローしている。

③　行政救済論を扱った単著の基本書として，
- 塩野宏『行政法Ⅱ　行政救済法〔第6版〕』（有斐閣，2019年）
- 宇賀克也『行政法概説Ⅱ　行政救済法〔第7版〕』（有斐閣，2021年）
- 大橋洋一『行政法Ⅱ　現代行政救済論〔第4版〕』（有斐閣，2021年）
などがある。これらは行政過程論の続編で，著書の特色も共通している。

④　参照領域（行政法各論）を扱った近時の単著の基本書として，
- 原田大樹『例解　行政法』（東京大学出版会，2013年）
- 大橋洋一『社会とつながる行政法入門〔第2版〕』（有斐閣，2021年）
などがある。

第8章

個人保証人とその保護

本章のねらい　　本章は，民法のテーマから，保証の問題を取り上げる。個人保証人の保護は，古くから民法学における重要なテーマであり，近時の債権法改正（2017〔平成29〕年改正法成立，2020年4月から施行）においても主要な課題として取り上げられた。

　たとえば，友人の会社経営を助けるため保証契約を結んだところ，その会社が倒産してしまい，老後の資金や子供の学資を失った保証人もいる。こうした事例に接したとき，私たちは保証人保護の重要性を意識する。そして，それは妥当な認識でもある。しかし，その反面で，保証人の保護だけを闇雲に主張する言説を耳にしたときは，本当にそうだろうかと立ち止まって考えたくもなる。

　そこで，本章では，個人保証人保護の現状分析を行うとともに，保証人保護の負の側面についてもあわせて考察したい。読者には，本章を通じて，保証人保護の必要性と現状のみならず，保証人保護の影の部分，さらには，物事を多角的，複眼的にとらえる姿勢も学んで欲しい。

1　保証の意義とその種類

債権の担保

　保証（民法446条）は，**債権**（債権者が債務者に対して，一定の給付を請求する権利）を担保する方法のひとつである。民法典は，保証

の他にも，質権（法342条）や抵当権（法369条）などの債権担保方法を用意している。そこで，以下では，保証人の保護を論ずる前提として，まず，**債権の担保**とは何かを考えてみたい。

例えば，BがAに1000万円の借金を申し込むとしよう。この時，Aの関心事は，Bが約束通りに1000万円（とその利息）を返済してくれるかである。AがBにお金を貸せば，消費貸借契約が成立し（法587条），BはAに対して1000万円の債務を負う。もしBが返済しなければ，Aは裁判所に訴えを提起して確定判決を取得し，Bの財産に強制執行を行うことができる（→第4章2）。つまり，債務者Bが任意にその債務を履行しなければ，債権者Aは，国家機関を通じてその債務内容を強制的に実現できるのである。これを**強制履行**（法414条）という。

だが，強制履行が認められても，Bが無資力であれば債権は回収できない。また，たとえ1000万円以上の財産があったとしても，他にも債権者がいれば，Aは，他の債権者とその債権額に応じた割合で，Bの財産を分配しなければならない（**債権者平等の原則**）。例えば，Bの財産が1500万円，Aの債権額が1000万円，他の債権者Cの債権額が2000万円としよう（設例）。このとき，Aが回収できる額は，債権者平等の原則により，1500×1/3＝500万円となる。

このように，お金を貸したところで全額の回収が常に可能とは限らないとすれば，借金の申込みを受けたAは，融資を断るか，あるいは，債権の回収可能性を高めるかのいずれかを選ぶことになろう。そして，この債権の回収可能性を高める手段が，債権の担保なのである。

それでは，保証はどのような債権担保方法だろうか。抵当権と比較しながら考えてみよう。

抵当権と保証の比較

(1) 抵当権

まず，法369条1項は，**抵当権** を「債務者又は第三者が占有を移転しないで債務の担保に供した不動産について，他の債権者に先立って自己の債権の弁済を受ける権利」，と定義する。保証との比較で重要なのは，抵当権には **優先弁済権** （「他の債権者に先立って」）が認められることである。

ここで優先弁済とは，複数の債権者がいる場合の財産分配方法として，まず特定の債権者の債権を完全に満足させ，なお残りがあれば，他の債権者にも分配することをいう。先の設例で，Bの財産1500万円の内訳が，建物（評価額1000万円）と現金（500万円）であり，かつ，BはAのため建物に抵当権を設定したとしよう。その後，Bが任意に弁済しなければ，AはBの建物を競売に付して，その売却代金1000万円から自己の債権全額を優先的に回収することができる。Cは，Bの残余財産から回収を図ることができるのみである。その結果，債権回収額は，Aが1000万円，Cが500万円となる。つまり，抵当権は，その優先弁済権で債権者平等の原則を破ることにより，債権の回収可能性を高めているのである。

(2) 保 証

次に，法446条1項は，**保証人** は，「主たる債務者がその債務を履行しないときに，その履行をする責任を負う」，と規定する。したがって，AがBに1000万円を貸すときに，保証人Dがいれば，たとえ返済期に主たる債務者Bが無資力だったとしても，Dが資力を有する限り，AはDから債権を回収することができる。つまり，保証は，主たる債務者Bの財産に保証人Dの財産を加えることにより，債権の引当てとなる財産を量的に増加させて，債権の回収可能性を高めているのである。

ただし，保証は抵当権と異なり優先弁済権を有しないから，保証

人Dに対する債権者が他にも存在し，Dの全財産が債務総額に満たなければ，Aは他の債権者とその債権額に応じて，Dの財産を平等に分配しなければならない。それゆえ，保証の実効性は，保証人の資力に依存するところが多いといえる。

(3) 保証の存在意義

それでは，債権者にとって抵当権と保証のどちらが有利か。抵当権の方が確実に債権を回収できるという考え方もありえよう。確かに，優先弁済というのは魅力的な権能であるし，目的物も不動産だから，保証人の資力に比べて価値がより安定していると思われる。だが，抵当権にも難点はある。つまり，抵当権実行のためには競売という時間と手間のかかる手続が必要とされ，しかも，執行妨害にあうと現実の回収は極めて困難となる。これに対して，保証は相手が人であり，任意弁済による簡易な回収を期待することができる。また，保証人が法人（銀行や信用保証協会）であれば，その資力に不安がない場合も多い。さらに，保証人が主たる債務者の友人や取引先であるときには，保証人に迷惑をかけたくないという気持ちから，主たる債務者に，弁済に向けた一層の努力を期待できることもある。

このように，保証と抵当権はそれぞれが長所と短所を有しており，どちらが有利というわけではない。むしろ，車の両輪のように，双方が相まって金融制度を支えているということができる。特に，保証は，不動産（あるいは，動産や債権などの財産）を有しない者にも，なお融資の可能性を開くことができるという意味において，重要な制度なのである。

保証の種類

さて，保証によって担保される債務（**主たる債務**）にはさまざまなものがあり，その種類に応じて，保証はいくつかの類型に分けられる。以下では，保証人保護を論ずる前提として，保証の異なる類

型をみておこう。

まず，主たる債務が特定の債務であるか，一定の期間内に継続的に生ずる不特定の債務であるかにより，**特定債務保証** と **根保証** に大きく分けられる。

根保証は，(1)被用者の債務についての保証（**身元保証**），(2)継続的な銀行取引等から生ずる不特定の債務の保証（**信用保証**），(3)賃借人の債務の保証の三つをその典型例とする。

なお，根保証においては，保証人が責任を負うべき限度額（**極度額** という）が定められることもある。極度額の定めにより，保証人は，自己の責任の上限を認識することができる。

🍩 保証人の種類

また，保証は，保証人の属性によっても分類される。つまり，保証人が個人（自然人）か法人（→第3章1）かにより，**個人保証** と **法人保証** に分けられる。

そして，個人保証はさらに，主たる債務者に対する義理人情から，その友人や家族が保証人となる場合（**情義的保証**）や，中小企業の経営者が自らの会社の債務を保証する場合（**経営者保証**）などに分類される。

他方，法人の保証人としては，銀行や事業会社などの他，特に重要なものとして，**信用保証協会** を挙げることができる。信用保証協会は，中小企業が銀行などの金融機関から貸付けを受ける際に，その債務を保証することを通じて，中小企業金融の円滑を図るために設立された公的機関である。中小企業の振興と地域経済の発展は，社会全体で責任を負うべきとの考えから，信用保証協会の運営は，保証を受けた企業から徴収する保証料の他，税金によって支えられている。

2 個人保証人を保護する理由と方法

それでは，保証人を保護する理由と方法には，どのようなものがあるだろうか。保証契約締結方法の問題性，保証責任の永続性および広汎性，経済政策の三つに分けて検討しよう。なお，以下では，個人保証人に限定して考察を行う。法人保証人は，通常は合理的な計算に基づき保証契約を締結し，その生活に配慮する必要もないため，個人保証人とは別個にその保護が検討されるべきだからである。

◢ 締結方法の問題性

個人保証人の保護は，まず第一に，保証契約の締結方法に問題がある場合に行われる。保証契約を不当に強制された場合と，契約内容に関する説明が不十分な場合がある。

(1) ホステスの保証

まず，不当な強制の典型例として，ホステスの保証がある。ホステスの保証とは，クラブなどにおいて顧客が飲食した売掛代金債務について，ホステスが店に対して保証する契約である。ホステスの保証により，顧客（主たる債務者）は後日払いで飲食できるようになり，店（債権者）にとっては売り上げの増加につながる。さらに，ホステス（保証人）にとっても，その顧客に対する売り上げから一定のバックマージンを得ることができるという利点がある（最一小判昭和61〔1986〕年11月20日判時1220号61頁参照）。この限りでは，一定の合理性を有するようにも見える。

だが，ホステスは顧客を選ぶことができない。それにもかかわらず，顧客から指名されると，ホステスはその保証人にされる。そして，このような保証契約は，ホステスが雇用される際に，雇用契約に付随して予め結ばれている。つまり，店は，自己の優越的な地位を利用して，売掛代金債務の回収リスクをホステスに一方的に押し付けているのであり，ここにホステスの保証の問題点がある。

こうした契約締結の不当な強制を理由として，多くの裁判例は，ホステスの保証を **公序良俗** に反する無効な契約（法90条）と判断している（東京地判昭和50〔1975〕年3月25日判時797号115頁など）。

(2) 商工ローン

次に，説明が不十分な場合の典型例として，**商工ローン** の根保証契約を挙げることができる。商工ローンとは，商工ローン業者（貸金業者）が，中小事業者（個人を含む）に対して行う運転資金の融資をいうが，このような融資の際には，事業者の友人知人が保証人となることが多い。ここでの問題は，商工ローン業者が，当初の小額の融資の段階で，それよりも大きな極度額を有する根保証契約を締結させることである。例えば，事業者たる債務者に200万円を貸す際に，極度額500万円と記載された根保証契約書に，保証人のサインを求めるのである。もちろん，保証人は500万円とはどういうことなのかと尋ねるが，商工ローン業者は，これは融資できる限度枠であり，今回融資するのはあくまでも200万円である，とだけ答える。だが，根保証契約であるから，その後に300万円の追加融資が実行されると，保証人の責任はそこにも及ぶ。つまり，根保証の「根」という一文字が有する意味を正確に説明しないことを通じて，保証人に大きな責任を押しつけているのである。

このとき，保証人は自己の責任内容を正確に認識していないから，極度額一杯の責任追求は不意打ちといえる。そこで多くの裁判例は，**錯誤**（法95条）や **信義則**（法1条2項）を理由に，保証責任を一定の額（特に，保証人が責任を自覚していた部分。上例では200万円）に限定して，保証人を保護している（東京地判平成12〔2000〕年1月26日判時1735号92頁など）。

なお，1998年には，ある商工ローン業者が保証人に対して「目ん玉売れ，腎臓売れ」と恐喝した事件が社会問題化し，翌年12月に貸金業法が改正され，貸金業者の保証人に対する契約締結時

の **説明義務** も強化されている（改正後の貸金業法17条2項，現在では同法16条の2第3項）。

🎐 保証責任の永続性および広汎性

個人保証人を保護する第二の理由は，保証責任の **永続性** および **広汎性** である。これは **根保証** に特有の問題である。というのも，根保証は，一定期間内に継続的に生ずる不特定の債務を担保するものであるから，しばしば保証責任が長期にわたって存続する。また，その間にどれだけの債務が発生するかも明らかではなく，その責任が予想外に巨額なものとなりうる。さらに，当初は予期しえなかった状況の変化（主たる債務者の急激な資力悪化など）が生ずることもある。このように，保証責任が永続性，広汎性という性格を帯びるとき，保証責任は過酷なものとなりうる。また，保証人としては，自己の責任額を予測することもできない。そこで，根保証においては，保証人の不測の損害を防止するために，以下の措置が講じられている。

(1) 身元保証

まず，**身元保証** については，1933年に「身元保証ニ関スル法律」（**身元保証法**，昭和8年法律第42号）が制定されている。身元保証法は，身元保証の存続期間を制限して，その上限を5年とした（身元保証法2条1項）。また，身元保証人の責任を発生，加重させるような状況（「業務上不適任又ハ不誠実ナル事跡」）が主たる債務者（被用者）の側に存するときは，債権者（使用者）は，その旨を遅滞なく保証人に通知すべきものとされた（同法3条）。そして，通知を受けた保証人は，身元保証契約を将来に向かって解約できるものとされた（同法4条）。

さらに，身元保証人の責任および金額については，被用者の監督に関する使用者の過失など，裁判所が一切の事情を斟酌して，これを制限できるものとされている（同法5条）。

(2) 信用保証

　つぎに，保証期間あるいは極度額の定めのない **信用保証** に関し，判例は，その利益状況の類似性に鑑みて，身元保証法に似た保護を与えている。まず，期間の定めのない保証契約は，保証契約の後，相当の期間が経過すれば，将来に向かって解約できる（大判昭和7〔1932〕年12月17日民集11巻2334頁，**任意解約権**）。また，期間の定めがあってもなくても，保証契約後に，主たる債務者の資産状態が急激に悪化するなど著しい事情の変更が生ずれば，その時点で直ちに，保証契約を将来に向かって解約できる（大判昭和9〔1934〕年2月27日民集13巻215頁，**特別解約権**）。

　さらに，保証期間と極度額がいずれも定められていない根保証（これを **包括根保証** という）については，その責任が著しく過酷にならないよう，**信義則** に照らして，裁判所が保証人の責任額を合理的な範囲に制限することが認められる（東京高判平成14〔2002〕年1月23日判時1788号43頁）。

(3) 賃借人の債務の保証

　これに対して，**賃借人の債務の保証** においては，主たる債務が定期的かつ金額の確定した賃料債務を中心とするから，保証人の予期しないような責任が一挙に発生することは稀である。このため，保証人の保護は，身元保証や信用保証に比べて限られたものとなっている。

　具体的には，まず，賃貸借契約および保証契約に期間の定めがなくても，単に相当の期間が経過しただけでは解約権は認められない（大判昭和7〔1932〕年10月11日法律新聞3487号7頁）。

　さらに，借地借家法の適用を受ける建物賃貸借の期間が更新された場合にも，原則として，保証人の責任は更新後の賃貸借にも及ぶ（更新拒絶が簡単には認められず，そのことは保証人も予測できるから）。ただし，賃借人が継続的に賃料の支払いを怠っていることを保証人

に通知せず，いたずらに契約を更新させた上で一時に多額の賃料を請求したようなときは，例外的に，賃貸人の保証人に対する請求は**信義則**に反して許されない（最一小判平成9〔1997〕年11月13日判時1633号81頁）。

　⑷　2017年債権法改正

　その後，2017年の債権法改正は，身元保証，信用保証，賃借人の債務の保証を含む根保証一般に対して，個人が保証人となる場合には，極度額の定めがなければ保証契約は無効になると規定した（民法465条の2，**包括根保証の禁止**）。個人保証人の保護を強化する趣旨である。

経済政策

　最後に，第三として，一定の経済政策から個人保証人が保護される場合がある。

　ここでは，銀行が中小企業（法人）に融資をする際に，その経営者を保証人とする場合が念頭に置かれている。この**経営者保証人**は，主たる債務者（中小企業）の借入れを自ら決定し，その債務状況を十分に認識しているため，先に述べた不測の損害という要素は存在しない。しかし，別の考慮からその保護が必要とされている。

　すなわち，中小企業への融資に際しては，従来より，その経営者を**包括根保証人**とする慣行が存在した。というのも，中小企業においては所有と経営が未分離であることから，経営の危機に際しては，会社財産を隠匿して倒産させ，株主たる経営者は有限責任しか負わないという状況が生じていた。そこで，経営者保証を通じて株主たる経営者の有限責任を否定し（→第9章2），こうした計画倒産を防いでいたのである。また，経営者保証は，会社を破綻させて借金の返済ができなくなった場合に，その会社を経営した人間に責任を取らせる，すなわち経営責任という意味も有していた。

　しかしながら，次第に，経営者保証の負の側面，すなわち，経営

者保証を通じた厳しい責任追求を恐れるあまり，新しく会社を起こ
そうという意欲がそがれることや，破綻に際して倒産手続に着手す
ることが遅れたりするとの弊害が指摘されるようになった。また，
破綻した企業の経営者が多額の借金を抱え，再起が困難となってい
る状況も問題視されるようになってきた。

　そこで，起業の促進および廃業における障害の除去という経済政
策的見地から，2004年に，民法の保証関連規定が改正された。こ
の改正により，銀行の中小企業に対する融資に際して，個人が根保
証契約を締結する場合には（**貸金等根保証契約**），保証期間と極度額
を定めなければならないとされた（**包括根保証の禁止**）。その結果，
経営者保証においても極度額の定めは必須となったのである。

　さらに，2017年の債権法改正は，先述のように，包括根保証禁
止の対象を貸金等根保証から根保証一般に拡張した（法465条の2）。
さらに，事業のために負担した貸金等債務につき，個人が根保証契
約を締結するには，保証人になろうとする者の保証意思は，予め公
証人によって確認されておくべきという，新たな規律を導入した
（法465条の6，**保証意思宣明公正証書**の作成）。これも個人保証人保
護の強化の一環である。

3　個人保証人保護の光と影

　さて，これまでの記述から明らかなように，個人の保証人はさま
ざまな理由と方法で保護されてきた。そして，近時の法改正は，個
人保証人の保護を一層強化している。確かに，保証人の保護を通じ
て，彼・彼女の生活をより安全なものとすることは必要である。こ
れを個人保証人保護の光の部分と呼ぶこともできよう。だが，光あ
るところには影もある。そこで，以下では，従来あまり指摘されて
こなかった，個人保証人保護の影の部分に注目したい。保証人保護

が行き過ぎた場合には，別の問題もまた生じうるからである。

借入れの困難

　まず，当然のことながら，個人保証人の保護が強調されればされるほど，それだけ個人保証に頼る融資は困難となる。

　そもそもの出発点として，債権者は，債務者が返済できない場合の備えたる担保があるからこそ，お金を貸そうと思ったはずである。担保としてとったはずの保証人の責任が制限されるのであれば，債権者としては，抵当権など他の担保に頼るか，あるいは，お金を貸さないという選択肢をとらざるをえない。

　だが，保証という制度は，不動産，動産，債権などの財産を担保として提供できない者にも，なお融資の可能性を開くところに，その重要な意義を有していた。つまり，個人保証人を保護しすぎると，不動産などの財産を有しない者が融資を受けられなくなる，あるいは，不利な条件（短期や高利）でしか融資を受けられなくなる可能性が増加する。借金を背負うことだけでなく，借金ができないことも，また苦しみである。個人保証人の過剰な保護は，こうした借入れの困難を招きうることに，まずもって注意すべきである。

信用保証協会への依存

　もっとも，中小企業が銀行等に融資を申し込む場合には，不動産などの財産を有しなくても，**信用保証協会** を利用することができる。そして，信用保証協会が保証を承諾すれば（**保証承諾** という），多くの場合，銀行は融資に応じる。信用保証協会の財政は税金によって支えられているため，その支払能力に信頼を置くことができるからである。

　さて，信用保証協会の保証を付して貸付けがなされた後，主たる債務者（中小企業）が債務の弁済を怠ると，銀行は信用保証協会に支払いを請求する。そして，銀行からの請求を受けた信用保証協会は，中小企業に代わって債務の弁済をなす（**代位弁済** という）。

この代位弁済により，銀行の中小企業に対する債権が，信用保証協会に移転する。これにより，信用保証協会は，主たる債務者に対する求償権を取得する。だが，信用保証協会の中小企業に対する求償は，不首尾に終わることが多い。銀行に返済できない時点で，その中小企業の経営は困難に直面している可能性が高いからである。たしかに，信用保証協会の中小企業に対する求償権については，中小企業の経営者がその保証人となることもある（求償権保証）。しかし，経営者もまた無資力であれば，求償権保証も効を奏しないのである。

　そうすると，中小企業が借金を返済できず，代位弁済後の求償にも応じられなかったことの損失は，信用保証協会が負担することになる。もっとも，信用保証協会は，求償不能の場合に備えて，政府系金融機関たる**日本政策金融公庫**（日本公庫）との間で保険契約を結んでおり，最終的な損害の大部分（70～90%）は，この日本公庫により塡補される。ところが，日本公庫の財源もまた税金である。

　つまり，信用保証協会の保証に依存するということは，信用保証協会および日本公庫を経由して，結果的に，中小企業の返済不能のつけを納税者にまわすことにつながるのである。果たして，これで良いのだろうか。

　現在の日本社会は，それで良いという答えを出している。我が国の保証承諾の件数および額は，欧米諸国と比べても極めて大きく，2019年度では，数にして67万件，金額では8兆9390億円もの保証承諾が行われている。また，同年度の代位弁済は，3万5000件，3386億円にも上る（全国信用保証協会連合会「日本の信用保証制度2020年」）。

　もちろん，信用保証協会がなければ立ち行かない企業も多く，信用保証協会という制度を完全に否定することはできないだろう。だが，信用保証協会に依存した融資をあまりにも大規模で行うことは，

債権回収不能の最終的なリスクを債権者たる銀行ではなく，契約当事者ではない納税者に負担させること，これを大規模かつ広範囲に行うことを意味する。個人保証人を保護することで，こうした貸付リスクの社会化 を過度に拡大させること対しては，戸惑いを感じざるをえない。

機動的な融資の阻害

最後に，経営者保証人にも包括根保証を禁止するという規律（法465条の2）についても，その妥当性は疑わしい。経営者は，主たる債務者の負担する債務を自ら発生させているから，極度額の定めがなくても，自己の保証責任額を認識できる。そのような経営者が，極度額の定めなく自由に貸付けを実行して欲しいという明確な意思を有し，かつ，銀行の同意が得られた場合にも，なお法律でそのような取引を禁止する必要があるのだろうか。

現行法のように，経営者保証にも極度額の定めは必ず必要だとしてしまうと，極度額を超える融資が必要となった場合には，経営者は，その都度銀行と極度額変更契約を結ばねばならない。だが，極度額変更契約が速やかに締結できるとは限らない。その結果，企業は機動的な融資を受けることができず，緊急な融資を必要とする場合には，ビジネスチャンスを失うことにもなりかねないのである。

現在の課題

このように，個人保証人の保護には，光と影の部分がある。たしかに，保証人を保護してその生活を守ることは，非常に重要なことである。しかし，それとともに，その保護によって波及的にどのような問題が生ずるのかも，併せて考えなければならない。両者のバランスをどのようにとってゆくべきか，それが今後議論されるべき課題である。

そして，こうした問題を考える際には，法学のみならず，経済学や社会学など隣接分野の知識も必要になってくる。これから法学を

学ぶ際には，保証に限らず，色々な問題をさまざまな角度から考えるよう心がけてほしい。そして，そのために，関連する学問領域にも関心をもって欲しい。幅広い勉強を期待している。

〈参考文献〉

① 民法の債権総論の教科書としては，以下のものが代表的である。
(a)内田貴『民法Ⅲ 債権総論・担保物権〔第4版〕』（東京大学出版会，2020年），(b)潮見佳男『プラクティス民法 債権総論〔第5版補訂〕』（信山社，2020年），(c)中田裕康『債権総論〔第4版〕』（岩波書店，2020年）。

② 個人保証人の保護に関しては，次の文献がある。(a)は2004年の法改正，(b)(c)は2017年の法改正を扱う。
(a)齋藤由起「過大な責任からの保証人の保護」ジュリスト1417号（2011年）79頁，(b)今尾真「保証人の保護——その方策の拡充を中心として」安永正昭ほか監修『債権法改正と民法学Ⅱ 債権総論・契約 (1)』（商事法務，2018年）173頁，(c)三枝健治「保証——事業債務の個人保証人の保護を中心に」法学教室481号（2020年）46頁。

③ 債権担保に関する学習を発展させるためには，次の文献が有益である。
森田修『債権回収法講義〔第2版〕』（有斐閣，2011年）。

第9章

会社とその利害関係者

本章のねらい　　　多くの学生は，会社法は難しいという。難解な技術的規定が多いことが一番の原因だろうが，そもそもそういった規定の背後にある関係者の利害状況がよく分からないということもあるかと思う。そこで，本章では，まず会社とは何かを説明した後に（1），会社に対する出資者とその他の利害関係者の立場について説明することで（2・3），この先の読者の勉強の過程で会社法がいろいろややこしいことをいい出す前の準備をしてもらうこととしたい。

1　会社とは何か？——営利社団法人

法　人

「会社」は「法人」の一種である。

法律上の権利や義務の帰属主体となることができる資格を「法人格」といい，法人格を有する者だけが法律関係における主体となることができる。現在の法律上，法人格が認められているのはまずわれわれ生きている人間（自然人）であり，すべての自然人には等しく法人格が認められている（→第3章1）。

自然人以外に法人格が認められているものが「法人」である。法人には，国・地方公共団体（都道府県や市町村），特定の国家的・公共的事業を行うための法人（「国民健康保険組合」など），宗教法人，

学校法人，「○○協同組合」，「一般社団法人○○」，「○○株式会社」などなど，実にさまざまなものがある。民法33条1項は「法人は，この法律その他の法律の規定によらなければ，成立しない」としており，何らかの法律が認めたものだけが法人として法人格を有することになるのだが，そういった法律がわんさとあるわけである。また，それらの法律のなかには，法定の要件を満たすことで法人の設立を認める法律がある。そのような法律によれば（「会社法」もそうである），誰でも法人を設立することが可能であり，実際どんどんと設立されているため，法人はその数も大変多くなっている。

　なお，歴史的に見ると，ある種の団体の社会的実在とか，団体形成への社会的ニーズが法人法の展開の背後にあり，法人格の付与はそのような団体等の存在に国家がお墨つきを与えるような意味合いをもつこともあった。そのような背景のもとで，「法人とは何か」について，かつて大いに議論されていた。しかし，少なくとも現在のわが国の法人については，端的に，権利義務の帰属点を作った方が便利な場合に使われる法技術として理解した方がよいように思われる。本章の説明はそのような割り切りを前提としている。

社団法人

　「会社」は「社団法人」の一種である。

　法人はさまざまな観点から分類されるが，自然人以外の何に法人格が与えられているかという観点からは「社団法人」と「財団法人」とに分類される。社団法人とは人の集まり（団体）に法人格が与えられたものであり，財団法人とはある目的のために拠出された一定の財産の集合（財団）に法人格が与えられたものである。もっとも，社団法人であってもその活動のためには財産が必要であるし，財団法人であっても実際には自然人の行為が介在しないと法人としての活動ができないため，実態として両者はほとんど変わりがないことも多い。筆者の趣味の領域でいえば，囲碁の日本棋院は財団法

人であるが，日本将棋連盟は社団法人である。

🎐 社団法人の構成員＝社員

そもそも，法人を権利義務の帰属点を作る法技術としてみるならば，自然人以外の何かに法人格が与えられているという考え方は必然のものではなく，必要があれば，何もないところに権利義務の帰属点を作ってもおかしなことはない。そういう目で社団法人をみると，社団法人とは人の集まりに法人格が与えられたものというよりは，法が当該法人に構成員＝「社員」（一般的な用語でいう社員・会社員とは異なるので注意）を観念したうえでルールを作っているものといった方が正確だろう。そして，社員とされた者には，自ら社団法人の基本的事項を決定したり，日常的に運営を行う人たち（「理事」とか「取締役」とかいわれる）を選んだりする権限，つまり，社団法人をコントロールする権限が与えられているのである。

ところで，社団法人に限らず，現実に活動している法人にはさまざまな利害関係者が存在する。設立の労をとった人，法人にお金を貸している人，法人と取引をしている人，法人に雇われている人，法人が行う事業で迷惑を被った人などなど，挙げればキリがない。これらの人びとは法人がどのように活動するかによってさまざまな影響を受けることになるが，この法人が社団法人であるということは，このうち誰か（たち）だけがコントロール権を有する社員であり，法人はその人（たち）の意思にもとづき活動するということを意味する。それでは，各種の社団法人において，さまざまな利害関係者のうちいったい誰（たち）が社員として扱われているのだろうか？　そして，それは望ましいコントロール権の所在となっているだろうか？　その答えは社団法人によって異なるし，コントロール権がどのように設計されているかによっても異なるが，この点については後で「会社」について考えることにしよう。

🍃 会 社

「会社」とは「営利社団法人」である。

お金を必要としている人にお金を提供してあげる場合，寄付をするのでなければ，その形態は貸付けか出資になる。貸付けの場合，借りた人は貸した人に同額（＋利子）のお金を返さなければならない。出資の場合，返すべき額は出資金を元手に行われた事業の成果に応じて変動する。変動の仕方は取り決めによってさまざまだが，最悪の場合にはゼロ，うまく行けば何倍にもなる。厳密に区別することはしばしば困難であるが，大雑把にいえば，最初に渡した分を返してもらえなければ文句をいえるのが貸付け，文句を（法的には）いえない代わりにたくさん返してもらえることもあるのが出資ということである。

ある事業を行って収益を上げようとするとき，通常は元手となる財産が必要である。なんらかの法人のもとでそのような事業を行おうとするとき（事業自体は自然人もしくは自然人の集まりでも行うことができるが，ここで法人を利用する動機は，法人の下に事業に関する権利義務を集中させることによる法律関係の単純化や独立財産の形成—法人格が認められることによる直接のメリット—だけでなく，ある種の法人に認められている責任限定のしくみや時として生じる税法上のメリットを利用するため，さらには，単に法人として行った方がイメージがよいかもしれないという誤解（？）など，いろいろとありうる），その法人に一定の財産を集めなければならない。そのために仮に貸付けと出資が行われたとすると，法人という権利義務の帰属点のもとに一定の財産が形成され，当該法人に対して貸付けをした人（債権者）と出資をした人（出資者）がいるという状態になる。「会社」とは，このような場合の出資者を社員として扱う社団法人なのである。また，社団法人たる会社の社員は出資者なので，会社が事業を行って成功すれば，その利益は最終的には社員に帰属することになる。こ

の，社員が利益を享受する点を捉えて，会社は「営利」を目的とすると説かれる。ここでいう「営利」とは，収益事業を行うことではなく，収益事業から生じた利益を社員間で分配するという意味で使われている。

　以上をまとめると，会社とは，出資者が社員とされる法人＝「営利社団法人」である，ということになる。

2　社員としての出資者

なぜ出資者が社員なのか？

　以上のように，会社は出資者を社員とする社団法人として設計されているため，社員となろうとする人（たち）が最初に出資者となって作る必要がある。しかし，現に活動している会社にはさまざまな利害関係者が存在する。先の例では，貸付けをした債権者が利害関係者として存在しているが，社員として扱われていない。では，そもそもなぜ会社は出資者が社員となって作るように設計されているのか？　他の利害関係者がいても出資者を社員として扱い続けることは望ましいことなのか？　これについては，一応，つぎのようにいうことはできる。

　国が法律を作って会社という法人を用意してあげているのは，国が必要以上にいろいろやるよりも，人びとがいろいろな事業を自由に行う方がよいという考え方を前提に（資本主義の基本的な考え方である），会社がその活動を通じて社会全体をより豊かにすることを期待しているからである。社会全体をより豊かにするためには，個々の会社のレベルでもできるだけたくさんの利益が出るようにした方がよい。会社がその事業を通じて上げた利益は，まずは会社の**純資産**（会社のもっている資産から会社が負担している債務を引いたもの）の増加という形で現れる。会社がその純資産をできるだけ増や

そうと頑張るよう，より低いコストで仕向けるためには，そうしたいと考える人に会社のコントロール権を与えればよい。債権者は会社の純資産がいくら増えても一定額の支払しか受けられないが，出資者は債権者に債務を弁済した後に残る純資産を最終的に受け取ることができる立場にあるので，できるだけその額が大きくなるように会社が経営されることを望む。他方，債権者にとっても純資産が大きくて困るということはない。とすれば，出資者を社員とすることで会社のコントロール権を与え，出資者が望むように会社を経営させるようにしておくのがよい……。

　ただし，この説明にもいくつか考えておくべき点がある。それについては3で少し検討しよう。

🎴 会社の債権者に対する社員の責任

　会社法が規定する会社には，大きく分けて「**持分会社**」と「**株式会社**」とがある。両者はいろいろな点で異なるが，それについては先々勉強してもらいたい。違う形態の会社としてこれらが用意されているのは，持分会社が何人かで行う共同事業，株式会社が多くの人びとから出資を集めて大規模に行う事業のためのしくみとして発展してきたことに由来する。現実には小規模な事業のために株式会社が利用されることも多く，そのような現実に合わせて法律のルールも変わってきているため，現在ではそのような歴史的経緯によらなければ合理的な説明ができない違いも多い。

　持分会社は，さらに，会社の債権者に対する社員の責任——会社が会社の債権者に対して弁済できなくなった場合に，社員が会社に代わって支払う義務を負うかという問題——のあり方によって種類が分かれる。債権者は一定額を返せといえる立場にあるが，実際に債務者に十分な財産がないならば（いわゆる破産状態），本来はどうしようもない。にもかかわらず，会社の債権者に対して会社に代わっていくらでも（実際には，自身が破産状態になるまで）払う義務を

負っている社員を「**無限責任社員**」という。これに対して，出資額の範囲内でのみ責任を負う社員を「**有限責任社員**」という。持分会社には，無限責任社員のみの「**合名会社**」，無限責任社員と有限責任社員とがいる「**合資会社**」，そして，有限責任社員のみの「**合同会社**」がある。

　株式会社の社員は全て有限責任社員である。株式会社における出資は社員の地位を均一の割合的単位に分けた「**株式**」というものに対する出資という形をとるため，株式会社の社員は「**株主**」とよばれる。株式に対する出資は最初の段階で必ず全額支払済みとなるようなしくみになっているため，会社の事業がどれだけ失敗しても，株主は最悪でも自分がもっている株式が無価値になるだけですむ。

　ところで，会社という器を使わずに自分が事業主体となって事業を行う場合には，自らが破産するまでは事業のためにお金を貸してくれた人に返済しなければならない。会社の無限責任社員はだいたいそれと同じような立場にある。ところが，有限責任社員は，会社の事業が成功すればその利益を最終的に受け取ることができる立場にありながら，損失が出て会社の債権者に迷惑をかけても知らんぷりできる。これはいかにもずるい感じがするし，後でみるように有限責任には望ましくない効果もある。無限責任社員であっても，まさに自分が主体となって事業を行う場合と同じように利益を上げ，会社の純資産を増やそうという動機をもっているのであるから，合名会社，せいぜい合資会社のような会社を用意しておけば充分なようにも思われる。では，どうしてわざわざ株式会社や合同会社のような会社形態が用意されているのか？

⌬ 有限責任制度の存在意義

　これは大変難しい問題だが，結局のところ，営利社団法人の社員の有限責任制度が世界各国で生き残っている現状に鑑みると，有限責任制度のプラスの効果が有限責任制度の弊害とそれを緩和するた

めの諸制度のコストよりも経験上大きい（と考えられている）からというほかないのかもしれない。では，有限責任制度にはどのようなプラスの効果があるのか？　実際のところ，どれがどれくらい重要なのかは分からないが，以下のようなことが挙げられている。

① 出資者のリスクの限定

まず，よくなされる説明として，出資者のリスクを限定してあげることで，さまざまな人がさまざまな事業にチャレンジすることを促したり，たくさんの人から少しずつ出資を募って大きな事業を行うことを可能にしたりすることができるといわれる。これはわかりやすいが，ちょっと注意が必要である。出資者のリスクを限定するということは，逆にその分，債権者にリスクを負わせているということである。しかし，有限責任制度には弊害もあることに鑑みると，有限責任制度を通じてリスク負担のあり方を変更することが，あらゆる分野のあらゆる事業について望ましいとは到底いえないはずである。したがって，もしこの点に分野を特定しない有限責任制度のプラスの効果があるのだとすれば，リスク配分を変更してチャレンジや大規模な事業を促すことがプラスの効果を持つ事業分野が現に存在し，かつ，そのような事業分野をなんとか国家が特定して有限責任制度を用意するよりも，とりあえずあらゆる事業分野について用意しておいた方がトータルでみるとプラスになるからということになろうか。

② 交渉コストの削減

つぎのようなこともいわれる。出資者と債権者との間でどのようにリスクを分担するのがよいのかは，出資者の状況，債権者の状況，事業の状況等によって異なるが，基本的には（国が決めるのではなくて）当事者が交渉して決めればいいはずである。ただ，当事者の数が多い場合等，すべてを交渉に任せるだけでは大きなコスト（費用・労力）がかかる場合があり，そのため，本来は社員の有限責任

が望ましい場合であってもそれが実現されない可能性もある。しかし，すべての社員が有限責任の会社形態も用意しておけば，場合によってはそのような交渉に要するコストを削減することができる。債権者は，必要であれば，出資者を会社の保証人とすべく個別に交渉したりすることもできるので（実際，小規模な株式会社では株主が保証人となって銀行等からお金を借りている例が多い），社員の有限責任を社員の無限責任と同様にひとつの交渉の出発点として用意しておくに越したことはないということである。

③　監視コストの削減

また，出資者の有限責任には，ある種の監視のためのコストを削減する効果も期待できるかもしれない。たとえば，無限責任社員が複数いる場合，社員はお互いの財産状態を監視せざるを得なくなる。無限責任であっても社員がその責任を果たせるだけの財産を持っていなければそれまでなので，実際にはたくさんの財産を持っている社員ほどたくさんの責任を負うことになるからである。社員が有限責任であれば，こんなことはしなくてもよい。あるいは，社員自身が会社の事業とは無関係な生活や事業によって債務を負うことがありうるが，社員が無限責任を負う場合，社員に対する債権者は会社の事業や財産の状態についても監視せざるを得なくなる（債権者によっては，これは苦手かもしれない）。しかし，社員の有限責任により会社の債務から社員の財産が隔離されていれば，社員の債権者は（もともと得意な）社員の生活や事業に対する監視に専念することができる。

④　株式市場が成立する前提としての意義

さらに，株式会社の社員が有する株式は，（重要な例外的制度もあるが）原則として自由に売買することができる。そして，いわゆる「上場会社」の株式は，さまざまな人の売りと買いが集団的に処理される株式市場において取引されている。そのような市場が成立す

るためには，取引の対象物は誰がもっても同じ金銭的価値（単一価格）を有するものでなければならない。株式は株式会社における社員の地位を均一の割合的単位に分けたものなので，そのひとつひとつは同じ大きさと内容を有しているが，しかし，もし株主の責任が無限責任であるならばその均一性が保てなくなってしまう。先に述べたように，その場合にはよりたくさんの財産を持っている株主ほどたくさんの責任を負うことになってしまうからである。株式市場は社会全体にとっていろいろとプラスの効果をもっているが，株主の有限責任にはそのような市場を成立させるために必要な前提としての意味があるのである。

3　出資者以外の利害関係者

資金供給者としての債権者

では，出資者以外の利害関係者はどのような立場にあるのか？まず，1で出てきた，出資者とともに会社に必要な事業資金を提供している債権者についてみてみよう。

出資者に会社のコントロール権が与えられているのは，会社の純資産を増やす動機を持つのは出資者であり，債権者にとっても純資産が増えて困ることはないからであった。もっとも，事業に失敗の可能性は付き物なので，出資者の望むように会社が経営された結果，純資産がマイナス（会社の資産よりも債務が多い状態）になってしまうことは当然ある。その場合，会社の債務について責任を負う無限責任社員は，なおできるだけマイナスを小さくしたい（＝純資産を大きくしたい）と考えるはずであるが，責任が限定されている有限責任社員はわざわざマイナスを小さくしたいとは思わないはずである。

他方，債権者はマイナスが小さくなればなるほど自分の回収額が

増える関係にある。とすれば，このような状態にいたった場合には，有限責任社員のみの会社ではコントロール権を債権者に与えた方がよさそうである。実際，株式会社や合同会社の純資産がマイナスとなった時には「破産手続」が開始されることがあり，その場合，会社のコントロール権は債権者のために財産を管理する「破産管財人」に移ることになる（これに対して，合名会社や合資会社では純資産がマイナスという理由だけでは破産手続は開始されない）。ただ，実際には会社の財産状態は外からはわかりづらいため，コントロール権の移行のタイミングは遅れがちで，債権者が気づいた時にはすでに壊滅的な状態であったということがよくある。

　社員の有限責任には，債権者にとってさらに困ったことがある。たとえば，失敗すると会社の純資産がマイナスとなる事業を行うかどうかが問題となったとしよう。無限責任社員にコントロールされている会社では，事業の成否による利益と損失，成功と失敗の確率，社員自身がどれくらい損失を覚悟できるかなどの要素を考慮して，社員自身が事業を行う場合と同じような判断がなされることが期待できる。しかし，有限責任社員にコントロールされている会社では，失敗しても社員の損失は出資が無価値になるだけですむので，とりあえずやってみるかということになり易い。とりわけ，すでに会社の純資産がマイナスの場合には，もう失うものは何も無いとして博打的な事業（事業の成否による利益と損失や成功と失敗の確率などを考慮するとやらない方が社会的に望ましい事業）にだって平気で手を出すことになりそうである。要するに，有限責任社員は，失敗したときの損失の一部または全部を債権者に負わせつつ，成功したときの利益を享受することができるので，自分自身で事業を行う場合と比べると事業の選択に歪みが生じてしまうのである。

　以上のように，社員のすべてが有限責任の会社では，そうでない会社や出資者自身が事業主体となる場合と比べて，債権者にとって

いろいろと困ることが出てくる。そこで，会社法は，そのような債権者の不利益を緩和するためのさまざまなしくみや法理を用意しており，社員たる出資者と債権者との間の利害調整は会社法の重要な役割のひとつとなっている。ただ，注意を要するのは，どのような人や会社にお金を貸す場合であっても，資金供給者としての債権者は，リスクを考慮してより高い利子を要求するなど，さまざまな条件について交渉することができるということである。社員がすべて有限責任であることに不安を覚えるのであれば，それなりの対応をすればよい。もっとも，法が一定の債権者保護のしくみや法理を用意しておくことは，交渉や強制に要するコストを削減する等のメリットをもつこともあるので，法が用意することに意味がないわけではない。要は，債権者による自衛に任せる部分と法がカバーする部分との組合せが望ましいものとなっているかについての検討が常に必要だということである。

◢ 不法行為債権者

　以上のように，資金供給者としての債権者については自衛の可能性を考慮しなくてはならない。しかし，債権者にはさまざまな人たちがおり，中にはおよそ事前の交渉による自衛というものが期待できない人たちまでいる。そのもっとも典型的な例が不法行為債権者である。

　不法行為債権者とは，たとえば，会社が垂れ流す有害物質や会社が販売した変な薬によって被害を受け，会社に対して損害賠償請求権を有することとなった人たちである。このような人たちは気づいた時にはすでに被害を受けており，債権者となる段階で交渉するような機会はまったく有していない。

　もっとも，不法行為による被害は世の中に多々あり，加害者が被害者に損害を賠償するのに十分な財産を有していないことも多々ある。ここで問題なのは，社員が有限責任社員のみの会社では，そう

でない場合と比べて，不法行為債権者が事前交渉できないことをいいことに，不法行為責任が生じる可能性が高い事業をより積極的に，しかもより不十分な防止策のもとで行うことになりがちなことである。これを放置しておけば，富を増やす装置として用意された会社がかえって社会全体にご迷惑をおかけしているということにもなりかねない。会社法が用意する債権者保護のしくみや法理の中には一定の場合に有限責任社員にも責任を負わせるものもあるが，それは十分なものではないとして（実際，そうであろう），不法行為債権者との関係では社員の有限責任を否定すべきという方向の議論も行われているところである。ただ，有限責任制度のメリットを損なわないよりよい方法があればその方が望ましいわけで，特定の事業分野に対する行政的介入や強制保険制度（特定の事業を行う会社に保険料を強制的に支払わせて基金を作っておき，被害が生じたらそこから被害者に保険金を支払うしくみ）といった方法との優劣が難しい問題となっている。

従業員

　会社の**従業員**（労働者）は会社から給料をもらうという点では債権者の一種でもあるが，会社で働くことが彼らの日々の暮らしを支えており，また，通常は簡単に仕事を乗り換えることができる立場にはない。したがって，通常の債権者以上に会社がどのように経営されるかについて強い関心を有している。

　ところが，従業員を解雇して事業を縮小したり，やめてしまったりした方が会社の純資産として確保できる額が大きくなるという状況がしばしば現実に生じ，その場合，出資者と従業員の利害は明確に対立することになる。このような事業主体と従業員との間の利害対立は何も会社の場合に限られることではないが，現代経済における会社の存在感の大きさに鑑みたとき，つねに出資者が望むように会社を経営するのが世の中全体にとって望ましいことなのか，疑問

が呈されることがあるのも理由がないことではない。もっとも、会社法を含む法制度全体としてはこのような問題も視野に入れて「よりよい社会」を目指すべきであろうが、会社のコントロール権の再分配等を通じて問題解決を図るのがよいのかはまた別の問題である。現状では、一連の労働法制が主に従業員の保護という形を通じて両者の利害を調整しようとしている。

経営者

　最後は、会社の日々の経営を実際に行っている **経営者** である。持分会社では社員自ら経営に当たることになっているが、株式会社では経営者（取締役）は株主によって選ばれることになっており、選ばれる人は別に株主でなくてもよい。ただし、小規模な会社では、多くの、あるいは全部の株式を有する株主が自ら経営者になっていることが実際には多い。経営者が独立の利害関係者として現れてくるのは、株主がある程度たくさんいて、経営者が経営のプロとして株主から経営を任されている場合である。典型例として、いわゆる「上場会社」の経営者を想定しよう。

　経営者は株主の利益になるように経営する義務を負っている（ただし、これまで指摘してきたような問題から、株主のためだけに経営するということでよいのか、という議論があるにはある）。ところが、経営者がそのような義務を果たさず怠けていたとしても、株主が分散している会社では、各株主は会社の経営にそれほど強く関わろうとしないため（コストをかけてそうしても得られるものが小さすぎるため）、実際に経営者がクビになることはほとんどない。また、経営者に対する株主の評価が低く、その結果、株式市場で形成される株価が低くなった場合には、たくさんの株式を買い占めて経営者をクビにしようとする者が現れる可能性が高くなるが、そういう取引は異常にコストがかかるので、相当に株価が低くならないと現実化しない。他方、経営者としては、自己の利益や地位の安定のために、

大した成果もあげていないのに高い報酬をもらったり，何があっても会社がビクともしないよう，使うあてのないお金を必要以上に会社に貯め込んだり（会社の純資産は一定のルールのもとで株主に配ることができ，使うあてのないお金を配ることは株主の利益になる）した方がよい。

このように，本来株主のために経営する義務を負っている経営者は，自分の利益のために会社を経営する動機があるし，実際そうしようと思えばかなりのことができる立場にある。このような会社では経営者が事実上のコントロール権を持っているともいえ，そのようなズレをできるだけ小さくするためのしくみや法理を用意することも会社法の重要な役割のひとつとなっている。

ややこしい会社法の規定の背後には以上のような人たちの利害対立がある（とくに触れなかったが，社員とされた出資者間の利害対立も大きな問題である）。それを意識することで会社法の勉強も少しはマシなものになると思う。ただ，本章の説明からもわかる通り，関係者の利害調整は「会社法」だけで行われているわけではない。会社法に限らず，いろんな問題をきちんと考える力をつけるためには，いろんなことをたくさん勉強しなければならない。選り好みせず，チャレンジしてもらいたい。

〈参考文献〉
① 神田秀樹『会社法入門〔新版〕』（岩波新書，2015 年）
　会社法全体をカバーした新書。会社法を勉強する前に，全体像をつかむために読んでおくとよい。
② 落合誠一『会社法要説〔第 2 版〕』（有斐閣，2016 年）
　会社法の概説書であるが，本章の内容に関連する問題に多くのページを割いている。

③　藤田友敬「株主の有限責任と債権者保護(1)(2)」法学教室 262 号 81 頁以下・263 号 122 頁以下（2002 年）

　　「法と経済学」の視点から，株主の有限責任制度と会社法における債権者保護について解説する。「法と経済学」の初学者にとってわかりやすいように書かれているが，会社法も初学者の人にとっては少し難しいかもしれない。なお，会社法が大きく変わる前の文献なので，その点は注意をして読んでいただきたい。

④　上村達男『会社法は誰のためにあるのか：人間復興の会社法理』（岩波書店，2021 年）

　　本章の前提にある通説的理解に対する批判の書。

第 10 章

民事訴訟における「既判力」の作用局面

本章のねらい　　民事訴訟における確定判決の効力の 1 つである「既判力」（→第 4 章 2）は，民事訴訟制度を支える根幹だと言われている。既判力がなければ，訴訟で決着したはずのことをいくらでも蒸し返すことができてしまうからである。

　このように制度の根幹をなす概念であるにもかかわらず，最近になって既判力が働くのはどういう局面か，というその基本的な事項に属する問題について論争が提起されるに至っている。本章では，この論争を取り上げて掘り下げることを通じて，読者に民事訴訟法の面白さを伝えることを試みたい。

　内容的には民法の理解とも関係するので難解かもしれないが，民事訴訟法の議論の奥深さや広がり，とりわけ無味乾燥な交通整理の法律でないことを感じてもらうことができたら幸いである。

1 「既判力」とは何か

1. 既判力の基本的内容

　まずは，この論争に立ち入る前提として，そもそもの既判力について教科書等で説明される基本的な内容を確認する。

　(a)　既判力はどういう効力か？

　「既判力」は，一度訴訟（以下「前訴」という）が提起されて判決が出され，その判決が確定した後に，再度訴訟（以下「後訴」とい

う）が提起された場合に，この後訴に対して作用していくことによりその機能を発揮する。そしてその効力の内容は，具体的には後訴を審理する裁判所に対して，前訴確定判決の内容と矛盾する判断をすることを禁ずるというものであると，現在では理解されている。

　(b)　既判力は，判決のどの判断に生じるか？　いつの時点の権利関係を確定するものか？

　判決は，主文と理由により構成されるが，既判力は原則として判決主文で判断された事項についてのみ生じる（民訴法114条1項。→第4章2）。判決主文では訴訟物（→本書70頁）についての判断が示されるので，既判力は，当該訴訟における「訴訟物」たる権利または法律関係の存否についての判決による判断に生じることになる。また，権利や法律関係は刻一刻と変動するため，いつの時点での訴訟物たる権利または法律関係の存否を既判力が確定するかを決める必要があるが，これは確定判決の元となる訴訟の事実審（→本書74頁）の口頭弁論終結時であるとされている（民執法35条2項。この時点のことを既判力の **基準時** という）。つまり，既判力は，確定判決中で示された，確定判決の元となる訴訟の訴訟物たる権利または法律関係の，基準時（事実審口頭弁論終結時）における存在（←請求認容判決の場合）／不存在（←請求棄却判決の場合）の判断について生じる。

　(c)　「既判力」の作用の内容

　既判力は，2つの作用により構成される。一つは，後訴裁判所が，既判力の生じた前訴確定判決の訴訟物についての判断を前提としなければならないとする **積極的作用** である。もう一つは，後訴当事者が，既判力の内容に矛盾する主張・立証ができず，また後訴裁判所もそれを取り上げることができないとする **消極的作用** である。両者のうちでは積極的作用が本体であり，それから消極的作用が派生すると考えられている。

🖋 2.　既判力の制度的意義——紛争の蒸し返しの防止

「既判力」の制度的意義は，上記の通り紛争の蒸し返しの防止にある。このことを「強制執行手続」（→第4章2）の局面を用いて説明しよう。

(a)　「債務名義」に基づく強制執行

AがBに対して200万円を貸したはずだが返してもらえないとする。このとき，AがBに対してこの200万円の貸金返還請求権を有していることを表象し，Bに対して200万円の支払いを命じる「債務名義」をAが取得すれば，Aはこの債務名義を用いて，Bに対して強制執行をかけていける。債務名義に表象される，強制執行の対象となる権利を **執行債権** という。債務名義の典型例は確定判決だが，確定判決に限られない（→第4章2）。

(b)　債務者側が強制執行をとめる手段——執行債権が存在しない場合

しかし，200万円の貸金返還請求権の存在を表象する債務名義が存在したとしても，本当にこの権利が存在するとは限らない。この債務名義成立後にBがAに200万円を支払っている可能性もあるし，そもそも債務名義が間違っている可能性もある。このような場合であっても，Aは債務名義を持っている以上，Bに対して200万円支払いの強制執行をかけていくことができる。しかし，もしこの貸金返還請求権が実は（現在では）存在しないのであれば，AがBから200万円を強制的に回収するのは不当である。このような場合に備えて法は，執行債権たる貸金返還請求権が実は存在しないと主張して，Aによる強制執行を止める手段として **請求異議の訴え** をBに用意している（民執法35条1項）。Bは，Aを被告としてこの請求異議の訴えを提起し，その中で執行債権たる貸金返還請求権が実は存在しないことを主張・立証すれば，強制執行をすることをAに対して禁ずる判決を得ることができる。

(c) 債務名義が「確定判決」である場合の，紛争の蒸し返しの禁止

　しかし，債務名義が確定判決（具体的には，AのBに対する200万円の貸金返還請求訴訟の請求認容の確定判決）である場合にも，Bがどのようなことも請求異議の訴えの理由として主張できる，例えば元の貸金返還請求訴訟で主張した，あるいはできたはずである「自分はそもそもAからお金を借りていない」といったことまで主張できてしまうとすれば，Bはこの請求異議の訴えを用いて，元の訴訟で決着したはずの貸金返還請求権の存否を巡る紛争を蒸し返すことができてしまう。これを封じるのが，既判力である。今の例では，債務名義がA→B訴訟の請求認容確定判決である場合，「A→B訴訟の事実審の口頭弁論終結時（＝上記「基準時」）に，AがBに対して200万円の貸金返還請求権を有していたこと」に既判力が生じ，請求異議の訴えにおいてBはこれに反する主張・立証ができなくなる。その結果，「自分はそもそもAからお金を借りていない」といった主張をすることは封じられ，Bが主張できるのは，上記基準時後に200万円を返した等，上記基準時後に新たに発生した事実（これを**基準時後の新事由**という）に限られることになる。

3. 既判力が作用する局面

(a) 前訴判決の既判力が後訴に作用するのは，どのような場合か？

　既判力が作用する局面には，制限がある。具体的には，①前訴と後訴の**訴訟物が同一**である場合，②前訴の訴訟物が後訴の訴訟物にとっての**前提関係**にある場合，③前訴の訴訟物と後訴の訴訟物が相互に排斥し**矛盾関係**にある場合，の3つの局面に限定されると一般的に理解されている。

(b) それぞれの場合の具体例は何か？

　①の具体例としては，AがBに対して200万円の貸金返還請求権の支払いを求める訴えを提起して請求棄却判決が出て確定したにもかかわらず，再度同請求権の支払いを求めて訴えを提起する，と

いう場合がある。この場合，前訴も後訴も，AのBに対する同一の貸金返還請求権を訴訟物としている。

②の具体例としては，AがBに対して甲土地の所有権を自己が有することの確認を求める訴えを提起して請求認容判決が出て確定した後に，Bが同土地を占有しているとして，Bを被告として所有権に基づき同土地の明渡しを求める訴えを提起する，という場合がある。この場合，前訴の訴訟物はAの甲土地の所有権であり，後訴の訴訟物は，Aの甲土地所有権に基づくBに対する同土地の明渡請求権である。前者は，後者の存在にとっての前提関係にある。

③の具体例としては，AがBに対して甲土地の所有権を自己が有することの確認を求める訴えを提起して請求認容判決が出て確定した後に，BがAに対して同土地の所有権を自己が有することの確認を求める訴えを提起する，という場合がある。この場合，前訴の訴訟物はAの甲土地所有権である。後訴の訴訟物は，Bの同土地所有権である。そして，民法上，同一物の所有権は1人にしか帰属し得ないとされていて（「**一物一権主義**」），甲土地のA所有権とB所有権は相互に排斥する関係に立つため，前訴訴訟物と後訴訴訟物は，矛盾する。

(c) 作用局面の限定の理由と，その意味

このように既判力の作用局面が限定される理由は，以下の通りである。既判力の積極的・消極的の2作用のうち，訴訟物たる権利関係についての前訴判決の判断を後訴が前提としなければならない，とする積極的作用が本体であった（→前出1.(c)）。であるとすれば，既判力が作用するのは，既判力が生じている前訴判決による前訴訴訟物の存否の判断が，後訴の審理において前提問題として意味を有する場合に限られる。そのような場合に該当するのは，上記の①②③の場合に限定される，というわけである。

この既判力の作用局面の限定により，次のことが導かれる。

Ｂが，Ａ所有の甲土地を不法に占有しているとして，ＡがＢを被告として，所有権に基づいて甲土地の明渡しを求める訴え（前訴）を提起して，請求認容判決が出て確定したとする。その後，Ｂが甲土地の所有権を自己が有することの確認の訴え（後訴）を提起し，訴えの根拠として，前訴基準時より前の時点の甲土地のＡからＢへの売却を主張することは，前訴判決の既判力によって封じられるだろうか？（これを 事例１ とする）

　1. (c)で上述した既判力の消極的作用からは，封じられると言ってよいように思われる。前訴の訴訟物は「甲土地の所有権に基づくＡのＢに対する同土地明渡請求権」であり，その前訴基準時の存在に既判力が生じている。その基準時前にＡがＢに甲土地を売却したとすれば，基準時においてＡがＢに対して同土地の所有権に基づく明渡請求権を有するはずがないことになるので，上記主張は，既判力の内容に矛盾すると考えられるからである。

　しかし，結論としては，上記Ｂの主張は既判力によっては封じられないと解されている。理由は， 事例１ が，(a)でみた既判力が作用する局面に該当しないからである。 事例１ の前訴訴訟物は，「甲土地の所有権に基づくＡのＢに対する同土地明渡請求権」である。後訴訴訟物は，「甲土地のＢの所有権」である。そうすると，両者は同一でなく，前者が後者の前提関係にあるわけでもない。また，前者と後者が同時に存在することはあり得ないが，それは前者の根拠となるＡの甲土地所有権とＢの甲土地所有権が相互に排斥関係にあるからであり，「甲土地の所有権に基づくＡのＢに対する同土地明渡請求権」と「甲土地のＢの所有権」とが相互に排斥関係にあるからではない。したがって，③の矛盾関係にも該当しない。(c)冒頭の作用局面限定の根拠に照らしても，前訴判決で示された前訴訴訟物の存否［ＡがＢに対して所有権に基づく甲土地明渡請求権を有するかどうか］は後訴［Ｂが甲土地所有権を有するか］の審

理において前提問題として意味を有しない。よって，　事例1　では，前訴既判力が後訴にそもそも作用しないので，後訴における上記主張が（たとえ既判力の内容に矛盾しても）既判力に封じられることはない。

2　「既判力」の作用範囲を制限的に捉える考え方

1.　事例2

1-3.　で見たとおり，既判力が作用する局面は①②③の3局面に限定されている。では，AがBに対して甲土地の所有権に基づく明渡請求訴訟（「前訴」とする）を提起し，甲土地のA所有権を基礎づける事実としてAが，甲土地の元所有者Cから甲土地を購入したこと（以下「CA売買」という）を主張したが，この主張が排斥されて請求棄却判決が出て確定した後で，Aが再度甲土地の所有権に基づく明渡請求訴訟（「後訴」とする）を提起したとする。後訴において，Aが再度CA売買を主張することは，前訴既判力により封じられるであろうか？（これを　事例2　とする）

2.　事例2　の解決についての一般的な考え方と有力説による批判

事例2　では，Aの上記主張は，前訴既判力により封じられる，とするのが，一般的な考え方である。この場合に前訴既判力が後訴に作用するかどうかについては，①の訴訟物同一の場合に該当し，作用するとされている。前訴も後訴も，訴訟物は「甲土地の所有権に基づくAのBに対する同土地明渡請求権」だからである。

しかし，この一般的な理解に対しては，現在有力な批判が提起されている（山本・25頁，森・295頁）。前訴と後訴の訴訟物は，実は同一ではない，というのである。

何故か？　それは，所有権に基づく明渡請求権の実体法的な構成にかかわる。明渡請求権の元となる所有権は，一旦発生すると，そ

の消滅を基礎づける事実が発生しない限りは同一性を保ちつつ存続し続けると理解されている。つまり、CがAに甲土地を売却すればAの所有権が発生し、その後たとえばAがBに甲土地を売却する等によりAが所有権を失わない限り、そのA所有権は存続し続ける。したがって、ある時点（α）でのAの甲土地所有権と、別の時点（β）でのAの甲土地所有権は、同一のものである。それに対し、所有権に基づく明渡請求権は、ある時点での所有者の所有権と占有者の占有を要件として、その都度発生する（そして消滅していく）と理解されている。α時点でのAのBに対する甲土地所有権に基づく明渡請求権は、α時点でのAの甲土地所有権とBの甲土地占有を要件として発生し、β時点でのAのBに対する甲土地所有権に基づく明渡請求権は、β時点でのAの甲土地所有権とBの甲土地占有を要件として発生する。したがって、α時点でのAのBに対する甲土地所有権に基づく明渡請求権とβ時点でのそれは、発生要件を異にする別の権利である。

そうすると、事例2 の前訴と後訴の訴訟物は、その内容は同じであっても、権利としては別のものであり、上記①にいう訴訟物同一性を満たさない。当然、②の前提関係、③の矛盾関係にも該当しない。作用局面限定の理由に照らしても、後訴において審理対象となるのは、後訴の時点でAが甲土地所有権を有しているか、Bが甲土地を占有しているかであり、それとの関係で、前訴基準時においてAがBに対して甲土地所有権に基づき明渡請求権を有していたことは、前提問題としての意味を有しない。

よって 事例2 の前訴判決の既判力は、後訴には作用しないはずである。だとすれば、Aの上記主張が前訴既判力により封じられることはない。これが、上記の有力な批判の中身である。

3　有力説の検討と考えの方向性

1. 有力説に対する疑問

　上記の有力説の理論は整然としており，異論を差し挟む余地はないようにも思われる。にもかかわらず，その帰結には少なからず違和感を抱かざるをえない。 事例2 で，AがBに対してCA売買を理由にAが甲土地所有権を有しているとして甲土地明渡しを求める訴えを再度提起することは，既判力が封じようとしているはずの紛争の蒸し返しに他ならないからである。もちろん，上記有力説もこの点は意識しており，その解決として，Bが前訴の中で，甲土地の所有権をAが有しないことの確認の訴えを 反訴 として提起しておけば良いとする（このように，同一手続の中で被告の側から訴えを提起することも認められており，これを反訴という）。この反訴の訴訟物は，Aの甲土地所有権であり，したがってこの訴訟物と，後訴訴訟物たるAの所有権に基づくBに対する甲土地明渡請求権は，②の前提関係に該当する。よって，前訴でAに甲土地所有権が属しないことの確認判決を得ておけば，Bは，その既判力の作用として，Aが後訴でCA売買を主張することを封じることができる，という（山本・37頁）。

　しかし，本来受動的な立場にいるはずのBが，Aによる紛争の蒸し返しを防ぐために前訴で反訴を提起しておかなければならない，というのは，やはり釈然としない。さらに，有力説には以下の2つの疑問がある。

(a)　「矛盾関係」では既判力が積極的に作用しているのか？

　1-3.　(a)でみたとおり，③前訴と後訴の訴訟物が矛盾関係に立つ場合が，既判力が作用する局面の一つに数えられている。他方，既判力の作用局面を，これを含む①②③の3局面に限定する理由は，1-1.　(c)でみた既判力の作用のうち積極的作用が本体であり，した

がって，後訴に既判力が作用するのは，前訴訴訟物たる権利関係が，後訴の審理において問題となる場合に限られるべきだからであった。

　この作用局面限定の理由に照らして考えた場合，③の矛盾関係の場合には，果たして前訴訴訟物たる権利関係が，後訴の審理において前提問題となっているのだろうか？

　この点，有力説は，既判力の積極的作用に基づく既判力の効果の一つとして，「阻害効」というもの（論者による造語である。明確な定義はないが，既判力の結果として，訴訟物〔又はその前提となる法律関係〕のある時点での存在が否定されることにより，その権利のそれ以後の存在が否定されるという効力を言うものと考えられる）が導けるとし，1-3. (b)で③の具体例として挙げた，Aの所有権確認請求訴訟vsBの所有権確認請求訴訟の場合について，一物一権主義と前訴既判力によってA所有権の存在が優先されることの帰結として，後訴訴訟物であるBの所有権の前訴基準時以後の存在について「阻害効」が生じること（＝その不存在を前提とせざるを得ないこと）により，既判力の作用を説明できるとする（森・306-7頁）。しかし，後訴たるBの所有権確認訴訟の審理において，本来Aの所有権の存否は前提問題とはならないはずである。にもかかわらず，A所有権存在の既判力が論者にいう「阻害効」を及ぼすというのであれば，既判力の作用が否定されることに一般的に異論がないとされている 事例1 においても，前訴既判力の内容であるAの所有権に基づく明渡請求権の前訴基準時における存在が，後訴訴訟物であるBの所有権の前訴基準時以後の存在について「阻害効」を生じさせるということにならないだろうか。Aの所有権に基づく明渡請求権とBの所有権が相互に排斥する関係には立たないとしても，両者が両立することがないことに変わりはないからである（→1-3. (c)）。矛盾関係の事例で働くとされる「阻害効」が 事例1 で働かない理由が分からないのである。

有力説は，既判力の積極的作用が本体であることを強調するのであるが（山本・26頁），であるとすれば，③の矛盾関係を作用局面に含めることができるのだろうか？　これが疑問の1つ目である。

　(b)　民事執行法35条2項をどう説明するのか？

　民執法35条2項は，1-2. で言及した請求異議の訴えで被告が訴えの根拠とすることができる事由について「確定判決についての異議の事由は，口頭弁論の終結後に生じたものに限る。」と規定している。この規定は，債務名義たる確定判決の既判力の効果として，請求異議の訴えの根拠にできる事由が基準時後の新事由に限られることを示している（したがって，この条文が，既判力の基準時の根拠条文となる。→ 1-1. (b)）。

　だとすれば，AがBを被告として甲土地の所有権に基づく明渡請求訴訟（前訴）を提起して認容確定判決を得，これに基づきBに対して明渡しの強制執行をかけたのに対し，Bが請求異議の訴え（後訴）を提起した場合（これを　事例3　とする），同条文によれば，前訴確定判決の既判力が後訴に作用することによりBが後訴で前訴基準時前の事由を主張することが封じられ，その帰結としてBが後訴の根拠とできる事由が基準時後の新事由に限られることになると思われる。請求異議の訴えの訴訟物は通説によれば，執行債権（＝前訴訴訟物）の不存在を前提とする強制執行に対する異議権だとされており，既判力の3作用局面でいえば，②の前提関係に該当する。

　しかし，上記有力説の考え方を　事例3　に当てはめると，後訴訴訟物の前提となるのは後訴時点での執行債権たるAのBに対する甲土地明渡請求権の不存在であり，その請求権と，前訴の訴訟物であったAのBに対する甲土地明渡請求権は別の権利である。すなわち　事例3　では前訴確定判決の既判力は後訴に作用せず，Bは既判力の内容に矛盾する前訴基準時前の事由（たとえばAはそもそも

甲土地の所有者になったことはない，など）も主張できることになる。これが有力説から帰結される 事例3 の扱いである。

　これは民執法35条2項に反する帰結になりそうだが，有力説はこれをどう説明するのだろうか。これが疑問の2つ目である。有力説によっても，Aが前訴で甲土地の所有権確認を合わせて請求しておけば，その認容確定判決の既判力の効果として，Bによる前訴基準時前の事由の主張を封じることができるが，民執法35条2項にいう「確定判決」は債務名義となる判決，つまり明渡請求に対する判決であると考えるのが素直であり，その判決の既判力の効果としてBの請求異議事由が制限されることを説明できない以上，同条文の規定に反することに相違はない。

2. 止揚的解決

　上述1.の冒頭で見た有力説に対する素朴な違和感が正当であり，また，(a)(b)でみた疑問を有力説がもし解決できないとすれば，有力説の問題提起を，むしろ 事例2 の既判力作用を肯定する方向で止揚していくことが考えられる。

　(a)　既判力の作用局面限定の理由

　そもそも 事例1 での既判力作用は，どうして否定されるのであろうか？　ここで **係争利益** という観点に着目したい。係争利益というのは当該訴訟で問題となっている法的利益である。 事例1 の前訴の係争利益は，甲土地占有権限であり，後訴の係争利益は，甲土地所有権である。そうすると，前訴と後訴の係争利益は同一でなく，かつ，前訴の係争利益の方が小さい。より小さい係争利益についての訴訟の帰結を，より大きな係争利益についての訴訟で前提としなければならない，とすれば，当事者（ここではB）に不測の不利益をもたらす。これが 事例1 での既判力作用否定の実質的理由と考えられる。

(b) 事例2 における既判力作用肯定の可能性

　そうすると，既判力の作用局面が③を含めて３つあり，かつ，それらに限定されることを維持しつつ，その理由を，後訴の審理において前訴訴訟物の存否が前提問題としての意味を持つから，というものから，既判力は，前訴・後訴の係争利益が同一であるか，前訴の係争利益の方が大きい場合にのみ作用させるべきだから，というものに変更するという視点が浮かび上ってくる。

　このような視点に立った場合には，①の訴訟物同一性の基準も，純粋な権利としての同一性によって判断するのではなく，権利の内容が同一であればよいとする考えを導き出すことができる。この考え方によれば， 事例2 の前訴・後訴の訴訟物は，それぞれ別の発生原因に基づく別の権利ではあるが，所有権に基づくBに対するAの甲土地明渡請求という同一の内容を有しているから，①の訴訟物同一の場合に含めることができ，既判力の作用を肯定できる。同じような形で， 事例3 が②の前提関係に該当することも説明できる。

　 事例2 の前訴と後訴の訴訟物は，権利としては同一ではない，という有力説の指摘はおそらく正当である。しかし，にもかかわらず 事例2 の既判力作用を肯定していくという選択肢が，上記のように作用局面の理解を再構成することにより浮上する。

3. 揺り戻しとまとめ

　とは言ったものの，係争利益ないし訴訟物たる権利の内容の同一性という上記の基準が，訴訟物たる権利自体の同一性に代る判断基準として安定的に機能し得るかは，未検証である。また，本稿が3-1. で有力説に対する批判として挙げた２点のうち(b)はよいとしても，(a)については，矛盾関係の事例では前訴訴訟物たるAの所有権自体が後訴訴訟物たるBの所有権を排斥する関係にあるのに対して， 事例1 では，前訴訴訟物たる明渡請求権自体ではなく，その

基礎となるＡの所有権が，後訴訴訟物たるＢの所有権を排斥する関係に立つに過ぎない，という違いがあるのは事実であり，この相違が既判力の作用の区別を導くという可能性は，やはりあるのかもしれない。

上記有力説の問題提起を受けてどう考えるべきかは，もう少し慎重に吟味する必要がありそうである。本稿で示した解決の可能性も含めて，今後の理論の深化が期待される。このように既判力という基礎理論においてすら未だに地殻変動が起こるというダイナミックな学問が民事訴訟法学である。本章がその面白さの一端でも伝えることができていれば幸いである。

〈参考文献〉

※本文中で，一部を「著者の姓・該当頁」で引用した。

① 民事訴訟法の教科書として，以下がある。(a)(b)は法学部生向け，(c)(d)は法科大学院生向けである。

(a)渡部美由紀ほか『民事訴訟法』(日本評論社，2016 年)，(b)安西明子ほか『民事訴訟法〔第 2 版〕』(有斐閣，2018 年)，(c)三木浩一ほか『民事訴訟法〔第 3 版〕』(有斐閣，2018 年)，(d)山本弘ほか『民事訴訟法〔第 3 版〕』(有斐閣，2018 年)。

② 民事訴訟法のものの考え方や面白さがよくわかる文献として，高橋宏志『重点講義民事訴訟法（上・下）〔第 2 版補訂版〕』(有斐閣，2013 〜 2014 年)がある。

③ 本章で扱った既判力の作用範囲に関する文献として，以下がある。(a)は基本的事項を説明したもの，(b)(c)は本文で紹介した有力説による文献である。

(a)八田卓也「既判力の時的限界」名津井吉裕ほか『事例で考える民事訴訟法』(有斐閣，2021 年) 198 頁以下，(b)山本克己「物権的請求権と既判力の作用」法学論叢 182 巻 1・2・3 号 25 頁以下，(c)森宏司「後訴審からみた既判力の作用と口頭弁論終結後の承継人への拡張」加藤新太郎先生古稀祝賀論文集『民事裁判の法理と実践』(弘文堂，2020 年) 295 頁以下。

第11章

ADR の過去・現在・未来

本章のねらい　　　第4章では，法の実現過程の一つとして，裁判制度が紹介された。しかし，同章でも説明された通り，社会紛争は必ずしも国家裁判所のみによって解決されるわけではない。紛争の多くは，関係者の話し合いによって解決に至ったり，あるいは解決とまで言えなくとも沈静化する（示談，民法上の和解契約）。話し合い（示談）がうまく行かなくても，いきなり裁判所に訴えるのではなく，「身近な人に相談する」「地域の問題として町内会等で議論する」「弁護士に相談する」「民間機関や行政機関に相談したり，そこで話し合いを進める」など，紛争に対応する方法はいろいろある。

　そこで，大雑把な分類ではあるが，裁判による紛争解決と，裁判によらない紛争解決を分け，後者を，裁判外紛争処理手続（Alternative Dispute Resolution＝ADR）と呼ぶ。本章では，1でADRのおおよその分類を行い，2でADR発展の経緯（過去）を紹介する。次いで3では，現在特に議論が進んでいる，IT等を用いた裁判外紛争処理（Online Dispute Resolution＝ODR）について，その現状と可能性を概観することを試みる。

1　ADR 概論

ADR とはなにか

「裁判によらない紛争解決」を，一般に ADR と呼ぶ。ADR の存

在自体は新しいものではないが，2001年に公表された「**司法制度改革審議会意見書**」でもADRは注目されており，「ADRが，国民にとって裁判と並ぶ魅力的な選択肢となるよう，その拡充，活性化を図るべきである」と提言された。

　紛争解決手段としての，裁判とADRの違いは色々指摘できるが，その最大の違いは，紛争解決の正しさを何に求めるかにあると思われる。裁判では，民主主義的プロセスを経て定められた法律に拘束された裁判官が，手続法に従ってプロセスを進め，実体法に従って法的判断を行う。このように，「法的に正しい」解決を行うことに，裁判による紛争解決の正しさの根拠を求めてよいと思われる。これに対して，ADRによる紛争解決は，紛争当事者がADRの手続利用を選択し，特定の紛争解決に合意をしたという，当事者の意思に正しさの根拠が求められる。きわめて乱暴に言えば，「当事者がいいと言っているからいい」のだ。このため，完全に強制的なADRというものはなく，プロセスのどこかの時点で，必ず当事者の合意（手続の利用開始への合意や，最終的な紛争解決案への合意）が求められる。

🎐 ADR の種類

　ADRの定義を，本章冒頭のように控除的に（裁判「ではない」もの，という形式で）設ける以上，そこに含まれるものは，論理的にも現実にも多様である。以下，いくつかの分類を用いながらADRの概観を試みる。

(a) 手続の担い手

　第一に，ADRを行う担い手に着目すると，紛争ごとに誰かが手続主宰者になる場合（アドホック**ADR**という）と，常設の機関（**ADR機関**）が手続を主宰する場合がある。後者についてはさらに，ADR機関が民間団体の場合（**民間型ADR**），行政機関の場合（**行政型ADR**），司法機関が裁判ではなくADRを主宰する場合（**司法型**

ADR）に分けられる。

　民間型 ADR の例として，各都道府県の弁護士会や司法書士会，土地家屋調査士会などが設置・運営する ADR や，製造業・金融業等の業界団体が設置・運営する各種 PL センター・金融 ADR 等がある。

　行政型 ADR の例として，公害・環境紛争のための 公害審査会 による斡旋・調停・仲裁や，消費者紛争のための 国民生活センター による和解の仲介・仲裁，都道府県労働局の 紛争調整委員会 や 労働委員会 が行う斡旋などがある。

　司法型 ADR には，簡易裁判所等が行う 民事調停 と，家庭裁判所が行う 家事調停 とがある。司法型 ADR では裁判官が手続に参加するが，裁判官は裁判（法的判断）を行うのではなく，当事者の話し合いを促し，紛争解決案を提案するにとどまるのが原則である（ただし，民調法 17 条，家事法 284 条）。

　(b)　紛争の機序と ADR の守備範囲

　一概には言えないが，多くの紛争は①当事者が自身の置かれた状況を「紛争」であると認知し（認知），②対応のための情報を収集し（検討），③必要に応じて誰かに相談し（相談），④まずは自主交渉によって解決を試みる（交渉）。それでうまく行かなければ，⑤中立な第三者が話し合いを仲介し，紛争解決案を提示することもできるが（調停），それがうまく行かない場合でも，最後に⑥裁判による強制的な紛争解決を行うことは可能である（裁判）。さらにその後，話し合いや裁判で決まった紛争解決内容について，自主的な履行がない場合，⑦可能であれば強制執行手続などを用いて，紛争解決の実現を行う場合もある（実行）。

　このうち，最狭義の ADR は，⑤の「調停」段階を指す。しかし，実際の ADR 機関が行う働きはこれにとどまらない。たとえば後述のとおり，全国の消費生活センターや労働局が設置する相談窓口に

は，多数の相談が寄せられており，②〜③をカバーする重要な役割を果たしている。本章も，相談等まで含めた広義の ADR を論ずる。また，⑤の調停の周縁にも，紛争解決案の提示にまで至らないものの，相手方当事者との話し合いの促進を図る **斡旋** や，紛争解決案に対して一方当事者の同意のみ要求され，相手方当事者の同意は強制される **片面的仲裁** など，細かなバリエーションがある。（また，本章では扱わないが，私的裁判としての「仲裁」もある。→第4章2）

(c) 手続のスタイル

当事者間の紛争に第三者が介入する際のスタイルは，はっきりとした区別ではないが，以下の二つに分けることができる。すなわち，第三者が裁判官のように一定の規範や価値観を紛争に当てはめて，あるべき結論を提示する「評価型」と，第三者は話し合いの交通整理に徹し，当事者の有する規範や価値観を尊重して，自ら結論を提示しない「交渉促進型」である。

評価型は簡易迅速に解決案が得られ，また紛争解決の結果が当事者以外の第三者にも影響を与えるような場合のため，「正しい」紛争解決を志向できるとされる。また，手続の途中で，当事者の「説得」や「教化」が行われることもある。他方で交渉促進型は，当事者のよって立つ立場や主張の背後にある動機や利益を，第三者が丁寧に解きほぐすことで，当事者が相互に互恵的な紛争解決（win-win）に至ることも可能とされる。

2　ADR の過去

ADR はその定義上，裁判によらない多様な紛争解決手段を指す。その手続のあり方や，対象とする紛争類型について，あらかじめ何らかの決まりや制限があるわけではない。そのため，1で示したように，ADR のあり方は，理論上も実際も，捉えどころがないほど

に多様である。

　しかし，少なくとも日本における ADR の歴史をひもとくと，ADR は社会紛争の解決に際して，特徴的な役割を担ってきたように思われる。

◢ 戦前の ADR

　日本において，明治期以前における勧解制度を除けば，最初に訴訟手続外で ADR が活発に利用されたのは，大正期の 借地借家調停法（1922 年）に基づく司法型 ADR だった。同法の立法に際しては，もともと借地借家紛争に対して，裁判による杓子定規な法的解決を行うことへの疑問も背景にあったようだが，実際の制度利用を後押ししたのは，関東大震災（1923 年）による賃貸借問題の増加にあったとされる。また，戦前期には，小作調停法（1924 年）や労働争議調停法（1926 年）など，当時の社会において特徴的な紛争類型に対して ADR が設けられた。

◢ 戦後の ADR

　戦後，個別紛争類型について設けられた種々の司法型調停は，民事調停法（1951 年）によって統一化され，民事調停が民事に関する財産紛争一般の調停を行うことになった（家事紛争は，家事審判法（1947 年。2013 年以降は，家事事件手続法）により家事調停が設けられた）。

　しかしその後も，特徴的な紛争類型に対する ADR の対応例は続く。たとえば，交通事故紛争処理センター（前身は交通事故裁定委員会，1974 年発足）は，当時「交通戦争」と呼ばれるほど深刻化していた交通事故紛争の解決のために設立された民間型 ADR である。近時（2020 年度）も，新規相談が年間 5745 件，斡旋による紛争解決 4394 件，審査による紛争解決 462 件の利用実績がある。交通事故紛争の多くは，センター利用の前に，保険会社等による示談交渉で紛争解決がなされていることを考えれば，高水準の利用実績と言え

るだろう。

　また，調停や斡旋による紛争解決の前段階としての，当事者による相談を見ると，行政機関である **労働局・労働基準監督署** への総合労働相談は，現在（2020年時点）で130万件近く，高水準を維持している（この数字は，ここ10年で大きな変化がない）。消費者問題を扱う **国民生活センター・消費生活センター** でも，現在（2020年度時点）で93万件の相談を受けている。

　近年では，特に日本社会のバブル崩壊以降，大量に生じた倒産事件を，迅速かつ適正に処理するために，**特定調停法**（特定債務等の調整の促進のための特定調停に関する法律）が制定された。特に2000年前後には年間30万件以上の申立てがなされるなど，多くの利用実績がある。

　また，2011年3月11日に発生した東日本大震災，および福島第一原発事故から生じた多数の紛争に対しても，いわゆる震災ADRが設けられ，相当の利用実績を得た。特に，**原子力損害賠償紛争解決センター** は，和解事例を公表する工夫や，被申立人である東京電力による，センターの和解案を尊重する旨の宣言などを背景に，申立件数はピーク時（2014年）に5000件を超え，2020年までに累計で2万6407件の申立てがあり，うち2万件以上について和解が成立するなど，高い実績を上げている。

ニッチとしての ADR ？

　以上，日本におけるADRの発展史を概観すると，どちらかといえば，民事紛争一般についてADRが汎用的・恒常的に用いられるというよりも，その時代ごとに生じる特定の紛争類型への対応に，ADRが利用されることが多いように思われる。

　当該類型の紛争解決を訴訟制度で対応できないことの理由は，時代によりさまざまである。戦前は，リーガリズムが現在より硬直的に理解されていたことへの違和感から，「法律の民衆化」の文脈で

調停制度の利用が提唱された例がある（借地借家調停）。戦後は，交通事故紛争など，量的に訴訟制度が対応できない紛争類型に，ADR が対応する例もあれば，労働法，消費者法など，固有の価値判断が妥当する法領域の紛争に，ADR が対応する例もある。

　関連して，法学においては，法領域ごとにその特徴を代弁する概念として，しばしば人間概念への言及がなされる。個別／集団労働紛争や消費者紛争の特色を語る際にも，「労働者」「消費者」等の人間概念に言及がなされることがある。

　逆に，そのような個別の紛争類型への特化を行わない，一般民事事件を広く扱う ADR は，どのような状況にあるか。

　この点，多くの弁護士会は，紛争類型の限定がない汎用的な ADR を運営するが，一部を除いて利用件数が伸び悩む傾向にあるようである。理由はさまざまなものが考えられるが，汎用的 ADR は，司法型 ADR である民事調停が常に競争相手として存在する点が大きいことを挙げられよう。十分な知名度がなく，また ADR 機関の運営コストを当事者の利用料から賄わなければならない民間 ADR は，利用料の低廉化にも限度があり，当事者にとって魅力ある選択肢となることが困難と言われる。

　他方で民事調停は，主宰者たる裁判所に対する国民の信頼が高いほか，国家が税金によって運営するため，手数料が廉価である。調停が成立した際に作成される調停調書は裁判上の和解と同一の効力を有し（民調法 16 条），そのまま強制執行ができる（民訴法 267 条，民執法 22 条 7 号）点も大きい。実際の申立件数も，年間 3 万件を超える。

　しかし民事調停は近年，訴訟制度に近い手続や結論を志向し，「ミニ裁判」としての性格を強めているとの指摘がされる。すなわち，財産事件全般を扱う汎用的司法型 ADR である民事調停は，訴訟制度との間の法的連携がはかられ，また，調停機関による調停案

の提示自体，適切な事実認定と法適用を踏まえた，裁判と同程度に正当な内容でなければならないとの主張（いわゆる **調停裁判説**）が有力になされる。

訴訟と ADR

ここで，訴訟と ADR とを比較すると，訴訟は国家による終局的・強制的な紛争解決手段であり，他の紛争解決手段が尽きても，最終的な選択肢として常に国民に保障され，一方当事者が訴えを提起すれば，相手方の意思と関わりなく手続が進む。また上述の通り，訴訟による紛争解決は，実体法・手続法の遵守に正しさの源泉を求められる。そこで想定される訴訟当事者も，原則として，自己決定を行い自己責任を負うことのできる合理的主体であり，それは必ずしも現実と一致する保証がない。

これに対して，ADR は強制性のない紛争解決手段であり，現実の紛争当事者が選択し，実際に使ってくれなければ，持続的に運用できない。したがって，想定される紛争類型や利用者の人間像が，現実とある程度一致する必要がある。これは，規範的な要請ではなく，ADR 機関が持続的に運用されるための事実的な条件である。そのための戦略として，特定の紛争類型に特化した手続設計や，特定の紛争当事者ニーズへの応答などは有用であろう。

この点で，ADR を「裁判と並ぶ魅力的な選択肢」にする，という司法制度改革のテーゼには，一定の留保を要することになる。ADR は，終局的・強制的な紛争解決制度である訴訟と，必ずしも同質のものとして「並ぶ」ものではない。また，訴訟はその終局性ゆえに，少なくとも当面は「魅力的」との理由で選択される必要はないが，ADR はまさに「魅力的」でなければ，当事者の選択が望めない。

3　ADR の現在

⌾ ODR（オンライン紛争解決）への注目

　近時，ADR に改めて社会的注目が集まっている。その際の鍵となる概念の一つが，IT 技術を活用した裁判外紛争解決であり，これを ODR（Online Dispute Resolution）と呼ぶ。

　2019 年 6 月に閣議決定された「成長戦略フォローアップ」において，「世界で一番企業が活動しやすい国の実現」の内容に，裁判手続等の全面 IT 化と並んで，「紛争の多様化に対応した我が国のビジネス環境整備として，オンラインでの紛争解決（ODR）など，IT・AI を活用した裁判外紛争解決手続などの民事紛争解決の利用拡充・機能強化に関する検討を行い，基本方針について 2019 年度中に結論を得る。」と記された（同 36-37 頁）。これを受けて，2019 年度に内閣官房において「ODR 活性化検討会」が，2020 年 10 月より法務省において「ODR 推進検討会」が開催され，IT を活用した裁判外紛争解決について立法上の手当てや政策提言等につき，議論がされている。このように，現在は ADR の中でも特に，ODR やリーガル・テクノロジーと呼ばれる分野が注目されており，本章でも，以下では主に ODR に焦点を当てて，その可能性や課題について検討する。

⌾ ODR 論の諸相

　ODR という用語の意味についても，必ずしも定まった定義があるわけではないが，最狭義ではウェブ会議やチャット等を用いた調停手続を指し，広義では，法律相談や権利実現まで（またはさらにそれ以前・それ以後）を幅広く含む，IT を用いた紛争解決手続を意味する。

　ウェブ会議やオンライン上での申立てや記録管理など，IT を用いるという点では，ODR の議論は全ての紛争解決手続と結びつく。

当然，事件類型を限定しない汎用型 ODR も構想可能である。その
ため，ODR それ自体に特有の性質はないという見方も可能である。
しかし，IT の活用によって，従来の ADR では実現し得なかった
簡易迅速な手続や，独自の紛争解決メカニズム，当事者の行為誘発
などを期待する声も大きい。

　ODR による紛争解決のイメージには，大きく分けて二つのもの
があると言われる。

　第一に，紛争解決の手順等は既存の ADR と大きく変わらないが，
ウェブ会議やオンライン申立てシステム等の IT を導入して，その
利便性を向上させるというイメージ（ADR の IT 化）がある。たと
えば，ウェブ会議システム等を用いて紛争解決を行う仕組みは，当
事者が遠隔地にいる紛争においては，当事者の紛争解決コストを大
幅に低減するメリットがある。

　第二に，IT の活用により，これまで実例のなかった新しい紛争
解決手続を創造するというイメージ（新しい紛争解決の創造）がある。
たとえば，和解における合意額案を自動的に算出する仕組みや，
チャットでの交渉において紛争を過熱させるような感情的な内容を
自動的にチェックするシステムなどの例がある。いずれも，アナロ
グで人間が同内容の手続を行うことが不可能ではないものの，コス
ト等の面で現実的ではなかったところ，IT の活用によって実現が
比較的容易になることで，紛争処理におけるさまざまな工夫や自由
な発想が開花することが期待できる。

　第二のイメージの延長線上には，AI を利活用した紛争解決とい
う将来像もある。すでに，2021 年 6 月に政府が発表した「成長戦
略フォローアップ」でも，「オンラインでの紛争解決（ODR）の推
進に向け，AI 技術の活用可能性等の検討を進め，ODR を身近なも
のとするための基本方針を 2021 年度中に策定する。」（同 2 頁）と，
AI への目配せを行っている。ただし現状では，AI が人間に代わっ

て交渉を指揮したり，法的判断を下すことなどは想定されておらず，人間による手続や判断の補助を行うことが期待されている段階である。

ODR と新しい紛争・新しい解決

ODR が，新しい紛争解決を創造できるとして，では，どのような紛争解決を創造すべきか。ここで，ADR は元来，現実の社会紛争や当事者のあり方に対応し，それに対して魅力的でなければ選択されないという，2 の最後で示した課題に再び取り組むことになる。現代社会において特色ある紛争とはどのようなもので，その紛争に対面する現実の当事者（すなわち，他でもない我々）は，どのような人間なのだろうか？　この問いは，もちろん現代社会のすべての紛争や人間（性別，国籍，年齢等）を包摂するものではなく，ODR を特定のターゲットに向かわせるための，限定的な問いである。

現代における我々の生活をふと振り返ると，こんな感じではないだろうか。

今どき，知りたい情報は，ウェブ検索で取得可能である。いちいち図書館へ足を運んだり，電話で問い合わせる必要はほとんどない。外食は，事前にレビューサイトの星の数をチェックすれば，たいていは期待どおりのものを食べられる。リアルで買い物をする場合には，多くの店が電子決済に対応しているので，現金を持ち歩くことは少ない。

だいたい，買いたいものの多くはネット上で買える。ときどき粗悪品をつかむこともあるが，返品や払戻しもネット上で簡単にできる。それで解決できなければ，端的にあきらめる。クレームを言うにしても，相手が海外の業者という場合もあり，面倒だ。よほど高額で代替不能な商品でない限りは，低評価のレビューでも書き込んで，次の良質な商品を探した方が，コスパが良い。というかこれからは，商品やサービスを個別に購入するよりも，評判の良いサブスクを契約したほうが，リスク分散が簡単だ。

ただ，何をするにもスマホは必要だ。スマホは命の次に大事，スマホがなければ生きていけない……。

上記のイメージに共感できる部分も，できない部分もあるだろう。しかし総じて，消費者取引の多くの割合がネット上に移行しており（消費者紛争の相談件数でも，「通信サービス」が最大の相談類型である。消費者庁『令和3年度消費者白書』（「令和3年度消費者政策の実施の状況」）21頁以下），ネットは生活のインフラとして定着しつつあると評価できるだろう。それに従って，ネット上での法的トラブルも増加しつつある。

　ODRがネット上で生じた紛争の解決に向いているという指摘は，すでに多くの論者がするところである。ネットの紛争にも，名誉毀損事件や個人情報漏洩事件など，多様なものがあるが，ここでは特に，**オンライン取引**に起因して生じる紛争を特に取り上げ，その解決手段としてのODRの優位性や特徴について概観する。

　第一に，オンライン取引は，相手方の顔が見えないことが多く，取引時の信頼調達や，トラブル時の対応について，すでにさまざまな工夫がされている。特に，取引の場を提供する事業者（2020年時点で著名なものを挙げれば，amazonや楽天，メルカリなどのプラットフォーマーを挙げられよう）にとっては，自身の**プラットフォーム**上で安心安全に取引できることが，サービス上の優位性となる。よく語られるエピソードとして，アメリカのオークションサイトであるeBayは，自身のサービス内に紛争解決サービスを運営しており（最大で年間6000万件のトラブルを扱う），これによってeBayへの顧客の忠誠度が向上していると言われる。

　第二に，**オンライン取引紛争**は，当事者同士が遠隔地に居住する可能性も高く，現実に対面で交渉することが困難なケースも多い。国境を越えたオンライン取引では，特にそうである（たとえば，国境を越えたオンライン取引が多いEUでは，2013年に採択されたODR規則に基づき，2016年にはEU域内における取引のためのODRプラットフォームが開設されている。また，事業者は自身のウェブサイト上に，

ODRプラットフォームへのリンクを掲示することを義務付けられている）。そのため，オンライン取引紛争では，ODRが事実上，唯一の現実的な解決手段となることもある。

　第三に，オンライン取引のうち，特に消費者同士（いわゆるC to C）で生じる紛争の多くは少額紛争であり，紛争解決のため多大なコストをかける経済合理性に乏しい。上記の例の通り，あきらめて別の商品を買った方が経済合理性に優れる，ということも十分に考えられる。そのような場合に，ベストな解決でなくてもよい，ほどほどの解決内容でもいいから，手っ取り早く紛争を終わらせてしまいたい，というニーズが発生することもあり得る。

　第四に，一部のプラットフォーム（特に消費者を利用者とするもの）では，紛争解決内容の判断だけでなく，その内容の具体的実現まで担当することがある。たとえば，**エスクロー**（第三者が契約を仲介して取引の安全を担保するため，取引がトラブルなく完了するまで代金を第三者が預かる手法を指す）は，個人間のネット取引を仲介するプラットフォームにおいてよく使われる仕組みである。そのほか，クレジットカードの**チャージバック**（事業者に対する支払いの取消し）による処理を用いたり，簡単な証拠だけでプラットフォーマー自身が補償を行う例もある。

　「ユーザーが相手方事業者の低評価レビューを書き込む」というのも，間接的なトラブル処理の方法であろう。ネットによる情報取得が日常化した現代では，ネット上での低評価が，事業者にとって死活問題となりかねず，これが威嚇となって，事業者が自主的にトラブル対応を高質化させ，トラブル発生を回避することがあり得る。反対に，トラブルを繰り返す一般ユーザーも，プラットフォームからアカウント凍結等の制裁を受ける可能性もあり，そのリスクがユーザーの行動を自主的に制限させること（萎縮）も考えられる。

　ただし，エスクローの期間やチャージバックの条件，ネット上の

レビューのルール，アカウント凍結条件等がどのようなものであるべきか（サービス利用に係る約款に定められていれば，どのような設計でも法的に問題がないか。強行法規によって規制すべき，不適切な設計があり得るか等）についての規範的議論は現在進行中である。威嚇等で間接的な権利実現を図る手法が，紛争当事者に対する行為規制として適切かも，検討を要する。

🌐 ADR／ODR の未来？

　現代の我々が，デジタル・フラットフォームの提供する（安逸な）環境にどっぷりと浸かり，そこで生じるトラブルの解決に，ODRが大活躍する未来を想像してみよう。ODR（または，IT の導入が進んだ民事紛争処理全体）の未来は決して明らかではないが，若干想像をたくましくすると，たとえば，以下のイメージを描くことができそうである。

　まず，最新の IT を活用した新たな紛争解決の創造としてのODR の出現・発展が期待される。紛争類型の特殊性ごとに，簡易迅速な手続が整備されれば，これまで放置されていた紛争も適切に処理され，多くの紛争は深刻化する前に解決されることが期待できる。また現在，**民事判決情報のオープンデータ化** 構想なども進んでおり，今後，AI に十分な教科書データを与えることによって，簡易な判決予測や判断支援などが行われることも期待される。

　ODR と併行して，社会に AI の活用が浸透するとどうなるか。AI が行うのは，過去の教科書データから「正解」を予測する作業である。しかし，民事紛争処理において目指されるのは，「正解」の発見ではない。したがって，社会紛争に対して最終的な判断を下すのは，あくまでも人間であることが前提だが，簡易迅速な判断予測が可能になれば，紛争処理のコストを引き下げるだけでなく，予測可能性の向上に応じた紛争回避行動や，紛争予防行動なども高度化するだろう。また，最終的な判断内容に至る前の，当事者の紛争

行動も，今後 ビッグデータ として集積・分析されることも考えられ，それもまた市場，規範，テクノロジー等，当事者にとっての環境設計に用いられる可能性がある。

　また，法律関係の成立・トラブル発生・トラブル処理・（決済システム等を通じた）権利実現のすべてが，プラットフォーム等の上で完結するならば，トラブル自体が起こりにくい社会が形成されることも期待できる。万が一トラブルが起きても，決済手段などによる確実な権利実現を期待できる。特に問題の多い取引行動は，プラットフォーム上の行為選択肢から抹消することで，そのような行動を取れなくすることも考えられる。

　そもそも，リスクのない紛争処理が行われることを十分に信頼できるならば，取引上の個々のインシデント（たとえば，商品の未着や瑕疵，代金不払いなど）を，当事者が紛争として認知するか自体，疑問である。ODR は，紛争発生時に利用されるべき選択肢ですらなく，紛争予防・回避・沈静化をトータルに行うテクノロジーとして，当事者を包む環境全体の一部に溶け込むだろう。

　これらのイメージは，「紛争が激化せず，発生せず，意識されない」社会の成立を志向している。ODR が将来，紛争予防 を志向することはすでに指摘されていることでもある。日本も実現を目指しているデータ駆動型社会（Society 5.0 など）において，より周到な社会設計がなされ，紛争が生じにくくなることは，可能性として考えられる。それを支えるのは，我々の日々の紛争処理の結果や，取引行動・紛争行動がデータ化され，プラットフォームや制度の設計へとフィードバックされ，それらが個々の市民の生活環境全体に浸透することで，より予測可能性が高い社会へ至る，データ駆動型社会全体の仕組みであろう。

　この未来像は，テクノロジーが社会正義と法的安定性をもたらすユートピアだろうか，個々人が行動情報を暴かれ，環境設計者によ

って個人の行動を馴致されてゆくディストピアだろうか。この問題は近時，アーキテクチャ概念・ナッジ概念等を鍵概念として議論されてきた問題の一変奏であり，ひいては技術と人間の関係についての普遍的な問題系にも連なるだろう。

〈参考文献〉

① 日本において代表的な ADR の概説書として，山本和彦・山田文『ADR 仲裁法〔第 2 版〕』（日本評論社，2015 年）

② 日本における ADR 論の充実した研究書として，早川吉尚・山田文・濱野亮編『ADR の基本的視座』（信山社，2004 年）

③ 近時の日本における ADR の課題と展望をまとめた特集として，「（特集）ADR にもっと光を」法の支配 178 号（2015 年）2 頁

④ 本章の後半で紹介した ODR について，諸外国の状況も含めた総論的な解説として，渡邊真由「諸外国における ODR の状況および日本での ODR の普及に向けて」NBL1197 号（2021 年）21 頁

第 **12** 章

刑罰権の濫用防止と厳罰化

本章のねらい　　　本章の目標は，犯罪と刑罰に関する基礎知識を習得して，刑法という法律の特徴を把握することにある。

　刑法が他の法律と決定的に異なるのは，何といっても違反した際に科される制裁の過酷さである。賛否両論あるものの，現行刑法は死刑を規定しており，特定の重大な犯罪を行うと，生命まで奪われうる。それゆえ，刑法の解釈に際しては，これらの刑罰が決して濫用されることのないよう，他の法にはない特別な考慮が必要になる。

　他方，近時，交通事犯をはじめとして，さまざまな領域で厳罰化が行われている。厳罰化による刑罰の積極的活用が何をもたらすのか。これらの検討を通して，読者の皆さんに，刑罰のもつ意味について，さらには，社会において刑法が果たすべき役割について，改めて考えてもらいたい。

1　刑法とは何か

刑法の意義

　刑法と聞くと，「刑法（明治 40〔1907〕年 4 月 24 日法律第 45 号）」すなわち「刑法典」を思い浮かべる人が多いであろう（狭義の刑法）。しかし，広い意味で刑法という場合，刑法とは，犯罪と刑罰について定めた法律全般を指す（広義の刑法）。したがって，広義の刑法には，「刑法典」のほか，「暴力行為等処罰ニ関スル法律」のように，

刑法典に準じる内容を別法で規定したものや，道路交通法のように，罰則のついた行政取締法規も含まれる。広義の刑法にも，「刑法典」第1編の総則規定が適用される。

刑法の基本原理

現在妥当している基本原理の多くは，国民が刑罰の恐怖に晒されていたアンシャン・レジーム（旧体制）期に対する歴史的反省から生まれている。以下の3つの基本原理は，いずれも，刑罰権の濫用から国民を守るためのものであり，その意味では，刑罰法規が氾濫する現代においても重要な意味をもつ。

基本原理の1つ目は，**罪刑法定主義** である。これは，ある行為が処罰されるためには，その行為の実行以前に当該行為が法律で犯罪と定められ，かつ，科されるべき刑罰の種類と程度も同様に法律で定められていなければならないとする原理（「法律なければ犯罪なく，刑罰なし」）である。

この原理には，2つの意義がある。1つは，刑罰権の発動を国民の意思である法律によって制約するという民主主義的側面，もう1つは，国民に対してどのような行為が処罰対象になるのか予測を可能にするよう適正な告知をするという自由主義的側面である。すなわち，法律の制定によって犯罪と刑罰に関して国民自らが決めること，および，それを公布することによって国民があらかじめその内容について知ること，この2つによって刑罰権の濫用を防ごうとするのが罪刑法定主義である。罪刑法定主義は，一部の権力者が恣意的に刑罰権を発動する，**罪刑専断主義** に対抗する原理である。

ここから，さまざまな派生原理が導かれる。たとえば，犯罪と刑罰は原則として国会が制定する法律で定められなければならず（罪刑法律主義），したがって，民主的正当性に疑問がある慣習刑法は排除され，犯罪と刑罰の具体的内容を命令等の下位規範に白紙委任すること（白地刑罰法規）も禁止される。また，実行時に適法であ

った行為が，事後に制定された法律で処罰されてはならず（刑罰法規の不遡及），事後法による重罰化も禁止される。さらに，刑の種類と刑期をまったく定めないままで刑罰を科すこと（絶対的不定期刑）も許されず，価値的同一性を根拠に本来条文には明記されていない行為に刑罰法規を適用すること（類推解釈）も禁じられている。近時では，罪刑法定の中身まで問われるようになっている。すなわち，刑罰法規は，その内容が合理的（刑法の基本原理に適ったものであること，罪刑が均衡していることなど）であり，かつ，明確性を有していなければならないとされる。

　基本原理の2つ目は，**行為主義** である。この原理は，刑法が犯罪としうる対象を人間の外部的行為に限定するもので，行為に現れない思想・信条の処罰を禁止する。行為主義に従えば，犯罪の本質は，行為者の性格の危険性・反社会性にではなく，実際に実行された個々の行為に存することになる。このように，行為主義は，行為者ではなく行為に着目することで，内心の自由を刑罰の脅威から解放するという意義を有している。

　基本原理の3つ目は，**責任主義** である。責任主義は，狭義では，故意・過失がなければ犯罪は成立しないということを意味するが，広義では，責任能力，違法性の意識（ないしその可能性），期待可能性等が欠落する場合の不処罰も含む。ここから，結果責任の排除，連座・縁座の禁止などが導かれ，行為主義と相まって，自分の行った当該行為についてのみ責任を問われるという個別行為責任が貫徹される。

刑法の機能

　一般的に，刑法には3つの機能があるといわれている。

　第一の機能が，**法益保護機能** である。たとえば，刑法199条は，「人を殺した者は，死刑又は無期若しくは5年以上の懲役に処する」と規定している。この規定は，人を殺した者に所定の刑罰を科すと

宣言することで，人の生命に対する侵害を禁止し，その結果，人の生命という法益（法の保護する利益）を保護している。この機能を刑法の法益保護機能とよぶ。

第二の機能が，**自由保障機能** である。これは，法律で何が処罰されるかをあらかじめ定めることで国民の自由を保障しようとするものであって，上で述べた罪刑法定主義の自由主義的側面に対応する。罪刑法定主義に基づいて，どのような行為に出るとどのような刑罰を受けるのかが国民に対して法律で事前に示されていなければならない。これによって，いいかえれば，法律で処罰対象として明示されていない行為をしても処罰されることはないという意味で，国民の行動の自由が保障されることになる。

第三の機能は，**規律（規制）機能** で，犯罪と刑罰の関係を法律に明記することによって，国民に対して法的にあるべき姿を示し，国民の行動を一定の方向に規律（規制）するというものである。もっとも，この第三の機能については，異論もある。すなわち，刑法は犯罪を予防すればよいのであって，それ以上に「立派な市民になれ」というところまで刑法が担う必要はないのではないかという疑問が提起されている。これは，刑法という法律に何を求めるか，どこまでの機能を期待するかにかかわる問題である。

2　犯罪とは何か

犯罪の意義

犯罪の概念は多義的で，たとえば，犯罪とは，刑法が規定している悪質で許されない行為だということもできようが，法的な定義としては，構成要件に該当する違法かつ有責な行為であるということではほぼ一致している。したがって，犯罪の成立要件は，構成要件該当性，違法性，および，責任の3つということになる（「行為」を別

途，要件に数えれば4つになる）。

　犯罪の成否を吟味する際，構成要件該当性，違法性，責任の順番でそれぞれ検討される。この順序は，形式的判断から実質的判断へ，客観的判断から主観的判断へという流れであり，形式的・客観的に振るい落とせるものをまず振るい落とした上で，行為者の主観面に関する実質的判断を最後に行うことで無用な人権侵害を回避しようとするものである。

構成要件該当性

　構成要件該当性は，刑法が処罰している行為類型に当てはまるかどうかという大きな枠組みの判断である。この判断は，形式的・客観的に行われる。構成要件の要素としては，主体，客体，行為，結果，因果関係，行為状況等がある。

　構成要件の機能には，次の3つがある。

　第一に，**犯罪個別化機能** である。構成要件該当性判断を行うことで，犯罪と非犯罪，または，ある犯罪と他の犯罪を区別することが可能になる。

　第二に，**故意規制機能** である。構成要件該当事実の認識が故意であるとすれば，故意の認識対象は構成要件該当事実ということになる。つまり，構成要件は，故意の認識対象を示すという役割を担っている。

　第三に，**違法性推定機能** である。構成要件は違法な行為を類型化したものであるから，構成要件に該当すると，当該行為が違法であるという推定を受けることになる。

違法性

　つぎに，構成要件に該当した行為について，当該行為が実質的・客観的にみて違法といえるかを判断しなければならない。それが違法性の段階である。たとえば，正当防衛で侵害者に傷害を負わせた場合，当該行為は傷害罪（刑法204条）の構成要件に該当し違法性

が推定されるが，正当防衛（法36条1項）の故に違法性が阻却され適法となる。このように，違法性段階では，構成要件該当性によって推定された違法性が本当に存在しているかどうかを確認する作業が行われる。

　問題は，違法性の実質は何かということであるが，大きく分けて2つのアプローチがある。すなわち，行為が違法とする考え方（**行為無価値論**）と結果が違法とする考え方（**結果無価値論**）が対立している。前者では，違法性を基礎づけるのは，社会倫理規範に違反する行為とされ，後者では，行為によって惹起される法益侵害およびその危険とされる。もっとも，殺人罪（法199条）の違法性を基礎づけるのは，人を殺害するという行為なのか，人の死という結果なのかといったところでそれほどの違いはないようにも思える。しかし，客観的には正当防衛状況にあるにもかかわらず，行為者がそれを認識することなく「防衛」行為に出たような場合（偶然防衛），違法性の捉え方次第で結論に差異が生じる。行為無価値論からすれば，当該行為者は正当防衛状況を認識していなかった以上，単なる加害行為をしただけであり，正当防衛は成立せず，違法となる。これに対して，結果無価値論によれば，客観的状況が正当防衛で，防衛行為によって法益が保全される限り，当該行為者における正当防衛状況の認識の有無とは関係なく，正当防衛が成立し，適法となる。

責　任

　構成要件に該当する違法な行為をした当該行為者に責任非難が向けられるかどうかを実質的・主観的に判断するのが，責任の段階である。たとえば，正当防衛等の違法阻却事由がない状況であっても，他人を殺害した行為者が行為時に心神喪失状態であった場合，当該行為者に責任非難は向けられず，不処罰（法39条1項）となる。

　現行刑法は，故意犯処罰を原則としており，過失犯を処罰するには特別に規定を置かなければならない（法38条1項）。したがって，

うっかり他人所有の壺を壊してしまった場合でも，過失器物損壊を処罰する規定はないので，この損壊行為は不処罰となる。また，自動車を運転していて歩行者と接触事故を起こし，歩行者を死亡させた場合，当該歩行者を殺害しようという故意があれば，殺人罪（法199条），殺すつもりはないものの怪我をさせる故意があれば，傷害致死罪（法205条），過失しかなければ，過失運転致死罪（自動車運転死傷行為処罰法5条），無過失であれば，不処罰である。

3 刑罰とは何か

刑罰の意義

刑罰には，死刑，懲役，禁錮，罰金，拘留，科料および没収の7種類がある（法9条）。この内，没収以外の6種が主刑で，主刑は単独で科されうるが，没収は付加刑とされており，付加刑は主刑に伴ってしか科すことができない。このように，現行刑法では，特定の重大な犯罪に対する制裁として生命剥奪まで可能となっている。死刑をはじめとするこの制裁の過酷さが他の法律にはない刑法の特徴であり，そうであるが故に，刑罰権が濫用されることのないよう，さまざまな縛りが必要になる。

刑罰は，「副作用の強い劇薬」に例えられることがある。風邪のような軽い病気に劇薬は投与されるべきでなく，仮に劇薬の投与を要する疾病でも，必要以上に投与されてはならない。これを刑罰に置き換えてみると，刑罰は，それ以外の統制手段で処理できる場合には投入されるべきではなく（**刑罰の補充性**），刑罰が投入されるべき場合にも，その投入は必要最小限にとどめなければならない（**刑罰の謙抑性**）ということになる。

ところで，そもそもなぜこのような制裁を科すことが許されるのであろうか。刑罰の正当化根拠には，大きく分けて2つの考え方が

ある。

1つは，犯罪を行った者は当然の報いとして刑罰を受けなければ
ならず，刑罰はそれ自体正義の実現であるという考え方で，**応報刑
論**といわれる。

もう1つは，刑罰も何らかの目的に仕えてはじめて正当化される
とし，犯罪予防目的がその根拠であるという考え方で，**目的刑論**と
いわれる。さらに，この目的をめぐって，国民一般を犯罪から遠ざ
ける効果に着目する一般予防論と，実際に犯罪を行った人に対する
再犯防止効果に着目する特別予防論がある。

🖊 生命刑

上述の通り，現行刑法は，生命剥奪刑である死刑（法11条）を
規定している。世論調査の結果をふまえ，政府は国民の圧倒的多数
が死刑の存置を望んでいるとしているが（→ note 日本国民の圧倒的
大多数が死刑の存続を望んでいる？），死刑の存廃については，依然，
激しい対立がみられる。死刑は，応報に根ざした正義の要求か，非
人道的刑罰かという基本的立場の違いのほか，死刑に犯罪を防止す
る威嚇力があるか，遺族の応報感情をどう捉えるか，凶悪な犯罪者
は社会から隔離するべきか，誤判・冤罪の可能性をどう捉えるか等
で，両者は対立している。最近では，受刑者の改善・教化を職とす
る刑務官に死刑執行を担当させることが問題視されることもある。

🖊 自由刑

現行刑法の自由刑は，懲役（法12条），禁錮（法13条），拘留（法
16条）の3種である。自由刑には，危険な犯罪者を社会から隔離す
る効果，犯罪者を悪しき社会環境から離脱させる効果，苦痛の平等
性のほか，刑務所に物的・人的資源を集中させることによって，社
会復帰に向けた総合的処遇が可能になる等の長所がある。その一方
で，社会から隔離されることによる社会不適応，家族関係や社会関
係の崩壊，および，刑務所内での悪風感染から生じる犯罪性の進行，

さらには，「刑務所帰り」のレッテルを貼られるといった短所も伴う。

とりわけ，近時では，短期自由刑の弊害がクローズアップされる。短期自由刑は，期間内に十分な処遇ができず，犯罪抑止力が期待できない等，自由刑の長所がみられないにもかかわらず，上述の短所だけはもち合わせている。したがって，可能な限り，短期自由刑の宣告は回避されなければならず，そのために，執行猶予（法25条以下）の活用，罰金刑の適用拡大といった方法が模索されている。

🦪 財産刑

現行刑法の財産刑としては，罰金（法15条），科料（法17条），没収（法19条）がある。罰金および科料には，短期自由刑の弊害回避等の長所もあるが，短所も多い。一番の問題は，苦痛の不平等性である。たとえば，同じ50万円の罰金でも，年商数十億の企業の経営者とその日暮らしの者とでは明らかに刑罰の感銘力に差が生じる。さらに，罰金および科料が支払えない場合，対象者は労役場に留置されることになり（法18条），経済状況次第では，財産刑が自由刑に転化するという事態に陥る。この点を揶揄して，「金持ちがポケットから払うものを貧者は身体で払う」と表現されることもある。また，罰金および科料には，本人以外の者が代わりに支払う，いわゆる身代わり納付という問題もつきまとう。

(note) 日本国民の圧倒的大多数が死刑の存続を望んでいる？

政府が日本国民の大多数は死刑存置を望んでいるという際に，その根拠とされているのが，5年に1度実施される，内閣府による「基本的法制度に関する世論調査」（直近のものは，2020〔令和元〕年11月）である。

そこでは，死刑制度の存廃について，つぎのようなアンケートが行われている。

・死刑制度の存廃

死刑制度に関して，「死刑は廃止すべきである」，「死刑もやむを得ない」という意見があるが，どちらの意見に賛成か。

「死刑は廃止すべきである」9.0%

「死刑もやむを得ない」80.8%

・将来も死刑存置か（「死刑もやむを得ない」と答えた者対象）

「将来も死刑を廃止しない」54.4%

「状況が変われば，将来的には，死刑を廃止してもよい」39.9%

　アンケート調査は，聞き方次第で結論をある程度誘導することができる。本世論調査では，死刑制度の存廃に関する質問において，選択肢の立て方が中立的でなく，若干存置方向に誘導しようとしているようにも見える。本来，中立的に聞くとすれば，「死刑は廃止すべきである」，「死刑は存置すべきである」という選択肢を立てることになろう。また，将来も死刑存置か否かの質問で，「場合によっては死刑もやむを得ない」と答えた者の中に，「状況が変われば，将来的には，死刑を廃止してもよい」という者が相当数含まれていることも看過されてはならない。上記アンケート結果を基に，将来的にも死刑を存置すべきとする死刑存置論と将来的廃止も含めた死刑廃止論の比率を算出すると，前者が44.0%，後者が41.2%であり，両者は拮抗しているとすらいえる。

　もとより，死刑存廃論は，どちらか一方が絶対的に正しくて他方が間違っているという性質のものではない。ただ，この世論調査の死刑存廃に関する回答結果のみを根拠に，国民の80%以上が死刑存置を望んでいるとする見方は客観性・合理性を欠いているであろう。

4　厳罰化とその効果

厳罰化の功罪

　「凶悪な犯罪が増えている。刑罰をもっと重くすべきだ。」といった主張を最近よく耳にする。これは，犯罪被害者等の心情に鑑みれば，ある種の説得性をもつ主張ではある。しかし，そもそも凶悪犯罪が本当に増えているのかを確認する必要がある。いわゆる体感治安の悪化は，マスコミがセンセーショナルな事件ばかりを取り上げ

ることと無関係ではない。

　生命刑で何かが解決するのか，自由刑を科しても再犯は起こり続け，財産刑にも根本的な不平等さが残る。結局，刑罰を科す際には，単に「悪い奴を野放しにするな。懲らしめろ。」というだけではなく，各刑罰の長所と短所が顧慮されなければならない。

　たとえば，近時，危険運転致死傷罪の創設から自動車運転死傷行為処罰法の制定まで，交通事犯に対する厳罰化傾向が顕著であるが，皮肉なことに，これらの重罰化によって生じたのは，ひき逃げの増加である。刑罰が重くなると，「ばれたら一巻の終わり」だと考えて，加害者は事故現場から逃走するようになる。さらに飲酒運転だと，危険運転致死傷罪の適用を免れようとして，酔いが覚めてから出頭するというケースが後を絶たない。事故を起こしたそのときに直ちに救助していれば助かったかもしれない被害者の生命が，重罰化によって奪われてしまうという本末転倒な事態が起こっている。これなどはまさに重罰化の弊害であり，刑罰を重くすればそれだけで対処できるわけではないことの何よりの証左であろう。

　犯罪予防は，刑罰のみに頼ってはならない。フランツ・フォン・リスト（1851-1919）がいうように，「最良の刑事政策は社会政策である」。重罰化はそれほどコストがかからず，「国家は重大犯罪に対処してくれている」という印象を国民に与えることができる。しかし，重罰化は問題の根本的な解決にはならない。たとえば，痴漢，ひったくりを減らすためには，強制わいせつ罪や窃盗罪・強盗罪の法定刑を引き上げるよりも，痴漢，ひったくりのよく起こる暗い夜道に電灯をつける方が効果的である。また，再犯防止のためには，刑の再犯加重を強化するよりも，出所後の居住場所や就職先の確保の方が重要なのは間違いない。社会政策は，時間もコストもかかるが，重罰化よりもはるかに有効である。

5　罪刑法定主義の現状

🦚 不真正不作為犯論

　厳罰化は，立法によらずして起こることもある。場合によっては，解釈による厳罰化も生じうる。本来，刑法解釈論は，刑法規定の文言にしたがって，すなわち，罪刑法定主義に忠実になされるべきものであるが，ときとして，文言を離れた形で，厳罰化方向の解釈が展開され，これが判例・通説として定着することがある。

　その一例として，不真正不作為犯論が挙げられる。不真正不作為犯は，従来，「不作為による作為犯」と呼ばれ，「不作為が作為犯処罰規定によって処罰される場合」のことを指していた。たとえば，生まれて間もない我が子に栄養を与えず，殺意をもってこの子を餓死させた母親に対して，作為の殺人を処罰する殺人罪の規定（法199条）を適用することができるかが問題とされた。

　しかし，この意味での不真正不作為犯の処罰を肯定することは，真っ向から罪刑法定主義に抵触する。作為と価値的に同等の不作為を作為と同視して，これに作為犯処罰規定を適用することは，被告人に不利益な類推適用であって，罪刑法定主義上，許されない。

　もっとも，近時では，上の批判を意識して，「条文は作為犯を対象としているように見えるが，一定の範囲で例外的に，不作為も含まれている場合」といった形で，不真正不作為犯の定義自体を修正する試みも見られる。これは，一見，作為犯処罰規定のようでもそこには例外的に不作為も含まれていると解することによって，不真正不作為犯を肯定しても，罪刑法定主義上許されない類推適用には当たらないとする主張である。

　しかしながら，この立場にしたがったとしても，依然，不真正不作為犯の問題性は払拭できない。なぜなら，通常，作為犯を対象としているように見える規定を不作為に適用するということは，不作

為が含まれているかどうか明確でない規定を不作為に適用することであり，罪刑法定主義の派生原理の1つである，刑罰法規の明確性の要請に反することになるからである。

　結局，不真正不作為犯論として議論されてきた問題は，刑法各則の解釈に帰着する。すなわち，当該行為が各処罰類型の文言において「言葉の可能な意味の範囲内」にあるか否か，上の例でいえば，故意に栄養を与えず乳飲み子を餓死させる行為が「人を殺した」（法199条）という文言に含まれるかが判断基準となる。ちなみに，殺人罪（法199条）の成立が否定される場合は，保護責任者不保護致死罪（法219条）が成立することになる。なお，不作為の殺人を肯定するのが，判例・通説の立場である（最二小決平成17〔2005〕年7月4日刑集59巻6号403頁など参照）。

　その他，容易に消火できるにもかかわらず放置してその場を離れた行為が放火罪（法108条以下）でいう「放火して」という文言に当てはまるかなども問題となりうる（放火罪の成立を肯定したものとして，最三小判昭和33〔1958〕年9月9日刑集12巻13号2882頁など参照）。

共謀共同正犯論

　罪刑法定主義との乖離という意味では，共謀共同正犯論も看過できない。共謀共同正犯論とは，2人以上の者が犯罪の謀議を行い，その一部の者のみが実行行為に出た場合であっても，全ての者が正犯とされるという理論である。

　この理論は，元々，ヤクザの親分が敵対するヤクザの組長の殺害を子分に命じるような場合を念頭に，背後者こそが犯罪の中心的人物であり，この者にも正犯のラベルを貼るべきであるとして，提唱されたものである。

　他方，現行刑法は，共同正犯について，「2人以上共同して犯罪を実行した者は，すべて正犯とする」（法60条）と定めている。この規定を素直に読めば，共同正犯は，2人以上の者が意思を通じて

共同して実行行為に及んだ場合，すなわち，実行共同正犯を指すものと考えられる。

にもかかわらず，共謀共同正犯論は，判例実務に定着し，学説もこれを広く支持している。「共謀」といえば，通常は，事前に全員が一堂に会して行う謀議がイメージされるが，近時の判例では，犯行現場で即時に共謀が形成される「現場共謀」，全員が同じ時間・場所に集まるのではなく，数人ずつが数カ所で順次謀議を行う「順次共謀」の他，明示の謀議，指示すらない「黙示の共謀」まで肯定されている。特に，「黙示の共謀」は，何ら謀議が行われていない，いうなれば実行者の忖度にすぎず，このような場合にまで，背後者を共同正犯で処罰するのは無理があるといわざるをえない（ボディーガードの拳銃所持につき，背後者である暴力団組長に黙示の共謀による共同正犯を肯定したものとして，最一小決平成15〔2003〕年5月1日刑集57巻5号507頁〔スワット事件〕参照）。

6　刑法解釈論と刑事立法論

◸ 解釈論の射程

罪刑法定主義は，刑法の基本原理の中核を占めるもので，刑罰権の濫用防止には欠くことのできない大原則である。

判例は，目の前の事件を合理的に処理し，具体的結論の妥当性を確保するという役割を担っている。国民の法感情をも加味した，処罰の必要性の要請を充足する判例の結論は，往々にして，多くの学説によって支持されることとなる。しかし，具体的結論の妥当性，処罰の必要性に傾斜しすぎて，罪刑法定主義の枠組みを超えてしまうと，もはや歯止めがきかなくなってしまう。

ここで，「処罰すべき行為」と「現行規定で処罰できる行為」はイコールではないということを確認しておく必要がある。罪刑法定

主義を前提に考えるならば，処罰すべき行為，すなわち，処罰の必要性の高い行為について，これを処罰する規定が存在しない場合，新たな立法によって処罰規定を設けなければならない。この点，国会の議を経て新法の成立を待っていては遅きに失するとして，可能な限り解釈で対応しようとする動きが出てくるのも分からなくはない。しかしながら，処罰の必要性を根拠に，規定の文言を軽視することが許されるとすれば，罪刑法定主義が根ざす，自由主義および民主主義は，画餅に帰することとなろう。また，本来立法的に解決すべき問題を解釈論で処理してしまうと，法改正の必要性が感じられなくなり，立法エネルギーが失われることにもなりかねない。

　我々には，判例実務や学説において，罪刑法定主義が堅持されているのかを注意深く監視していくことが求められる。

〈参考文献〉

① 刑法を学ぶ上で必読の古典。現代に通じる基本原理がおよそすべて含まれている。ベッカリーア（風早八十二ほか訳）『犯罪と刑罰〔改版〕』（岩波書店，1995 年）。

② 刑法の専門書を読む前に読んでおきたい入門書。浅田和茂・内田博文・上田寛・松宮孝明『現代刑法入門〔第 4 版〕』（有斐閣，2020 年）。

③ 刑法上の主要な概念を取り上げ，平易に説明したものとして，佐久間修・橋本正博編『刑法の時間』（有斐閣，2021 年）。

第13章

刑事訴訟の存在意義

本章のねらい　　刑事訴訟のあらましについては，すでに論じた
ところである（第4章3）。そこでは，適正手続
（実質的当事者主義），無罪推定の法理，無辜の不
処罰主義といった，刑事訴訟の存在意義に関わる重要なコンセプト
が登場した。もっとも読者のなかには，つぎのような疑問を持った
人がいるかもしれない。いわく，刑事訴訟は「犯人を処罰するため
にある」のではないか，あるいは最近の犯罪被害者（遺族）の声に
鑑み，「被害者の要望にこたえるものでなければならない」のでは
ないか，と。

そこで本章は，このような疑問の声も念頭に置きながら，あらた
めて刑事訴訟の存在意義について考察するものである。

1　「刑罰権の実現（処罰）」

刑事訴訟が，われわれの社会において存在する意義とは何か。こ
れについて「犯人を処罰するためにある」というテーゼは，最も素
朴で，感覚や感情に訴えかけてくるところもある。だが，それだけ
で「これが正しい」と鵜呑みにしてしまうわけにはゆかない。法に
照らし，理論的に妥当か否かを検討するのが，刑事訴訟法学の課題
である。

本章は，このテーゼを主な検討素材としながら，刑事訴訟の存在
意義を考察する。もっともその考察に入る前に，この「犯人を処罰

するためにある」というテーゼの内容を，より具体化しておきたい。

ⅆ 「処罰」の意味と刑罰権

　ここで問われるのは刑事訴訟の存在意義であるから，民事責任と刑事責任，民事訴訟と刑事訴訟との区別を前提とする（→第4章1）。この区別のうえで，刑事訴訟における「処罰」とは，国家による公的制裁の一種である 刑罰権 の行使を意味する。

　したがって「処罰」とは，私刑（リンチ）や敵討のような，私人が自力で制裁・報復を行うことではない。この私的制裁・報復が禁じられるのは，もしもそれが許され，繰り返されてゆくとすれば，人びとの共同生活としての社会は崩壊してしまうからである。また私人の意思にゆだねられる制裁・報復は，恣意的である。

　刑罰権が私的制裁・報復と異なるのは，それが，社会の秩序を維持する手段のひとつとして想定されている点にある。ただし社会の秩序の具体的内容は，時の政治形態によって異なりうる。民主主義国家における刑罰権は，その行使によってすべての人びとを構成員とする共同生活としての社会が成り立ちうるとき，はじめて正当性をもちうる。しかし，他方で，刑罰は本質的には犯罪に対する報いであり，害悪・苦痛でもある。それは，処罰されないという，人の本来的な自由と矛盾・対立する。

　このようにして，「処罰するためにある」というテーゼは「刑罰権を実現するためにある」といいかえることができよう。そのうえで，いくつかのバージョンを想定することができる。

ⅆ 訴訟の仮説的性格

　そのうちの極端に位置するバージョンは，「犯罪が現に存在し，また犯人が誰であるかについても最初から決まっており，国家は当然に刑罰を科する」というものである。しかしこれは 訴訟の仮説的性格 に合わない。刑事訴訟法が有罪判決（刑訴法335条）のみならず無罪判決（法336条）も予定しているように，犯罪があるかない

か，また被告人が有罪か否かは，訴訟が終わってはじめて明らかになる。もしも最初から結論が決まっているならば，訴訟はそもそも不要だということにすらなりうる。

起訴状に記載される「AがBを殺害した」という「事実」は，検察官の主張である。それは，これから公判において証拠によって証明されなければならない要証事実（仮説）であって，その存在が最初から認められている事実ではない。またこの主張「事実」は，それが実際にあったか否かは別として（なぜならそれは仮説であるから），過去の一回限りで生起した事実を意味する。つまり，その主張「事実」とまったく同じ現象を，訴訟で繰り返すことは不可能である。この意味においても，主張「事実」は，証拠によって証明されなければならない。

疑わしきは被告人の利益に

つぎに想定されるバージョンは，「嫌疑をかけられた者が犯人であり，国家はその者に刑罰を科する」というものである。しかしこれは，「犯罪事実について合理的疑いを超える証明が得られず，疑いが残る場合には被告人の利益に認定しなければならない（無罪とする）」との「疑わしきは被告人の利益に」の原則に牴触する（なお，この原則と合理的疑いを超える証明がなければ有罪としてはならないという原則とは論理的には別のものであるが，こと犯罪事実については，無辜の不処罰をまっとうするため，両者は不可分の関係にある）。

近世ヨーロッパ大陸の **糾問主義**（裁判官が職権で事実を解明する義務を負うとする原則）の刑事訴訟において行われていた **嫌疑刑** は，このバージョンに近い。嫌疑刑は，有罪について高度の証明がなくとも嫌疑があるとして言い渡される刑罰であったが，近代刑事訴訟原則のひとつである「疑わしきは被告人の利益に」の原則の成立とともに廃止された。

🖊 目的としての刑罰権の実現

そこで最後に、「訴訟の仮説的性格を前提としつつ、刑事訴訟の目的は刑罰権の実現である」というバージョンが挙げられる。およそ目的とは達成しようと目指す意図的なものではあるが、必ずや結果として実現するとは限らない。したがってこのバージョンが、無罪など不処罰の結果になることも想定の範囲内とするならば、訴訟の仮説的性格をかろうじて維持しうる。

だが、刑事訴訟の根本要求が刑罰権の実現である以上、不処罰という結果は失敗に等しい。

なかんずく刑事訴訟が、およそ犯罪が行われたからには必ずやこれを発見・認定して、もれなく処罰しようという **積極的実体的真実主義**、より率直にいえば **必罰主義** に根ざすとき、捜査権、公訴権、そして刑事裁判権といった刑事訴訟において行使される公権力（このような刑事訴訟上の公権力の総称として、以下「刑事権力」という言葉を用いる。これは筆者の造語である）は、刑罰権を実現するためのそれと位置づけられるであろう。そのような刑事権力の行使は、被疑者・被告人に対する苛酷な糾問へとつながりやすい。他方、被疑者・被告人は、防御権を行使しうる人権主体ではなく、国家の刑事権力の行使を甘受する客体とみなされる。戦前の日本の刑事訴訟の基調をなしたのは、このような思想であった。

積極的実体的真実主義・必罰主義は、刑罰権の行使による利益をきわめる思想であるから、これと対立する利益（刑罰権を行使されない自由）を考慮しない。もっともとりわけ第二次世界大戦後、国際的に人権思想が潮流となっていることは、世界人権宣言や市民的及び政治的権利に関する国際規約などをとってみても明らかであり、日本国憲法もその潮流の一環にある。ゆえに「目的は刑罰権の実現である」といっても、これを純一に追い求める（その結果の人権侵害をも一切いとわない）のは今や難しく、ありうるとすれば、対立

する利益を比較衡量し，両者の調整を試みることであろう。だが利益の衡量・調整といっても，これらの利益は融合し得ないから，いずれの利益を優先させるか決断を迫られることは避けられない。

　たとえば被疑者が黙秘している場合，これは捜査（取調べ）の利益と対立するであろう。このとき，事件の重大性なり捜査の困難性なりが認められる場合には，捜査の利益（その延長には，刑罰権の実現という利益がある）が被疑者の利益よりも優越するとして，黙秘権を制限（侵害）することは許されるか。この点，「目的は刑罰権の実現である」ならば，制限可能という帰結が導き出されやすい。

　だが，このような裸の利益衡量を行い，被疑者・被告人の権利保障よりも刑罰権の実現に優位性を認める刑事訴訟は，憲法の予定するそれであろうか。

2　刑事手続上の人権と人身の自由

刑事手続上の人権

(1)　憲法における刑事権力の位置づけ

　刑罰権が国家権力の一形態であることについては，先に述べた。また刑事訴訟において行使される捜査権，公訴権，そして刑事裁判権といった刑事権力も，刑罰権と同様，公権力である。害悪・苦痛を本質とする刑罰権はもちろん，これらの刑事権力もそれを行使された人の自由や権利利益を侵害しうる。このような公権力が，単なるむきだしの力ではなく，正当な力であると認められるためには，国の最高法規である憲法に則って行使されなければならない。

　それでは日本国憲法は，これらの刑事権力を，どのように位置づけているか。

　この点に関し注目されるのは，憲法が定める一連の刑事手続関係条項である（憲法31条以下）。これらは，**近代刑事訴訟原則**を継承す

るかたちで，刑事手続上の人権を詳細に定めている。すなわち，①適正手続の保障（31条）（無罪推定の法理や「疑わしきは被告人の利益に」の原則はこの保障内容である），②公正な裁判を受ける権利（32条），③逮捕や捜索・押収など権利侵害をともなう強制処分には裁判所・裁判官の発する令状を必要とする令状主義（33条・35条），④身体拘束（抑留・拘禁）に対する保障（34条）（弁護人の援助を受ける権利，公開の法廷で拘禁の理由を示すこと〔勾留理由開示〕などの保障），⑤拷問・残虐な刑罰の禁止（36条），⑥公平・迅速・公開の裁判を受ける権利（37条1項），⑦証人審問権・喚問権（37条2項），⑧弁護人の援助を受ける権利（34条・37条3項），⑨黙秘権（38条1項），⑩任意にされたものでない疑いのある自白を証拠とすることを禁じる自白法則（38条2項，刑訴法319条1項も参照），⑪不利益な唯一の証拠である自白によって有罪とされ，刑罰を科せられることを禁じる補強法則（38条3項），⑫二重の危険の禁止（39条），⑬刑事補償を請求する権利（40条）などである。

　結論からいえば，憲法31条以下は，刑罰権の実現や刑事権力の行使にあたり，これら刑事手続上の人権が保障されることを不可欠の前提条件とする。たとえば，憲法は黙秘権を保障する（38条1項「何人も，自己に不利益な供述を強要されない。」）。それにもかかわらず，警察官が被疑者に供述を強要して——すなわち黙秘権を侵害して——自白を引き出したとすれば，この警察官の捜査行為は決して正当化されることのない，むきだしの力そのものである。たとえ事件が重大で，自白を獲得できなければ有罪の有力証拠が得られない（ひいては刑罰権の実現も断念せざるをえない）という事情があって，警察官が熱心のあまり供述を強要したとしても，それが許されないことに変わりはない。このようにして憲法のもとにある刑事訴訟は，刑罰権の実現という目的にそのまま対応しうるものではない。否，この黙秘権の例に認められるように，むしろ刑罰権の実現を阻

止することもある。

(2) 「公共の福祉」との関係

このように、「刑罰権や刑事権力は、刑事手続上の人権の保障を不可欠の前提条件とすることによって、抑制される」。これを人権の側からいいかえると、「刑事手続上の人権は、なんら制約を受けることがないという意味で、絶対的に保障される」。

もっともこれに対しては、刑事手続上の人権といえども「公共の福祉」（憲法13条）によって制約されるのではないかとの疑問が生ずるかもしれない。このような制約があるとすれば、黙秘権も絶対的に保障されるわけではなく、供述の強要が許される場合もあるとの結論が導き出されるかもしれない。

しかし刑事手続上の人権は、憲法自身が「……の場合を除いては」との明文で例外を定めている場合——現行犯の無令状逮捕（法33条）、逮捕にともなう無令状の捜索・押収（法35条1項）——以外、その保障について例外・制約は一切ない。その理由は、つぎのとおりである。

もともと憲法31条以下は、近代憲法の保障する人権のひとつ、**人身の自由（身体の自由）**に関する規定である。この自由は、人に本来的に備わる自由である。すなわち、人はそもそも逮捕されたり処罰されたりしない自由をもっている。憲法31条以下は、この人身の自由という利益と刑罰権や刑事権力によって自由を剥奪することによる利益（「公共の福祉」）とについて一定の比較衡量を行い、その衡量の具体的結果として、刑事手続上の人権を導き出した。

たとえば31条は、「何人も、法律の定める手続によらなければ、その生命若しくは自由を奪われ、又はその他の刑罰を科せられない。」と定める。この「法律の定める手続」とは、手続の内容がどのようなものであろうと形式上法律で定められればよいというのではなく、**適正手続**を意味する。同条は、処罰などされない自由とい

う利益と刑罰権の行使などによって自由を剥奪することによる利益との比較衡量の具体的結果として，何人にも適正な手続を保障することで恣意的な処罰などを阻止することとした。したがって適正な手続を踏まえることなく刑罰を科し，もしくは刑罰以外であっても自由を剥奪することは許されない。

このようにして，刑事手続上の人権はそれ自体，利益衡量の具体的結果として導き出されたものである以上，再度の利益衡量にさらされ，ふたたびの制約を被るいわれはない。

(3) 「被害者の権利」との関係

刑事手続上の人権が「公共の福祉」との関係では制約されないとしても，「被害者の権利」との関係で制約されることはないか。

近時，ことに主張されることの多い「被害者の権利」であるが，憲法上保障される権利か否か，またその具体的内容は何かなど，定まっているとはいいがたい。もっとも「被害者の権利」を重視する流れは，**被害者等の刑事手続への関与** の法制化をもたらすにいたっており（→第4章3），その影響力はますます強まっている。

そこで，刑事訴訟との関係に限って，かつ刑事手続上の人権との関係に限って，いわゆる「被害者の権利」（被害者の利益）はどのように解されるか，検討する。

結論からいえば，「被害者の権利」の名のもとに刑事手続上の人権を制約することは許されない。たとえば「被害者」が「事件の真相」を知りたいからといって，被告人の黙秘権を制限して供述義務を課すことはできない。なぜなら私的制裁・報復を禁ずる近代国家において，被害者の利益は，刑罰権や刑事権力（「公共の福祉」）を構成するさまざまな利益のひとつとして昇華したとみるほかないからである。

たしかに刑事訴訟が被害者の意識から過度に乖離しないよう，一定の是正措置が設けられる必要はあろう。**告訴権**（捜査機関に対して，

犯罪事実を申告し訴追を求めること。刑訴法230条以下）や不当な不起訴を抑制する一連の手段（→第4章3）はその例である。そのうえで，しかし刑事訴訟については，被害者の利益のみならず，刑罰権や刑事権力の行使によって不利益を被る人も含めすべての人びとの利益をふまえたうえで，共同生活としての社会を成り立たせることが求められている。少なくとも民主主義国家においては，そうである。

　したがって刑事訴訟において，「被害者の権利」と刑事手続上の人権とが対抗関係に立つことはない。刑事手続上の人権は，あくまで公権力としての刑罰権や刑事権力に対抗するものとして位置づけられる。

　さらに訴訟の仮説的性格，無罪推定の法理との関係でいえば，犯罪があるかないか，被告人は有罪（犯人）か否かは訴訟が終わってはじめて明らかになるのであり，それまで被告人は罪のない人として扱われる（この意味で「加害者（犯罪者）の人権」という言葉は，刑事訴訟というシチュエーションにおいては適切ではない）のであるから，「被害者」も仮のものであると考えるほかない。したがって，このような「被害者」に，罪のない人とされる被告人と対抗する訴訟当事者としての地位や権利を付与することは困難である。

　訴訟の仮説的性格や無罪推定の法理は，本章1で論じたとおり，刑事訴訟が刑事訴訟たりうるための核心にあたる。したがって被害者等の刑事手続への関与を推進する立場にあっても，法的な理論としては，これを肯定せざるを得なかった。被害者等の関与が刑事手続上の人権を制約するものであってはならないことについても，また同様である。

　しかし，刑事裁判への被害者参加制度が施行された現在，現実として「被害者対犯人」の様相を呈する法廷がつくり出されていないか，大いに懸念される。

🏛 人身の自由

(1) 刑罰権との関係

前述したように，憲法 31 条以下は，刑事手続上の人権を保障する規定であると同時に，近代憲法の保障する自由権のひとつ，すなわち **人身の自由（身体の自由）** に関する規定でもある。

たしかに人身の自由は，もっぱら憲法 31 条以下で取り扱われているわけではない。憲法 18 条は，奴隷的拘束および苦役からの自由を保障する。このことを前提としつつも，人身の自由との関係で憲法 31 条以下という詳細な定めが置かれていることは，やはり特筆に値する。

その理由は，さまざまな形態の公権力のなかでも，刑罰権こそは最も強力な物理的力として国家を象徴するものであり，人身の自由といえば，まずはこの刑罰権からの自由が問題となるからである。つまり適正な手続をはじめとする刑事手続上の人権の保障は，この刑罰権の行使を抑制するものである（**「手続なくして刑罰なし」**）。

(2) 刑罰権以外の刑事権力との関係

ただし憲法 31 条以下の刑事手続上の人権は，もっぱら刑罰権にのみ関係しているわけではない。刑罰権以外の刑事権力の行使との関係においても，その保障が問題となる。

たとえば逮捕・勾留は，被疑者・被告人という有罪・無罪が決まっていない未決の者を拘禁すること（未決拘禁）である。したがってこれは，その有罪が確定した既決の者に科される，刑罰としての自由刑（懲役・禁錮・拘留）とはまったく異なる処分である。このように逮捕・勾留は刑罰ではないけれども，直接的に人身の自由を奪う処分であるからこそ，令状主義や弁護人の援助を受ける権利をはじめとする憲法 33 条・34 条の手厚い保障が用意されている。

また国家によって被疑者・被告人の立場に立たせられて防御の負担を課せられることや，捜索・押収を受けたり，証人として証言を

義務づけられたりすることも，それ自体は刑罰権の行使によるものではないが，自由の制約であるから各種の保障が用意されている。

(3)　あらゆる人権が成立しうる土台としての人身の自由

ともあれ刑罰権や刑事権力の行使が，人身の自由に対する侵害をともなうことは明らかである。

問題は，なぜ憲法31条以下は，人身の自由を，刑事手続上の人権を絶対的に保障するという厳格な方法によって最大限確保しようとしているのか，ということである。つまり憲法は，「人身の自由は，これを保障する」とか，「人身の自由は，これを侵してはならない」といった規定だけを置いて，あとは，人身の自由と対立する利益（「公共の福祉」）との比較衡量を解釈にゆだねてしまうという選択をとらず，衡量の具体的結果を刑事手続上の人権として明示した。これは，ほかの人権との比較においても，きわだって特異な条文構造である。

その理由は，「人身の自由なくして，思想の自由なし」と表現されるように，人身の自由は，あらゆる人びとにとって，あらゆる人権のなかでも最も根本的なものとして保障されなければならないことが歴史的・社会的事実によって明らかにされ，それが憲法規範として結晶化したからである。

戦前とりわけ治安維持法が制定・施行された1925年から同法が廃止された1945年までの日本において，不合理な捜索・押収をかける，何ヵ月も何年も監禁状態に置く，肉体的・精神的拷問を行う，ひいては治安維持法の最高刑を死刑にまで引き上げたり，検挙の対象を大幅に拡大したりするといった方法で，人びとの思想を統制することは異例でなかった。もともと思想統制は，天皇が統治権を一手に掌握する絶対主義的な政治体制を維持してゆくための重要な国家政策のひとつとされていたところ，社会を構成するすべてのものの総動員が唱えられた太平洋戦争を展開するためには不可欠のそれ

とされ，先のような苛酷なやり方で人身の自由が剝奪されていった。憲法31条以下が，このような歴史的・社会的事実に対する反省にもとづいていることは，その制定過程からも明らかである。

3　刑罰権・刑事権力からの擁護

刑事訴訟の存在意義

　以上論じてきたように，憲法31条以下は，①刑事手続上の人権を絶対的に保障し，②これによって人身の自由を最大限に確保し，③さらに思想の自由をはじめ他のあらゆる人権が成り立つための土台の役割を果たしている。

　このことから，憲法31条以下によってそのあり方を規律される刑事訴訟の存在意義もまた，明らかになってくる。すなわち刑事訴訟は，刑罰権を実現するために存在するのではない。むしろ，すべての人びとを，刑罰権・刑事権力の違法，不当，恣意的な発動から護るために存在する。

　このように述べることは，審理の結果，有罪となり処罰される場合があることを否定するものではない。有罪判決の言渡しや刑罰権の行使は，適正な手続とか，無罪推定の法理とか，刑事手続上の人権を保障する訴訟の延長線上にあって，はじめてその正当性を主張しうるということである。

人権の普遍性

　この存在意義は，なかんずく，つぎの具体的内容をもつ。

　第一点目。刑事訴訟においては，犯罪の嫌疑をかけられる人（被疑者），起訴される人（被告人），強制処分を受ける人（逮捕・勾留・捜索・押収などの被処分者，証言義務を課せられる証人）など，刑事権力の行使によって現に不利益を被る人がいる。刑事手続上の人権とこれに規律される刑事訴訟は，このような人を護るという重要な役

割を担っている。もっともその役割は，以上に尽きるものではない。

　なぜなら，現在このような不利益を被っていない筆者が，「逮捕されないか」，「処罰されないか」などと恐れることなく，この文章を書き公表するという表現活動をなしえているように，人びとが日々，その社会生活においてさまざまな自由を萎縮することなく享受しうる土台には，各人が意識するとしないとにかかわらず，適正手続や令状主義をはじめとする刑事手続上の人権によって，不合理に逮捕や処罰などされないという保障があるからである。このように刑事手続上の人権とこれに規律される刑事訴訟は，被疑者・被告人をはじめ現に不利益を被る人のためのものという以上の存在意義，すなわち，すべての人びとのためのものという普遍性を持っている。

　そうであるとすれば，刑事手続上の人権を，「われわれ」や「被害者」と異なる「敵」なり「加害者（犯罪者）」なりの「特権」であるとみなすことはできない。また，国家に刑事手続上の人権を侵害してでも刑罰権や刑事権力を発動してもらうことが，「われわれ」の「安全」や「被害者の人権」を護ることになるとみなすこともできない。

　刑事手続上の人権の保障というたがが外れた刑罰権や刑事権力が，「われわれ」だけには矛先を向けず，もっぱらその「安全」だけを護ってくれる保証はない。「われわれ」と「敵」との区別は多分に恣意的である。また「敵」とされた者に人権を保障することなく発動される刑罰権や刑事権力はむきだしの力であるから，これに対しては同じくむきだしの力による抵抗が見込まれる。これは，克服されたはずの私的制裁・報復のデメリット（→本章1）を彷彿とさせる。つまり，このような刑罰権や刑事権力を見過ごす刑事訴訟は，人身の自由を過度に侵害するのはもちろん，社会の秩序・安全をも崩壊させてしまい，ひいては自身の存在の正当性に対する懐疑すらよびおこすという悪循環におちいってしまう。

人身の自由，刑事手続上の人権は，文字どおり人権である以上，すべての人びとに適用されるという普遍性がある。これを堅持することにこそ，刑事訴訟の存在が正当化される契機がある。

🔖 被疑者・被告人の擁護と無辜の不処罰

　第二点目。刑事手続上の人権とこれに規律される刑事訴訟は，現に刑事訴訟に巻き込まれた人，なかでも被疑者・被告人を護るという重要な役割を果たす。

　被疑者・被告人は，その無罪が推定される以上，ほかの人びとと同様，罪のない人として自由が本来的に備わっている。たしかに，嫌疑をかけられたり，公訴を提起されたりすることによって，その自由の利益と対立する利益を考慮する必要が生じ，被疑者・被告人に一定の不利益を課さざるを得ない場合はある。しかし，そうであるからといって，これらの利益をそのまま天秤にかけるような裸の利益衡量が許されるとしたら，自由と対立する利益の方がより重要であると評価されればされるほど，被疑者・被告人が被る不利益は際限なく大きくなるおそれがある。それでは，「自由が本来的に備わっている」ことの意味はほとんどなくなってしまう。刑事手続上の人権は，このような自由制約に対する歯止めの役割を果たす。

　また被疑者・被告人に刑事手続上の人権を保障することは，その人を，捜査や訴追の客体ではなく人格ある主体として認め，その防御権の行使を確保することを意味する。これは，**実質的当事者主義**という刑事訴訟の構造を成り立たせるものとなる。

　このようにして刑事訴訟は刑事手続上の人権を保障しながら，究極的には，誤って無辜が処罰されることを防止しなければならない。たしかに被疑者・被告人は，無罪を推定されるとはいえ防御を余儀なくされ，場合によっては逮捕・勾留といった身体拘束すらされることもある。もっとも，それ自体は刑罰ではなく，これまで述べてきたように刑事手続上の人権の保障を条件としてかろうじて許容さ

れうる負担であるとしよう。しかし，無辜であるにもかかわらず処罰されるというのは刑事訴訟における最大の不正義であり，決して許されることではない。それは，被告人の公正な裁判を受ける権利（憲法32条）の侵害にあたる。したがってここにいたっては一切の調整・妥協の余地はなく，「1人の無辜を罰するな」という **無辜の不処罰主義** を価値選択（決断）しなければならない。

　刑事訴訟という営みを放棄することなく，無辜の不処罰主義を実現するには，「疑わしきは被告人の利益に」の原則をはじめとする刑事手続上の人権を現に保障することがなによりも重要である。また利益再審のように，刑事訴訟の枠組みのなかで，その人権を侵害され冤罪に苦しむ人が確実に救済されるしくみを設けることが不可欠である。

〈参考文献〉

① 　本章の「刑事訴訟の存在意義」というテーマは，従来，刑事訴訟の目的，機能，モデルとして論じられてきたものに通じている。刑事訴訟法の「総論」といってもよく，関連文献は相当数ある。ここでは，当事者主義・無辜の不処罰主義の流れに位置づけられる代表的・古典的文献として，平野龍一『刑事訴訟法』（有斐閣，1958年），田宮裕『刑事訴訟とデュー・プロセス』（有斐閣，1972年），小田中聰樹『刑事訴訟と人権の理論』（成文堂，1983年）を挙げておく。

② 　本章筆者は，「刑事訴訟における事実とは何か」という視角から，刑事訴訟の存在意義の核心にあたる無辜の不処罰（公正な裁判）を保障するための理論を構築する作業に取り組んでいる。その成果のひとつが，豊崎七絵『刑事訴訟における事実観』（日本評論社，2006年）である。

③ 　憲法31条以下の刑事手続関係条項の意義については，従来，憲法学よりも刑事訴訟法学において盛んに論じられてきた観がある。かかる状況のなかで，杉原泰雄『基本的人権と刑事手続』（学陽書房，1980年），奥平康弘「刑事を中心とした手続に関する諸権利」同『憲法Ⅲ』（有斐閣，1993年）は，憲法学者による本格的研究として貴重である。

第 **14** 章

社会保障法による医療の保障

本章のねらい　本章では，社会保障の一貫として発展を遂げてきた医療保障のしくみを知ることを通じて，社会法の役割と機能を学ぶ。はじめに，1 で社会法の趣旨や特徴と，その一分野をなす社会保障法，なかでも本章で取り上げる医療保障法の構造を概観する。つづく 2 では，国家による医療の保障が，日本では医療保険制度によって，医療保険法令が市場取引に代わって医療の内容や価格を決定するという形で実現されていることを学ぶ。このような制度のもとで，国民は資力によらず平等な医療を享受することができる。しかしながら，3 でみるように，こうした平等な医療に対しては批判的な見解もみられる。特に，混合診療という論点をめぐり，公的医療保険の役割に関わる基本的で重要な問題が論じられている。

1　社会法と医療保障

社会法の成立と発展

　社会法を学ぶに際して，社会法の発展の基礎となった近代市民法の考え方を改めて確認することが有用である。

　市民革命によって誕生した近代市民法は，個人を中世の封建的身分関係から解き放ち，自由で平等な市民を作り出した。市民は，**契約自由の原則** と **過失責任主義**（過失がない限り自らの行為から生じた損害について責任を負わないとする考え方。結果として，個人の自由な

活動を保障する意味をもつ）のもと，市場での金銭を媒介とした経済活動を通じ自らの生活を発展させることになり，そうした市民の活動に対する国家の干渉はできる限り縮小されることが目指された。また，個人の生活についてはもっぱらその個人が自ら責任を負う（**生活自己責任の原則**）。このような市民法思想は，明治維新以降の近代化政策により日本にも浸透した（→第2章3）。

　しかしながら，産業革命とそれにともなう大規模な工業化の進展により，市民法の想定する人間観が，必ずしも現実に存在する人間像と合致しておらず，その結果，不公正と思われる帰結をもたらすことが意識されるようになる。社会法とよばれる法分野は，市民法と工業化の結びつきがもたらす現実の社会問題に対応することを目指すものであって，公法・民事法の両分野（→第3章）にまたがるさまざまなアプローチを通じて，市民法原理を修正する。市民法が身分から切り離された個人を志向したのに対し，社会法は，改めて個人を実社会における現実の生活の中に位置づけ，そのニーズや困難に目を向けるという性質をもつ。そこで想定されるのは，私人間の契約や個人の生活状況に関心をもち，これに積極的に関与する新しい国家像である。

　このような問題関心は，同時に，私人が国家に対して自らの生命や生活の保護を求める **社会権** の思想に発展する。そして，社会権の中核には，人間らしい尊厳ある生存の保障を個人が国家に対して要求する **生存権** が位置づけられる（憲法25条参照）。社会法の最大かつ一義的な目的は，社会権・生存権の実現である。

　社会法は，大きく分けて **労働法** と **社会保障法** という2つの分野から成る。このうち労働法は，資本主義社会における労働者と使用者との関係が対等な個人間の契約関係という実態をもたないことに着目し，使用者の経済的自由権の制限や，契約自由原則の修正・制限等を行う法分野である（この分野に属する具体的な法律として，労

働基準法，労働組合法，労働契約法等がある）。これに対して，本章が主な検討対象とする社会保障法は，現代において貧困，傷病，障害，失業，老齢による所得喪失等の生活上の困難が，多くの場合個人の怠惰や不注意ではなく社会的な諸条件に起因して生じること，また，こうした困難が人の尊厳ある生を脅かすものであることに注目する。

　社会保障法は，上記のような生活上の困難を軽減することを目指して，国や地方公共団体等が，租税や保険料を財源として，個人や世帯に対して金銭やサービスを提供するしくみ（**社会保障制度**）を構築し規律する（生活自己責任の原則の修正）。国民年金法，国民健康保険法，生活保護法，介護保険法，児童福祉法，障害者総合支援法等の多様な法律が，年金，医療保険，生活保護，介護保険，福祉サービスといった各種の社会保障制度を基礎づけている。社会保障法は，これらの制度を構築することを通じて，生活不安から国民を守り，生存権を具体化する。また，最低限の尊厳ある生が担保されてこそ，個人は自由で平等な存在として生きることができるとすれば，社会保障法は，現実の人間と市民法の想定する人間像との間の乖離をうめることで，市民法が理想とする個人の自由な生を実現するための条件整備を行うものと理解することもできる。

　このことからもわかるように，社会保障法を含む社会法は市民法の思想を否定するものではなく，あくまで市民法的な価値を前提としたうえで，これに一定の修正を加えるものである。

　社会保障法は，上述の通り，国や地方公共団体が個人に金銭やサービスを提供する場面を規律する。したがって，基本的には，国民と国の関係を扱う**公法**，なかでも，行政の作用を扱う行政法の応用領域に分類されうる（→第3章）。社会保障法の領域でみられるような金銭やサービスの提供という行政の作用は，**給付作用**とよばれ，私人の権利・自由に対して制限を加える**規制作用**と対置される。

表1　社会保障法体系の概要（現行法体系と保障方法による分類）

（社会保険法）	医療保険に関する諸法令（表2参照） 介護保険法 年金保険に関する諸法令（厚生年金保険法・国民年金法等） 労働者災害補償保険法 雇用保険法	（社会扶助法）	（公的扶助法）	生活保護法
			（社会手当法）	児童手当法 児童扶養手当法
			（社会福祉サービス法）	社会福祉法 障害者総合支援法 老人福祉法 児童福祉法 身体障害者福祉法

社会保険による医療保障

　社会保障法を構成する主要な法令は，一般に，現行法体系および保障方法の観点から表1のように整理される。本章では，これらの法の中から **医療保険法** を扱う。国民に対する医療の供給，病気の予防や健康の増進に関わる多様な法制度を，一般に医療保障制度，この領域を規律する諸法令を医療保障法とよぶことができる（表2参照）。医療保障法の中心に位置づけられるのが医療保険法である。

　国家が医療を国民に対して保障する場合，①財源をどのように調達し，②給付をどのように行うかが問題となる。本章では主に②の側面に焦点を当てるが，ここで，日本の医療保険制度について，①，②双方と関連して全体的な構造を概観しておく。

　医療保険（民間医療保険と対置される場合には **公的医療保険** とよばれることがある）は，**社会保険** のしくみを採用している。社会保険は，保険の仕組みを利用して社会保障給付を提供する制度であり，現行法上，医療の他にも，年金，介護等さまざまな領域で用いられている（表1参照）。

　社会保険の基本的な構造は，民間の損害保険等と共通する。すなわち，将来起こりうる保険事故（医療の場合は傷病の発生，介護の場合には要介護状態となったこと等）に備えて保険料を拠出し，事故が

表2　医療保障法の全体像

医療保険制度に関する諸法令（国民健康保険法，健康保険法，高齢者の医療の確保に関する法律など）

医療供給体制（病院・医師・医薬品など）に関する諸法令（医療法，医師法，薬機法など）

健康の増進・維持に関する諸法令の一部（健康増進法など）

医療保障法

現実化した際に保険者がこれを財源として給付を行うという方法で，発生が予測できない事故に集団で備え，リスクを分散するしくみである。他方，社会保険は，あくまで社会保障を実現するという目的のために保険の技術を利用しているので，民間保険とは異なる性格も多く有する。まず，保険加入は原則として法令上強制され，法令上の要件を満たせば当事者の意思にかかわらず被保険者（保険加入者）の資格および保険の法律関係が発生する（強制加入）。また，社会保険において保険を管理・運営する保険者の役割を果たすのは，国（政府），都道府県，市町村等，各種の公的機関である。さらに，社会保険は，保険における拠出と給付の関係に修正を加えることで民間保険と異なる効果を導くことがある。たとえば，市場では基本的に等価交換で取引が行われるから，民間保険の通常の保険商品においては，原則として，被保険者が保険から受ける利益に対応した保険料が拠出される（応益負担）。これに対して，社会保険においては，保険から受ける利益と関わりなく一律の保険料が課されることや，被保険者の負担能力に応じた保険料拠出が求められること（応能負担）が多い。その結果，高リスク集団を低リスク集団が支える効果や，高所得者から低所得者に対する所得再分配の効果が発生することがある。このように民間保険とは異なる保険集団内部

での相互扶助の効果がみられることは，社会保険の大きな特徴である。

　日本では，あらゆる国民（1年以上日本に居住する外国人を含む）が原則として公的医療保険の被保険者となる（いわゆる「国民皆保険」）。医療保険制度は対象者ごとに複数に分かれており，主要な制度を規律する法として，被用者を対象とする「健康保険法」，自営業者等を対象とする「国民健康保険法」，高齢者を対象とする「高齢者の医療の確保に関する法律」がある。

現物給付と金銭給付

　つづいて，給付の側面に目を転じてみよう。

　国家が医療を保障する場合，金銭を（たとえば治療にかかる費用を支給するという形で）支給するのか，診療行為や医薬品それ自体を提供するのかという問題がある。この問題は社会保障給付一般について想定することが可能であり，前者を一般に **金銭給付**，後者を **現物給付** という。

　金銭給付はさらに，①抽象的な所得喪失や支出増加等に着目して使途を特定せずに金銭を支給するもの（各種年金保険，社会手当等）と，②特定の財の購入について費用を償還するもの（介護保険法，障害者総合支援法等）とに分類することが可能であり，②は受給者に特定の財・サービスを獲得させることを目指している点で現物給付に接近する。医療保険においては，原則として，診療行為や医薬品を医療保険給付として提供する現物給付のしくみが採用されている。

　現物給付は，ある財やサービス——ここでは適切な医療——を確実に受給者に与えることができるという利点を有する。他方で，このしくみは，そうした制度が無ければ当事者の間で私的に取引され得た財を，公的に提供することになるため，対象となる財・サービスをめぐる自由な市場取引の機能を奪ったり，抑制したりする効果をともなう。2では，この現物給付について，健康保険法を例にと

り，くわしく検討してみよう。同法は，全国健康保険協会および健康保険組合を保険者（法4条），民間企業の被用者を被保険者（法3条）として被保険者の傷病に対して保険給付を行う（法1条，63条）。

2 医療の画一化・平等化

医療保険法令による市場取引の代替

現代社会に見られる科学的な医療技術は，近代以降めざましい発展を遂げてきた。そして，医療保険制度が存在しない時代において，医師が患者に提供する診療の内容や価格は，基本的には，当事者間の自由な合意により市場において取引された。なお，この場合，個人の資力，選好，交渉力ごとに，合意され提供される医療の内容や価格はさまざまなものになりうる。

現物給付の医療保険は，このような交渉・合意を通じた決定過程を，以下のような制度を通じて，法令による決定過程へと変容させている。すなわち，医療保険制度においては，患者が医療機関から個別にサービスを購入するのではなく，保険者が医療機関に患者の治療を委託するという関係が構築される。その結果，患者と医療機関との間では価格交渉等は行われず，医療機関は保険者との関係で患者に適切な治療を提供する義務を負い，翻って保険者は，適切な治療が行われた場合に医療機関に対して報酬を支払う義務を負う。

このような保険者・医療機関の間の法律関係は，**保険医療機関**の指定という厚生労働大臣の行政行為（→第3章）により成立する。すなわち，医療機関が保険医療に参加するためには，厚生労働大臣により保険医療機関の指定を受ける必要がある（健保法63条3項1号）。指定を受けた医療機関は，保険給付としての診療等（**保険診療**などとよばれる）を被保険者に提供する義務を負い，保険者は保険医療機関に対して報酬（**診療報酬**）を支払う義務を負う。このよ

うな関係は，保険者が保険医療機関に対して医療の提供という事実行為を委託し，これについて報酬を支払うしくみと分析できるから，保険者と保険医療機関との間の有償準委任契約（法律行為ではない業務を委任する契約。民法656条，643条）と説明されることもある。

　もっとも，このとき，保険者と医療機関との間に交渉や合意は存在せず，診療内容や価格は，もっぱら，厚生労働大臣の告示や厚生省令といった行政立法（行政機関が法律の条文のような形で定める一般性のあるルールのこと。そのうち，ここで論じているもののように法律の委任にもとづき私人を拘束する効果をともなって定立されるものを法規命令という。→第3章2）によって決定される。

　具体的には，まず，厚生労働大臣の定めるいわゆる **診療報酬点数表**（「診療報酬の算定方法」平成20年3月5日厚生労働省告示第59号）が，保険診療に包含される医療行為の一覧を示しており（健保法76条1項，2項），ここにあがっている医療行為のみが診療報酬支払の対象となる。また，診療報酬点数表は，個々の医療行為に点数を付しており，この点数は保険医療機関が受け取る診療報酬の算定の基礎とされる（法76条1項，4項。点数に1点単価〔現在は10円〕を乗じて報酬が計算される）。また，保険医療機関及び **保険医**（厚生労働大臣の登録を受けて保険医療に参加する医師。法64条）が給付を提供する際に遵守すべきルールを定めているのが，いわゆる **療養担当規則**（「保険医療機関及び保険医療養担当規則」昭和32年4月30日厚生省令第15号）である（健保法70条1項，72条1項）。療養担当規則は，保険診療が「必要」と認められる傷病について「妥当適切に」行われるべき旨（療養担当規則12条）などを定め，保険診療を（医師の専門的判断の余地を残しつつ）態様の面からコントロールする。療養担当規則を遵守しないで行われた診療は，保険医療機関に対する診療報酬支払の対象とならない（健保法76条4項参照）。

　以上のような複雑なしくみを通じて，診療の内容や価格は，医療

保険制度の枠内で提供されるものである限り，行政権によって一方的に決定される。医療機関には保険医療機関としての指定を受ける義務は無いので，医療保険制度に参加せず，市場において直接に患者との間で取引する可能性を否定されるわけではない。もっとも，現代における保険医療の重要性からすれば，実際上，当事者間の自由な交渉・合意は大部分が医療保険法令によって代替され，市場が機能する領域はきわめて限定的なものになっているといえよう。

（note）法令を探す

　上でみたように，医療保障の領域においては，議会の定める法律ではないが，法律と同様の効果をともなって私人を拘束する法規命令が，きわめて重要な役割を担っている。こうした法規命令は，通常，読者の手元にある六法には掲載されていない。また，「六法」にはさまざまな種類があり，ポケット六法（有斐閣），デイリー六法（三省堂），法学六法（信山社）に代表される小型のものから，六法全書（有斐閣）のように多数の法律を収載したもの，あるいは，特定の分野にかかわる法律・法規命令を集めたもの（例：医療六法，介護保険六法）などがあるが，いずれの六法も，現在日本に通用するあらゆる法令を網羅しているわけではなく，むしろそのごく一部をピックアップしているにすぎない。

　そうなると，本章に登場するようなマニアックな（？）法令は，どこでみることができるのだろうか。現代っ子の読者にとっておそらく最もアクセスしやすいと思われるのは，法務省がウェブ上に提供している『e-Gov 法令検索』（https://elaws.e-gov.go.jp）である。このデータベースは，更新日の時点で施行されているあらゆる法令を網羅しており，名称や，分野，公布年月日，使用されている用語等のさまざまな条件で，法令を簡単に検索することができる（ただし，上記データベースは告示を含まないので，「診療報酬点数表」のような告示の形を取った法規命令を検索するためには，さらに所轄の省庁のホームページを検索する必要がある。たとえば厚生労働省の法令等データベースシステム（https://www.mhlw.go.jp/hourei/）。そのほかにも，加除式の「現行法規総覧」という資料を図書館等で参照する方法や，

当該法令が公布された日の官報を参照する方法も考えられる。

　法を学ぶ際に，問題となる法令の規定に直接あたり，文言と法令全体のなかでの位置づけを確認することは，議論の要点を適切に理解するために欠かせないプロセスであるが，このことに気がついていない学生も意外に多い。勉強を進める際には，必ず，六法を手元に置くこと，さらに，自分のもっている六法に載っていない法令についても，面倒くさがらずに他の方法でおぎなうことを怠らないで欲しい。

画一的で平等な医療の実現

　つづいて，以上のしくみを被保険者たる患者の側からみてみよう。

　医療保険の被保険者が病気にかかると，保険者に対して，診療行為や医薬品のような 療養の給付 を求める請求権を獲得する（健保法63条1項）。現物給付の制度においては，この請求権の内容は医師の診断・治療を通じて具体化され，保険医療機関が法令の枠内で提供する医療サービスが，被保険者にとっての保険給付となる。その際，被保険者は，原則として，かかった医療費の3割を支払う義務を負う（法74条1項1号）。先にみた診療報酬点数表と療養担当規則は，保険医療機関の提供する診療の内容と価格を決定するのと同時に，医療保険の被保険者たる患者が受けることのできる医療の内容と，その際に負担すべき費用をも決定しているといえる。

　こうして，被保険者は，自らの資力や交渉力とは無関係に，法令によって画一化された診療を，法令によって決められた費用負担によって受ける。傷病という個人の生活を脅かす事態において，このように患者の資力や交渉力と無関係に平等な医療が提供されることは，まさに社会法たる医療保障法の目的とするところであり，基本的に望ましいことと評価できる。

　もっとも，こうした制度には弱点もある。まず，医療の画一化は，医療行為がもつ本来的な性格と衝突する面がある。医療は，高度な専門性をもつ医師により提供されるサービスであり，適切な医療の

実現のためには，個別の症例に直面した医師の判断が可能な限り尊重される必要がある。また，医療を受ける患者の状態は非常に個人差の大きいものであるうえ，時間の経過のなかで刻々と変化する。診療報酬点数表や療養担当規則の作成，解釈，運用に際しては，保険医療の画一化の要請と，上記のような医療の個別的・動的な性格とをいかに調整するかが問題となりうる。たとえば，一般に1ヵ月に3回程度投与される医薬品が10回以上投与された場合，3回を超える部分の投薬は療養担当規則にいう「妥当適切」な診療ではなく，医療機関には診療報酬が支払われないと考えるべきだろうか。そのような扱いをすることで，患者にとって必要な投薬が行われなくなる恐れはないだろうか。この問題は，医療機関の保険者に対する診療報酬請求権の存否をめぐる裁判上の紛争という形でたびたび争われている（いわゆる **減点査定** の問題。横浜地判平成15〔2002〕年2月26日判時1828号81頁ほか）。

　また，画一的で平等な医療は，医療が市場で自由に取引される際に存在しうる利点を失わせるものでもあろう。医療機関は法令で求められる範囲の医療を提供すれば対価を獲得できるのであり，逆にいえば，この範囲の中では，より質の良いものを提供しようと努力しても，利益は必ずしも増大しない（むしろコストが増大して経営が圧迫されうる）。そのため，市場競争を通じた医療技術の進歩や医療の質の向上は原則として期待できない。

⚆ 混合診療

　保険診療が画一的で平等な医療を実現しても，患者が，保険診療に加えて医療保険の枠外の診療（一般に，**保険外診療** ないし **自由診療** という）を上乗せできれば，この画一性・平等性は緩和されうる。資力が十分にある者は，保険外診療について自由に医療機関と交渉・合意をし，資力に応じた内容と価格の診療を受けることができるためである。このような保険診療と保険外診療との組合せを，一

般に **混合診療** という。混合診療を広く許容すれば，保険外診療について活発な市場が成立し，競争を通じた技術の進歩や質の向上も期待されよう。一方で，医療市場を画一化・平等化する医療保険法の機能・役割は相対的に小さなものとなる。

　現行法は，混合診療を原則として禁じており（混合診療の禁止），保険診療と保険外診療とを組み合わせると，保険診療部分も含めて全体が保険外診療として患者の自己負担となる（最三小判平成23〔2011〕年10月25日民集65巻7号2923頁）。つまり，日本の医療保険法は，保険診療を画一化・平等化すると同時に，保険診療の枠外の医療にも制限を加え，市場の機能を強く抑制してきた。このような制度設計は，保険診療について実現された医療の画一性・平等性を担保し強化する機能をもつ。また，保険外診療の抑制は，保険診療を保険外診療により補完することが予定されていないことを前提とするから，必要かつ有効な医療は原則としてすべて保険診療によってカバーされるべきであるとの考え方と結びついてもいる。

　なお，法は，混合診療が例外的に認められる場面についても定めている。そうした場面としては，保険診療として行うには未だ十分に有効性等が確認されていない先進的な医療や，個室入院・時間外診療等の，個人の選択と費用負担に委ねてよいと考えられている特別な療養環境（いわゆる「選定療養」）等がある（保険外併用療養費。健保法86条ほか）。これらの保険外診療については，例外的に，患者が自ら追加的な費用負担を行い，保険診療と同時に利用することが認められている。

3　混合診療解禁論——議論の経緯と残された課題

混合診療解禁論

　2で見たような日本の医療保障制度については，2000年代初頭に，

上述した混合診療の禁止というルールの撤廃を求める混合診療解禁論という形で，根本的な問題提起が行われた。本章の締めくくりとして，最後にこの議論について検討を加えておこう。

　混合診療解禁論が展開した主張は，①保険外診療と保険診療との併用を認めることで市場の機能を部分的に回復し，患者の選択を前提とした医療機関の間の競争を保険外診療について実現しようというものである。また，混合診療解禁論は，多くの場合，②保険診療を基礎的な医療のニーズをカバーするものと位置づけ，それを超える部分を上乗せとして患者の選択にゆだねるという形で，保険診療本体の範囲を縮小するという議論と一体のものとして主張された。

　①の議論の背景には，医療そのものに関する考え方の変化があるように思われる。従来の日本では，医療は資力によらず平等なものであるべきという点についてある程度のコンセンサスが存在した。ところが，情報化社会の進展により，患者は医療をめぐるさまざまな情報に容易にアクセスできるようになった。そのため，画一的で平等な医療ではなく，自らにとって望ましい医療を市場で選択し調達したいと考える患者も増えている。また，市場主義の成熟のもと，さまざまな分野において規制緩和が推進されるなかで，医療という領域を特別視し，市場での取引を強く抑制することについて疑問を呈する見解もありうる。一方，②の議論の背景には，保険給付にかかる費用を抑制することで保険料の上昇を抑えようとの思惑がある。少子高齢化の進展により，医療ニーズの大きい高齢者が増加する一方で保険料負担能力のある現役世代は減少している。また，医療技術の進歩により，医療自体にかかる費用も高額になりつつある。こうした状況を背景として上昇し続ける保険料負担は，重い経済的負荷として国民の生活を圧迫しうる。保険診療を抑制し保険外診療を積極的に認めることによって，このような保険料負担の増大をある程度回避できる可能性があろう。

もっとも，これらの議論にはさまざまな観点から反論や議論の余地がある。特に①については，医療という分野で市場の機能や患者による選択を重視することに，なお疑問を呈しうる。いかに十分な情報が提供されても，患者が，必要な治療やその効果を医師と同程度に知ることは不可能であるし，自らの生命や心身の健康といった特別な価値との関係で，その対価として支払うべき価格を合理的に判断し契約を締結することも，容易には想定し得ない。また，②については，確かに，国民の保険料負担が拡大していくなかで，国家の責任を優先順位の高い医療に制限し，これを超える部分については資力によって個人が受けられる医療に差が生じることもやむを得ないとの議論もあり得よう。しかしながら，このような議論をするのであれば，前提として，保険診療により優先的にカバーすべき医療とは何かという難しい問題について考えることが必要になる。いいかえれば，混合診療解禁論は，何を保険診療で保障するべきかという先行する——より本質的な——論点について十分な議論を重ねて初めて，正確な評価をすることのできる主張であるともいえる。

残された課題

　混合診療の問題は保険診療そのものに関わるものではないから，混合診療の禁止というルールを徐々に緩和したとしても，2で見たような医療の画一化・平等化は，その効果を弱めつつ依然として必要とされ，また維持される。もっとも，この問題は，上述のとおり，医療の領域で市場の果たす役割をいかに評価するかという問題や，保険診療を，保険外診療との組合せを想定したものと考えるのか，あるいは，必要十分な医療をすべてカバーするものと考えるのか，という問題と関連して，日本の医療制度の中で医療保険が果たすべき役割について重要な課題を提起するものである。上で紹介した混合診療解禁論は，混合診療の全面解禁を導くには至らなかったものの，この議論も一つの契機となり，混合診療が認められる法令上の

例外的な場面（→2参照）が徐々に拡大されてきた。今日，混合診療をめぐる議論の主戦場は，解禁か否かではなく，いかなる例外を法令上認めるかという点に移っている。

　こうした観点からは，2で言及した混合診療の例外的許容の場面のうち，選定療養（健保法63条2項5号）について，特に注意が必要と思われる。選定療養は，法律上「被保険者の選定にかかる……療養」とだけ定義され，大臣告示により具体的な内容が決定される。選定療養の対象は，この告示の改定という形で，徐々に拡大されている。現行の告示（平成18年9月12日厚生労働省告示第495号）においては，2で例として挙げた入院時の個室料金等のほか，定められた用法外の投薬や，一般に必要とされる回数を超えた検査など雑多なものが含まれるに至っている。そして，その中には，個人の選択に委ねるべきものなのか疑問を呈しうるものも含まれており（例えば一定回数を超えた検査も，医学的に必要であれば保険適用されるべきとも思われる），全体として制度の目的・機能がきわめて曖昧になっている。なお，選定療養とされた診療について，医療機関は自由に価格を決定することができる。

　選定療養の対象が増えることは，つまり，患者が追加的な費用負担を行う場面が増えることを意味する。また，この自己負担の増加は，場合によっては，保険診療であった医療の一部を保険外に取り出し，新たに選定療養と定義する形で行われうる。そして，現行法上，混合診療禁止の例外が大臣告示により拡大されること，さらにはこの枠組みを通じて保険診療の範囲が縮小することへの歯止めとなる法律上の規定は存在しない。このような選定療養をめぐる現状は，混合診療全面解禁論に比べれば地味で注目されることのない点だが，本章で論じてきた日本の医療保険制度全体の構造をふまえれば，きわめて重要な問題を提起していると思われる。

〈参考文献〉

①　社会保障法のひとつの特徴として，この法分野が扱う対象の多様性がある。本章では，各種の社会保障制度のなかから，医療保障のみを取り上げたが，年金や介護，生活保護などの各種の制度には，それぞれに特殊性と重要な論点がある。また，日本の社会保障制度の全体像を知ったうえで本章を読めば，さまざまな制度のなかで医療保障制度が有する特徴もみえてくる。ここでは，全分野を見渡せる教科書のうち，初学者が最初に読む本として，島村暁代『プレップ社会保障法』，各制度とその内外で展開する法律関係の詳細さについてより深く知るための教科書として，笠木映里・嵩さやか・中野妙子・渡邉絹子『社会保障法』（有斐閣，2018 年）を挙げておく。

②　本章で検討した混合診療問題については，笠木映里「日本の医療保険制度における『混合診療禁止原則』の機能」新世代法政策学研究 19 号（2013 年）221 頁において，本章で簡単に言及した，混合診療禁止原則と保険診療の範囲の問題との関連を中心に詳しく論じている。この問題とも関連して，医療の分野における公私の役割分担という観点から，社会保障と私的な医療保険の関係についてフランス法を参照しつつ分析した研究として，笠木映里『社会保障と私保険——フランスの補足的医療保険』（有斐閣，2012 年）がある。

③　社会法という領域について適切な理解を得るためには，本章ではほとんど解説できなかった労働法という分野について学ぶことが必要不可欠である。初学者にも本格的な学習に取り組む者にも有用と思われる労働法の入門書・教科書として，水町勇一郎『労働法入門　新版』（岩波新書，2019 年），全体を見渡すことのできる教科書として，野田進・山下昇・柳澤武編『判例労働法入門〔第 7 版〕』（有斐閣，2021 年）を挙げておく。なお，日本も含め各国の社会保障は，歴史的には労働者のための生活保障スキームとして発展してきた面が強く，この点で労働法と社会保障法は密接に結びついている。ただし，最近では働き方の変容等によって，両分野の結びつき・関係について，多くの問題が提起されるに至っている。この点について論じる文献の一例として，笠木映里「労働法と社会保障法」論究ジュリスト 28 号（2019 年）21 頁がある。

④　本章で扱った医療というテーマについては，医師の資格や医師・患者間の契約関係，医療過誤をめぐる法的問題等，医療に関わる公法・私法上の問題全般を扱う医事法という法分野も存在する。この分野の教科書として，米村滋人『医事法講義』（日本評論社，2016 年）がある。

第 **15** 章

「ダウンロード違法化」から考える
著作権法の課題

本章のねらい　　知的財産法は,「人が作り出したもの（知的成果物）」が生み出され（創出）, 世の中に送り出され（媒介）, 享受される過程に関係する。とりわけ著作権法は, インターネット環境で SNS（ソーシャル・ネットワーキング・サービス）などを日常的に用いながらさまざまな情報を発信する私たち全てに関わる。私たちが日々の知的生産活動に従事する上では, インターネット上の情報を収集するために, 著作権法の保護対象（著作物）である情報をダウンロードしたり, スクリーンショットに収めたりすることも珍しくない。2018 年秋から2019 年春にかけて, いわゆる「海賊版対策」として, 違法な情報源からのダウンロード行為等を規制する法改正の動きがあったものの, その規制範囲が広範に過ぎるとして, 国会への法案提出が一度は見送られる異例の事態となった。本章では, この「ダウンロード違法化」に関する法改正を振り返りつつ, 著作権法の現代的課題について検討する。

1 知的財産法とは

知的財産法の役割

　私たちは, 無数の「人が作り出したもの」（以下,「知的成果物」という）に囲まれて日々の暮らしを送っている。子供の頃に描いた絵画もその一つだろうし, SNS（ソーシャル・ネットワーキング・

サービス）において投稿する内容も含まれるだろう。また，私たちがさまざまな **科学技術イノベーション** の恩恵を受けながら生活していることは言うまでもない。

　私たちがこれらの知的成果物を生み出し（以下，「**創出**」という），世の中に送り出す（以下，「**媒介**」という）際には，それらの活動を自分ひとりの力で全て行うことは難しい。本章の筆者が大学という教育研究組織の一員として生活の糧を得ているように，私たちが何らかの組織に属しながら **知的生産活動** に従事する場合も珍しくない。そして，知的成果物の創出および媒介のかなりの部分は「ビジネス」として行われている。私たちが書籍や音楽などの **文化的表現** を **享受** する際には，作家，作詞家，作曲家，実演家などの「クリエイター」や「アーティスト」だけではなく，出版社，レコードレーベル，そして現在であれば，インターネット上の配信を行う **プラットフォーム** などのさまざまな「**媒介者（メディア）**」の活動が重要な役割を果たしている。ビジネスにおいて知的成果物が「商品」として世の中に送り出される場合には，当該商品の「顔」としてのパッケージや「名前」としてのネーミングなどが市場における売上げを左右することも珍しくない。

　知的財産法 は，上記のような，知的成果物の創出，媒介および享受に関わるアクター（関係当事者）の活動に対して法的な介入を行う法制度である。その法的な介入で問題となるのは，いかなる知的成果物を主にどの知的財産法（例えば，主に技術に関係する **特許法**，主に文化的表現に関係する **著作権法**，主に商品またはサービスの出所を示す標章に関係する **商標法** など）で取り扱うべきか，知的成果物のいかなる範囲に財産権や人格権などの権利を発生させるべきか，それらの権利をどのような条件の下で誰に帰属させるべきか，知的成果物のいかなる利用の範囲について権利行使を認めるべきか，それぞれの知的財産法の保護期間をどのように設定すべきか，といった

事柄である。知的成果物に関係するアクター間における上記の事柄についての調整を通じて，知的財産法は，社会においていかなる**模倣** を認め，いかなる模倣を認めるべきでないのかという線引きを行う任務を負っている。

　本章では著作権法を最初に取り上げて検討を行う。「本章のねらい」にも書いたように，著作権は私たちの日々の知的生産活動に深く関わるからである。とりわけ「ダウンロード違法化」に関する法改正を振り返りながら，著作権法の政策形成やルール形成を含め，著作権法が抱える現代的課題について検討する。

2　著作権法における「ダウンロード違法化」の問題

私的使用のための複製（著作権法 30 条）の意義

　令和 2 年（2020 年）の著作権法改正で導入された「ダウンロード違法化」は「侵害コンテンツのダウンロード違法化」と言われる（著作権法 30 条 1 項 4 号。以下では，条数のみを掲げる場合には著作権法を指す）。これは 30 条 1 項柱書が定める「私的使用のための複製」の「例外」に位置づけられるから，私的使用のための複製の意義について確認する作業から始めたい。

　私的使用のための複製は，著作権の制限（30 条以下。以下，「**権利制限**」ともいう）の一つである。**著作権** の効力は，上演，演奏，展示，譲渡など，公になされる著作物の伝達に及ぶ（22 条から 26 条の 3）。複製（21 条）については，「公衆」や「公に」という文言は付されていないものの，「個人的に又は家庭内その他これに準ずる限られた範囲内において使用すること」（以下，「私的使用」という）を目的とする複製は権利制限の対象となる（30 条 1 項柱書）。これらの条文から，著作権は，公になされる著作物の伝達と，そのための著作物の創出（複製）に対して効力を及ぼそうとしていることが

確認される。

　私的使用のための複製が認められる「個人的に又は家庭内その他これに準ずる限られた範囲内」とは，親しい家族や友人等の人間関係で構成されるコミュニティである。著作権法がこのような私的領域にことさらに介入しなくても，親しい家族や友人等の間でのコミュニケーションに必要な著作物の創出媒介および享受はスムーズになされるだろう。そうであれば，著作権法が支援する形でアクターの背中を押さなければ，著作物の創出，媒介および享受のための資源（リソース）の供出が行われないような状況においてのみ，著作権法が関係するアクターの行動に介入すべきであるといえそうである。

　このような理由から，著作権は，「公に」なされる著作物の伝達行為と，そのための著作物の創出行為（複製）に対して効力を及ぼそうとしていると考えられる。そして，私的使用のための複製は，私たちの私的な活動の自由を保障するとともに，私たちが日常生活で行う情報収集やコミュニケーション等の知的生産活動の基盤を提供していると評価できるだろう。

音楽・映像に関するダウンロード違法化および刑事罰化

　現行著作権法（昭和45年法律第48号）の制定当初，私的使用のための複製の条文は現在の30条1項柱書のみであった。しかし，その後の技術革新は，新しい表現手法，新しい記録手段，新しい伝達方法などを生み出し，特にデジタル化によって私的領域における複製が容易かつ高品質に行えるとともに，インターネットの出現によって私たちの誰もがそれらの複製物を公に伝達することが可能になった。このような環境の変化を受けて，無条件に私的使用のための複製を認めることは好ましくないという判断から，私的使用のための複製に対する例外が設けられた（30条1項1号～3号）。

　平成21年（2009年）の改正において，音楽・映像に関する「ダウ

ンロード違法化」がなされ，さらに平成 24 年（2012 年）の改正において，一定の要件のもとに 刑事罰 が課せられた。それまでの私的使用のための複製では，その対象が適法な ソース（情報源）に由来するものであるか否かは問われておらず，違法なソースからの私的使用のための複製についても権利制限の対象となっていた。しかし，平成 21 年改正において，「著作権を侵害する自動公衆送信を受信して行うデジタル方式の録音又は録画」については，「その事実を知りながら」行う場合には権利制限の対象とはならないとされた（30 条 1 項 3 号）。

平成 21 年改正では，ダウンロード行為者の違法性は違法アップロード行為者に比べて低いという理由から刑事罰は規定されなかった。しかし，違法ダウンロードが権利者に与える影響が大きいという声が音楽業界を中心に上がり，平成 24 年改正の政府提出法案に刑事罰に関する規定は含まれていなかったものの，当時の野党であった自由民主党と公明党からの 議員修正 の形で，音楽・映像の「ダウンロード違法化」に刑事罰が導入された（119 条 3 項）。刑事罰の適用範囲は，平成 21 年改正で導入された音楽・映像の「ダウンロード違法化」のうち，「有償で公衆に提供され，又は提示されているもの」に限られる。ちなみに，この議員修正についての実質的な審議は，衆議院で 1 回（平成 24 年 6 月 15 日）および参議院で 1 回（同年 6 月 19 日）なされたのみである。

《 「ダウンロード違法化の対象範囲の見直し」の議論における混乱

令和 2 年著作権法改正における「侵害コンテンツのダウンロード違法化」につながる議論は，「ダウンロード違法化の対象範囲の見直し」という形で平成 30 年（2018 年）の秋に始まった。この背景には，同年度前半に，いわゆる「海賊版サイト」への閲覧防止措置（サイトブロッキング）の議論が不調に終わったことが挙げられる。

いわゆる「海賊版」への緊急対策として，当初は「著作権を侵害

する静止画（書籍）のダウンロード違法化」という形で始まったはずの議論は，違法な著作物であることを知って行うダウンロード（スクリーンショットを含む）を広範に違法化するとともに，その一部を刑事罰の対象とする方向に舵が切られていった。

　著作権法改正の実質的な議論を行う文化審議会著作権分科会法制・基本問題小委員会（以下，「小委員会」という）でも，広範な規制範囲について異論が相次ぎ，複数の委員が慎重な検討を求める共同意見書（以下，「共同意見書」という）を提出するなど異例の展開をたどった。しかし，小委員会報告書は平成 31 年（2019 年）2 月上旬に議論開始からわずか 3 カ月で取りまとめられ，小委員会の「親会」である文化審議会著作権分科会でも承認された。

　文化庁が示した著作権法改正案（以下，「文化庁当初案」という）では，全ての著作物を対象として，違法なソースからのダウンロードについて，その事情を知っている場合には，どんなに些細なものでも幅広く違法となること，そして，刑事罰については「正規版が有償で提供されているもの」および「継続的にまたは反復して行う場合」という 2 つの要件が加重されることになっていた。しかし，民事規制の範囲が広範であることに加えて，刑事罰において加重される 2 要件が処罰範囲を適切に限定する効果を有さないのではないかということが危惧され，上記の共同意見書は，規制範囲を「原作のまま」および「当該著作物の提供又は提示により著作権者が得ることが見込まれる利益が不当に害される場合」に限る（刑事罰にはさらに上記の 2 要件が加重される）ことを求めていた。

　いわゆる **内閣提出法案** は，国会に提出される前に，「**与党審査**」という形で事前に与党の了承を得るプロセスを経る。平成 31 年 2 月に与党審査が進められる中で，文化庁当初案に示された広範な規制範囲は，私たちの知的生産活動や日常的なコミュニケーションに悪影響を及ぼすのではないかという懸念が社会で共有されていった。

100 名以上の知的財産法・情報法研究者有志，日本漫画家協会，日本建築学会会長，100 名以上の弁護士有志，日本学術会議有志などが慎重な検討を求める声明を発し，それらの声明が指摘する問題点も著作権にとどまらず，表現の自由や刑事手続などに広がっていった。

　自由民主党における法案審査でも，同党における常設の最高意思決定機関である **総務会**（自由民主党党則 37 条以下）において差戻しがなされ，しかしながら，その後も状況は二転三転し，最終的に安倍晋三首相（当時）の指示などもあって，平成 31 年 3 月 13 日に，同年の通常国会への法案提出が断念される異例の展開をたどった。

「侵害コンテンツのダウンロード違法化」に向けた議論

　「侵害コンテンツのダウンロード違法化」に関する議論は，令和元年（2019 年）の秋から再び動き出した。文化庁は数千人規模のアンケート調査や パブリック・コメント の募集を行うとともに，「侵害コンテンツのダウンロード違法化の制度設計等に関する検討会」という有識者検討会（以下，「検討会」という）を設置し，具体的な法案作成に向けた議論を進めた。写り込みに関する権利制限規定（30 条の 2）を拡充することで，スクリーンショットを行う際に違法画像等が入り込むことを適法にする，「**軽微なもの**」を違法化の対象から除外することで，数十ページで構成される漫画の 1 コマなど，一部分だけの軽微なダウンロードを適法にするといった方向性については，議論の当初から検討会構成員の賛同が得られた。

　文化庁は，「軽微なもの」について，「その著作物全体の分量から見て，ダウンロードされる分量がごく小部分である場合」，「画質が低く，それ自体では鑑賞に堪えないような粗い画像をダウンロードした場合」と説明していた。この説明によれば，「軽微なもの」であるか否かは，利用される著作物の物理的な量と質だけで判断される。しかし，規制対象となるとされる「1 コマ漫画の 1 コマのダウ

ンロード」であっても，例えばそれが独立して市場において販売の対象とならない場合などには，権利者の利益を不当に害さないケースも想定される。市場を含む著作物が置かれた状況や，ユーザーが著作物を利用する背景事情などを考慮しなければ，インターネット上での情報収集やコミュニケーション等に対する悪影響は避けられないのではないかという危惧は依然として残されていた。

その後の検討会の議論では，「軽微なもの」に加えて，**著作権者の利益を不当に害することとなる場合**」という要件を加重すべきか否かという点が焦点となった。この要件は平成30年度の議論から繰り返し提唱されてきたものの，「著作権者の利益を不当に害することとなる場合」に限定すると，権利者が当該事実を立証する必要があり，権利行使が困難となるのではないかといった懸念が示され，検討会においては「著作権者の利益を不当に害しないと認められる特別な事情がある場合を除く」という折衷的な意見が出された。

検討会においては，「著作権者の利益を不当に害することとなる場合」に関する要件を加重すべきか否かについて見解の一致を見ることはできず，検討会の報告書は両論併記の形でまとめられ，結論は政治過程における判断に委ねられた。

上記の検討会における議論と並行して，自由民主党の「知的財産戦略調査会デジタル社会実現に向けての知財活用小委員会」においても重点的な検討が行われ，民事と刑事の両方において，侵害コンテンツのダウンロード違法化の対象から**「著作権者の利益を不当に害しないと認められる特別な事情がある場合」**を除外すべきであるという方針が示され，これに沿った形で次に見るように令和2年の著作権法改正が成立した。

《「侵害コンテンツのダウンロード違法化」の内容

前述した議論の経緯を受けて，「侵害コンテンツのダウンロード違法化」の民事規制と刑事罰については，規制範囲を限定するため

に複数の要件が設けられた。なお，令和2年改正では，音楽・映像に関する「ダウンロード違法化」に関する内容の変更はなされていない。

民事規制（30条1項4号）では，「著作権……を侵害する自動公衆送信……を受信して行うデジタル方式の複製」のうち，①「28条に規定される権利（翻訳以外の方法により創作された二次的著作物に係るものに限る。）」，②「著作物のうち当該複製がされる部分の占める割合，当該部分が自動公衆送信される際の表示の精度その他の要素に照らし軽微なもの」，および，③「当該著作物の種類及び用途並びに当該特定侵害複製の態様に照らし著作権者の利益を不当に害しないと認められる特別な事情がある場合」が除かれ，（①および②で除かれたものを「**特定侵害複製**」という），さらに④「特定侵害複製であることを知りながら」という **主観的要件** が求められる。

刑事罰（119条3項2号）については，民事規制の規制範囲に加えて，⑤「有償で公衆に提供され，又は提示されているもの」（いわゆる「有償著作物」）であること，および，⑥「継続的に又は反復して」（いわゆる「反復継続」）という2つの要件が加重されている。

3　著作権法の現代的課題

著作権法を取り巻く現状

著作権法は，「一億総クリエイター」，「生涯学習」，「イノベーションの民主化」といった現象が進む現代社会においては，知的生産活動に従事する私たち全員に関わる。今や文化的表現の創作，媒介および享受は，特定の「職種」または「職能」に閉じられるかたちで固定化されず，多様なアクターが，状況に応じて役割をその都度変えたり，2つ以上の役割を兼ねたりしながら，多様なかたちでかかわることが常態化しつつある（以下，このことを「**多様性**」とい

う）。この現状に鑑みれば，著作権法の制度設計を行う際にも，多様なアクターの利害に配慮するとともに，当該アクターの意見が適切に **制度設計** に反映され，制度設計のもたらす成果が当該アクターに適切に反映される状況（以下，このことを「**包摂性**」という）を実現する必要性はこれまで以上に高まっている。

　しかしながら，「ダウンロード違法化」の法改正における混乱に鑑みると，現在の著作権制度が「多様性」と「包摂性」を兼ね備えているとは言えなさそうである。以下では，私たちがどのように著作権制度を改善していくべきなのかということについて検討する。

▟「業界」や「コミュニティ」の「慣習」や「規範」

　著作物の資格を得る文化的表現には，文芸作品，音楽，舞踊，建築，写真など，多種多様なものが含まれる。それらの文化的表現の創作，媒介および享受のあり方は，当該文化的表現が関係する「業界」や「コミュニティ」によって異なるとともに，当該「業界」や「コミュニティ」ごとに，その創出，媒介および享受に関わる「慣習」や「規範」が存在する。それらの「慣習」や「規範」は，当該「業界」や「コミュニティ」において，どのような文化的表現が著作物としての資格を有するべきか，保護範囲はどの範囲であるべきか，権利制限はどのようにあるべきかといったことに影響を与えるはずである。そうであれば，当該文化的表現が関係する「業界」や「コミュニティ」における「慣習」や「規範」の意味を探求することなしには，著作権に関係するさまざまな問題を解決することはできないだろう。

　つまり，著作権について理解を深めたければ，著作権法の知識に加えて，さまざまな文化的表現の創出，媒介および享受に関係する「クリエイティブ」な営みや「**クリエイティブ産業**」と，それらの「業界」や「コミュニティ」などの実態を深く知る努力が必要である。

法に本来的に存在している「余白」の認識

　法に本来的に存在している「余白」を自覚的に認識することも重要である。例えば，著作物の社会への伝達を促す自主的な取組みとして，著作者が一定の条件で著作物の利用や改変を許すという条件を付す，いわゆる「クリエイティブ・コモンズ・ライセンス（いわゆる「CCライセンス」）」などの手段が幅広く利用されている。CCライセンスでは，一定の条件のもとで著作者が著作権や著作者人格権を行使しないと予め宣言しているだけであり，著作者が権利を放棄しているわけではない。CCライセンスは，著作権法に定められた権利の存在を前提としつつ，それらを巧みに用いることによって，権利者の事前の許諾を必要とする著作権制度とは異なる価値を追求している点が興味深い。このような取組みは，著作権法に「余白」が存在しているという認識があって初めて可能となる。

　また，個別具体的な要件から構成される条文だけではなく，「公正」「正当」といった規範的な要件から構成される条文（いわゆる「一般条項」）を法の中に書き込むことも，「余白」を自覚的に作り出すことにつながる。著作権法に一般条項型の権利制限規定である「フェアユース（公正利用）」を導入すべきかどうかという議論などは，その一つの例である。

著作権法における自主的な秩序形成の重要性

　世の中に存在する多種多様な著作物の利用には，私たち社会の幅広い構成員全員が関わっている。したがって，著作権法を所管する文化庁は，「多様性」と「包摂性」を兼ね備えた著作権制度を実現するための 政策形成 や ルール形成 のあり方を追求すべきである。もっとも，いったん法改正がなされると，次の法改正までの間は，文化庁は私たちが日常的に行う著作物の利用に直接的に介入する規制権限を有しておらず，パンフレットやQ＆Aなどを作成する形で啓蒙を行うことぐらいしかできないということも事実である 。

私たち社会の幅広い構成員の著作物利用が何らかの法的問題を生じた場合には、究極的には訴訟を通じて解決が図られるしかないという点で、著作権法の世界では、関係するアクターによる自主的な秩序形成が専ら志向されている。

　そうであるならば、著作権法の世界を少しでも改善していくためには、著作権法に関係する幅広いアクターである私たち一人ひとりが、著作権法についてより正確な知識を共有するとともに、自らが責任ある主体として著作権法に関わっていく状況を、漸進的であっても作り出していくしかない。つまり、より良い著作権制度を作るためには、いわゆる「**著作権教育**」の内容を改善し、著作権法に関係する幅広いアクターが著作権制度についての「共通理解」を得られるような仕組みづくりを行う努力が必要不可欠である。

　本章の筆者も、著作権法を専門領域として研究する者の一人として、より多くの社会の構成員が著作権法に関する基本的な知識と判断能力を涵養できるような「著作権教育」の充実に向けて、今後も微力を尽くすつもりである。そして、本章の読者にも、著作権法に関係するアクターの一人として、著作権法の内容、政策形成やルール形成のあり方などに関心を持ち、著作権制度を改善しようという気持ちを持ち続けてほしいと願っている。

〈参考文献〉

① 　知的財産法の基本的な考え方については、中山信弘『マルチメディアと著作権』（岩波新書、1996 年）が平易かつ簡明に論じている。出版から少し時間が経つものの、その価値は現在も色あせていない。同じ著者の執筆した体系書として、中山信弘『特許法〔第 4 版〕』（弘文堂、2019 年）、中山信弘『著作権法〔第 3 版〕』（有斐閣、2020 年）がある。
　　知的財産法の教科書としては、愛知靖之・前田健・金子敏哉・青木大也『知的財産法』（有斐閣、2018 年）が、コンパクトな分量で、知的財産法の主要な領域をカバーしている。著作権法の教科書としては、島並良・上野達弘・

横山久芳『著作権法入門〔第3版〕』（有斐閣，2021年）が，必要かつ十分な知識を分かりやすく説明している。

② 　本章の筆者は，文化審議会著作権分科会法制・基本問題小委員会の委員として「ダウンロード違法化の対象範囲の見直し」の検討に加わり，議論の最終局面において，他の委員と協働して，文化庁の示す法改正の方向性に異論を唱えた。さらに，法案が自由民主党において審理される過程において，複数の自由民主党の国会議員に対して，法案の問題点についての説明を行った。

　これらの経験を踏まえた拙稿として，小島立「『ダウンロード違法化の対象範囲の見直し』についての議論を振り返る」情報法制研究6号（2019年）22頁，小島立「令和2年著作権法改正における『侵害コンテンツのダウンロード違法化』について」法学教室482号（2020年）56頁のほか，小島立「私たちは『多様性』と『包摂性』を兼ね備えた著作権制度をどのようにしてつくり上げるべきなのか？」ネットTAMリレーコラム「文化政策研究とアートマネジメントの現場　第3回」（2019年）〔https://www.nettam.jp/column/cultural-policy-management/3/〕がある。その他に，筆者が「第3回情報法制シンポジウム」（2019年6月15日）で行った報告の取材記録が，すまほん「拙速すぎる文化庁の違法ダウンロード拡大と阻止，一体何があったのか？委員振り返る」（2019年6月16日）〔https://smhn.info/201906-the-truth-of-the-illegal-download-expansion-problem〕にまとめられている。

　「ダウンロード違法化」の問題に関しては，法律時報92巻8号（2020年），L＆T87号（2020年）などの特集に掲載されている諸論稿も参照されたい。

③ 　著作権法の現代的課題については，田村善之「日本の著作権法のリフォーム論——デジタル化時代・インターネット時代の『構造的課題』の克服に向けて」知的財産法政策学研究44号（2014年）25頁による網羅的な検討に加えて，筆者の手になるものとして，小島立「著作権法の政策形成およびルール形成が抱える課題について——一般条項型の権利制限規定のあり方に焦点を当てて」田村善之・山根崇邦編著『知財のフロンティア——学際的研究の現在と未来〔第2巻〕』（勁草書房，2021年）189頁がある。

　著作権法の「余白」については，水野祐『法のデザイン——創造性とイノベーションは法によって加速する』（フィルムアート社，2017年），現代的な政策形成やルール形成の課題については，齋藤貴弘『ルールメイキング——ナイトタイムエコノミーで実践した社会を変える方法論』（学芸出版社，2019年）などを参照されたい。

第 **16** 章

中世カノン法と教会裁判制度

本章のねらい　　カノン法という分野は，日本の読者には馴染みがないかもしれないが，西洋においては法制史研究の主要分野の一つである。国際的に権威のある法制史の専門雑誌『サヴィニー雑誌』において，「ローマ法の部」，「カノン法の部」，「ゲルマン法の部」という三部構成が採られていることは象徴的である。西洋法の発展に大きく貢献したカノン法は，その伝統の一部として認められているのである。そして，西洋法を継受した日本人にとっても，カノン法は決して全く無縁のものではない。

とはいえ，クリスチャンでもない限り，カノン法の存在さえ知らないのが普通だろう。そこで本章は，カノン法の基礎となっている中世カノン法に焦点を当て，それがどのようなものなのか具体的なイメージを掴んでもらうことを目的とする。以下では，まず基礎的な説明を行い（1），カノン法が適用される場である教会裁判所について解説し（2），裁判で用いられる訴訟手続を素材に中世法学の議論を紹介する（3）。

1　カノン法とは何か

古典カノン法

カノン法 とは，「物差し」や「基準」を意味するギリシア語カノーン（κανών，ラテン語では canon）に由来し，広義にはカトリッ

ク教会において規範としての効力を有するすべての法を指す。この言葉は，元来はキリスト教徒としての正しい信仰や行動の指針を意味したが，教会の組織化の進展とともに公会議の決議などの組織的立法を含むようになり，さらに教皇による立法（教皇令）や権威が認められた教父の著作などを含めた教会の規範の総体として認識されるようになった。

　教皇権の興隆と教会の中央集権化を背景に，特に 12 世紀から 14 世紀にかけてカノン法の収集・整理が進められ，カノン法令集の編纂が活発に行われるようになる。中でも，グラティアヌス（聖職者でありカノン法の教師でもあったと目される）が編纂した『**グラティアヌス教令集**』（1140 年頃）は，過去千年以上のカノン法の伝統の集大成となる画期的なものだった。また，同時期に急速に増加した教皇による法定立は，『**グレゴリウス 9 世教皇令集（リーベル・エクストラ）**』（1234 年）をはじめとする種々の教皇令集にまとめられた。この時期に編纂された複数のカノン法令集は，次第に一体的に把握され「**カノン法大全**」（→第 2 章 1 ）と呼ばれるようになり，カノン法の発展の土台となった。それゆえ，12 世紀以降の中世カノン法（実際には古代の法源も含む）は **古典カノン法** と呼ばれる。

`note`　「カノン法」と「教会法」

　「カノン法（ius canonicum）」という用語は，「カノン法大全」に含まれる法規範を指しそれ以降の教会の法規範を除外する場合に使われることもあれば，国家と教会との関係を規律する法（「国家教会法」，憲法や法律などの他に国家教会間の条約も含まれる）と対比してカトリック教会内部の法規範を指す場合に使われることもあり，必ずしも用語法は一定しない。それに対し，「教会法（ius ecclesiasticum）」という用語は，カノン法と同義で使われることもあるが，現代ではカトリック以外の教派（福音主義や東方教会など）の法規範や国家教会法などを含めた最も広い意味で用いられる傾向にある。

カノン法の解釈学の成立

　中世盛期以降に特に大学において行われた **中世カノン法学** は，現代の法律学と同様（→第1章2），カノン法の解釈学であった。ゆえに，それが成り立つためには，解釈の対象となる法テクストと，それを解釈するための技術が必要だった。

　第一に，解釈の対象となる法テクストは，教会の古来からの伝承が豊富に提供した。古代末期以降，カノン法令集はたびたび作成されていたものの，体系的配列を持つ本格的な法令集が作られるには，グレゴリウス改革（グレゴリウス7世の主導で行われた教会の刷新運動）の時期まで待たなければならなかった。11世紀に編纂されたヴォルムス司教ブルヒャルトの『教令集』やシャルトル司教イヴォの『パノルミア』といったカノン法令集は，『グラティアヌス教令集』の編纂の際にも大幅に利用され，カノン法の体系的整理の基礎となった。

　第二に，**初期スコラ学** によって生み出されたテクスト解釈の技法は，カノン法の解釈学の成立にとって決定的な寄与をなした。スコラ的方法の特徴は，権威的テクストに見られる諸命題の矛盾について，理性的な分析を通じて解決を図るという点にある。ピエール・アベラール（1079-1142）が『然りと否（Sic et non）』の序文において，「我々の弱さを念頭に置いて，彼ら（聖人たち）が書くにあたって恵みを欠いていたというより，むしろ我々が理解するにあたって恵みを欠いているのだと信じようではないか」と述べているように，一見相対立しているテクストも，理解を尽くせば矛盾なく説明できると考えられたのである。『グラティアヌス教令集』には，その正式名称「矛盾するカノンの調和」の通り，この時期に生み出された神学におけるテクスト解釈の方法が応用されている。

中世カノン法学

　中世カノン法学の担い手は，講学上二派に分けられる。すなわち，

『グラティアヌス教令集（Decretum Gratiani）』を対象とした **教令集学派（デクレティスト）** と，『グレゴリウス9世教皇令集』などの教皇令集（decretales）を対象とした **教皇令集学派（デクレタリスト）** である。彼らは主に12世紀以降成立した大学において，研究・教育に従事する傍ら，カノン法令集に基づき註釈，教科書，論文などを精力的に執筆した。

　中世の大学で学ばれるカノン法は，ローマ法と共に両法（utrumque ius）という名称で一体的に把握され，教皇と皇帝という二つの普遍的権力に基づき一般的な効力を持つ法として **普通法**（ius commune）（→第2章2）とみなされた。現代では，中世の大学において教え学ばれた両法を指して，法学者の学説法を含めて **学識法**（gelehrtes Recht, droit savant, learned law）とも呼ばれる。

　大学では両法の習得が重視され，カノン法学とローマ法学は分かちがたく結びついていた。12世紀末には大学で「両法博士」の称号が与えられるようになり，中世後期以降には「カノン法を知らないローマ法学者はわずかなことしかできず，ローマ法を知らないカノン法学者は何もできない」という格言も広まった。実際に，数多くの法概念や法制度が両法学において共有・交換された。

法学と教皇立法

　中世カノン法学を特徴づける要素の一つが，ローマ教皇による立法の存在である。教皇はさまざまな形で法定立を行ったが，その中心を占めたのは **教皇令** という形式である。教皇令とは，ヨーロッパ各地の教会裁判所の裁判官からの照会に応じて出される，法的問題についての教皇の回答のことで，個人に宛てた書簡として発給された。したがって，教皇令は個々の事件に対する教皇の法的判断だと言えるが，それが法学の対象となりカノン法令集に集録されることで，教会の一般法として普及した。

　教会の中央集権化を背景に，特に12世紀のアレクサンデル3世

期（1159-81）頃から，教皇令の数は飛躍的に増加していった。ひとたび教皇令が出されると，法学の側ではすぐに新法（ius novum）として受け取られ議論の対象となり，逆に教皇の側では法学の議論が参考にされ，それを前提として法定立が行われた。このような法学と教皇立法の交換関係は，中世におけるカノン法の発展の原動力になった。

2　中世教会における裁判

内的法廷と外的法廷

12 世紀以降，教会の管轄が及ぶ領域として，内的法廷（forum internum）と外的法廷（forum externum）が区別されるようになった。**内的法廷** とは，（歴史的にはより古い名称で）良心の法廷（forum conscientiae）や懺悔の法廷（forum penitentiale）とも呼ばれ，信徒の告解（罪の告白）に基づき罪を裁くまたは赦す場と理解された。したがって，告解をするか否かは信徒の自発性に委ねられ，告解者は告発者であると同時に被告発者となる。それに対し，**外的法廷** はカノン法に対する外形的な違反が問われる場として位置づけられた。この法廷への参加は義務的であり，訴えられた者は強制的に出頭させられる。外的法廷は争いの場であるために対審的構造が採られ，当事者双方の弁論に基づき判決が下される。審理は教会で裁判の形式で行われるため，教会の法廷（forum ecclesiae）や裁判の法廷（forum iudiciale）とも呼ばれた。

両法廷に関する議論の素材を豊富に提供したのは，『グラティアヌス教令集』だった。実際にはグラティアヌス自身はその区別を行っていないが，その法的素材があって初めて，後のカノン法学者たちは理論を精緻化することができたのである。ゆえに，ダンテの『神曲』の中で，グラティアヌスはアルベルトゥス・マグヌスとト

マス・アクィナスと並んで天国の住人として描かれ，「一方の法廷と他方の法廷を助けたため，天国で喜ばれている」と讃えられている（天国篇第 10 歌 103-5 行）。

note 聖職者の職務と人格

　両法廷の分離の背景には，特にグレゴリウス改革以降に顕著に見られる，聖職者の職務（officium）と人格（persona）の分離という制度的な考え方があった。グレゴリウス改革は，聖職売買（シモニア）や聖職者の妻帯（ニコライズム）といった腐敗を一掃することで教会規律を刷新し，世俗権力による支配から教会の自由を回復することを目指すものであった。その際に問題となったのが，聖職売買を行った者による秘跡授与の有効性だった。ここでは最終的に，教会組織の維持運営の観点などから，秘跡を授けた人物の人格を問わず，職務として規則にしたがって与えられた秘跡であれば有効とみなす考え方が正統と認められた（これはアウグスティヌスがドナトゥス派との論争で採った伝統的な立場でもあった）。

　さらに進んで，一つの人格の中に複数の職務を担う主体が観念されることで，聖職者の内的法廷における聴罪師としての職務と，外的法廷における裁判官としての職務が分離，区別された。ゆえに，内的法廷で明かされた事実は秘密にされなければならず，聖職者がそれを外的法廷で利用することは堅く禁じられ，違反した場合には厳しい制裁が科された。第四ラテラノ公会議（1215 年）決議は，信徒に少なくとも年一回の告解を義務づけると同時に，聖職者が告解の秘密を破れば，「司祭としての職務を剥奪されるだけでなく，永久の贖罪を行うために厳格な修道院に追いやられる」と定めた。

教会裁判所とその管轄

　可視的教会の制度として，外的法廷は 教会裁判所 によって体現された。最高裁判官たるローマ教皇を頂点とし，大司教区・司教区と続くヒエラルキーに応じて張り巡らされた教会のネットワークが，ヨーロッパ全土をカバーした。教会裁判所では審級制が採られ，通常は下位から上位の裁判所へと上訴が行われた。

教会裁判所は特定の当事者に対して人的管轄を持った。まず，すべての聖職者は世俗の裁判所で裁かれないという裁判特権（privilegium fori）を有し，教会が排他的管轄を持った。さらに聖職者の家に属する者や修道士，修道女などに加え，教会の特別な保護の対象として貧者，未亡人，孤児などの哀れむべき人びと（personae miserabiles）が教会の管轄下にあると考えられた。

　特定の事件に対する事物管轄により，教会裁判所の管轄はさらに広いものになり，ここでは当事者の人的特性は問われなかった。事物管轄の対象となるのは**霊的事件**（causae spirituales）またはそれと密接に関連する事件であり，婚姻，遺言，教会財産，聖職禄，十分の一税，教会保護権（教会創設者が取得する権利），宣誓によって確認された契約に関する事件などがこれに含まれた。また，教会が発給した証書が用いられる訴訟も教会裁判所で扱われた。刑事事件の領域では，1204年のインノケンティウス3世の教皇令により，聖職者または俗人を問わず「罪を理由として」，あらゆる者が教会裁判所に訴えること（いわゆる福音的告発）ができるというルールが確立され，広範な管轄権が教会に委ねられた。

　また，世俗裁判所が法的救済を行わない場合，教会裁判所は常に管轄権を主張した。聖書の記述「万一お前が彼を苦しめ，もし彼がわたしに向って叫ぶなら，わたしは必ずその叫びを聞く」（出エジプト記22章22節，以下聖書からの引用はフランシスコ会聖書研究所訳〔サンパウロ，2013年〕による）に基づき，「世俗の正義が欠如する場合」には俗人間の訴訟についても教会が管轄権を持つとされた。加えて，世俗君主間の管轄権が競合し管轄裁判所が決まらない場合，教会裁判所はいわば国際裁判所のように機能した。例えば十字軍従軍者や遠隔地貿易を行う商人は，「平和と安全を理由として」教会の権利保護の対象となった。

　とはいえ，教会裁判権の境界は確固たるものではなく流動的だっ

た。教会裁判所が管轄権を貫徹できるかどうかは，教会と世俗との間の権力関係に左右され，時間的にも空間的にも常に多くの変動があった。

3　ローマ・カノン法訴訟の一断面

弁論主義の歴史的淵源

　教会裁判所では学識法化したローマ法およびカノン法に基づいた訴訟手続が用いられたため，ここでの訴訟は **ローマ・カノン法訴訟**（または学識法訴訟）と呼ばれる。大学での両法に対する法学研究と，教会裁判所での実務が結びつき，合理化された手続が形成され，学識を持つ裁判官（学識法曹）がその運用を担った。

　ローマ・カノン法訴訟において，裁判官は当事者の主張と立証に基づいて判決を下すよう求められた。今日から見れば **弁論主義**（→第4章2）に該当するこの考え方は，「裁判官は知っていることにしたがってではなく，主張されたことにしたがって裁く」という法格言で表現された。しかし，「知っていること（conscientia）」の内容は必ずしも明らかではなく，例えば，裁判官が訴訟外で得た知識（例えば贖罪師として告解の場で得た情報）を訴訟で利用することが認められるかどうかが問題となった。

　この問題は，裁判官の職権による補充との関連で論じられた。すなわち，当事者またはその弁護士の主張が不十分であった場合に，裁判官がこの主張の不足を補充できるかが争点となった。

　法学者たちはまず，補充の対象を法と事実とに区別した。**法の補充** については，当事者の選択した訴権（請求の法的根拠づけ）が紛争の事実関係に照らして不適切な場合に，裁判官が職権により補充することができるかが論じられた。その結果，請求の法的評価や法の解釈・適用は裁判官に委ねられる（「裁判所は法を知る（Jura novit curia)」）ことが原則となった。

　特に問題となったのは，**事実の補充** だった。やはりここでも，法学者たちは事実の区別を行った。あるローマ法学者は事実が扱われる場を民事事件と刑事事件とに区別し，事実の補充は前者では可能だが後者では不可能と主張した。他方，カノン法学者たちは，内的法廷と外的法廷の分離に基づき，裁判官の人格の区別を行った。すなわち，「裁判官として知った事実」（訴訟内で当事者の陳述や証言から得られた事実）と「私人として知った事実」（訴訟外で裁判官としての職務とは無関係に得られた事実）とに事実が区別され，後者については原則として補充ができないとされた。なお，内的法廷で得られた事実は「神として知った事実」に当たり，これの補充も認められないとされた。以上のカノン法学者の立場は，ローマ法学者にも受け継がれ優勢になっていった。

　(note) 論拠としての聖書

　中世法学の議論では，ローマ法学でもカノン法学でも，しばしば聖書からの論拠の提示が行われる。中世のキリスト教世界では最も権威あるテクストと認められていたからである。上述の事実の補充についての議論の際には，福音書から「姦通の女」の事例が引用された。

　この箇所は，律法学者とファリサイ派が姦通をした女を連れてきて，石打ちにすべきかどうかをイエスに問うところから始まる。この問いに対し，イエスは「あなた方のうち罪を犯したことのない人が，まずこの女に石を投げなさい」と答えると，人びとは立ち去っていき最後にはイエスと女のみが残った。そして，次の記述で締めくくられる。

　イエスは身を起こして仰せになった，「婦人よ，あの人たちはどこにいるのか。誰もあなたを罪に定めなかったのか」。彼女は，「主よ，誰も」と答えた。イエスは仰せになった，「わたしもあなたを罪に定めない。行きなさい。そしてこれからは，もう罪を犯してはならない」。（ヨハネによる福音書8章10-11節）

このテクストは，あるときは一般的に事実の補充ができないことを，あるときは刑事事件における事実の補充ができないことを基礎づけるために引き合いに出された。イエスが姦通の事実を知りながら，女を罪に問わなかったと解釈できるからである。しかしよく考えてみると，この箇所を証拠収集ではなく訴え提起の場面と捉えれば，弁論主義というよりもむしろ「訴えなければ裁判なし」（処分権主義または不告不理の原則。→第4章3）に関するものと解すこともできる。当時において両者の区別がなく当事者の権限一般の問題として捉えられていたとしても，やはりここでも解釈が問題となり，同じテクストでも異なる論拠で使用されることがありえたのである。

🎐 中世教会の訴訟制度観

しかし，「私人として知った事実」であっても，例外的に裁判官による補充が認められることがあった。訴訟が一定程度進んだ段階（争点決定後）に当事者が欠席した場合がそれに当たる。では，この場合に弁論主義の原則が働かないのはなぜだろうか。

ローマ・カノン法訴訟の 欠席手続 には，当事者に弁論の機会が与えられないまま判決が下されてはならないという手続保障の観念が強く現れている。すなわち，欠席判決が下されうるのは，欠席当事者が反抗的な態度を改める見込みがなく，訴訟が一定程度進んだ段階にあり，事実関係が明らかで判決に熟している場合のみであり，そうでなければ 破門 という教会罰により間接的に出頭を強制する方法が採られた。ただし，破門が下されても即座に訴訟上の不利益を被るわけではなく，1年以内に出頭担保を提供すれば破門は解かれ，訴訟に復帰することが認められた。つまり，破門は欠席当事者の改悛を促す一時的な手段だった。

以上の欠席判決の要件に照らすと，「私人として知った事実」の補充は，判決に熟しているか否かを判断する事実関係の解明度を満たすために行われたものと考えられる。とすれば，ここで事実の補

充を認める意味は両義的である。一方で，事実が欠席当事者に不利な内容であれば，事実の補充が敗訴判決に繋がる最後の一押しとなりうる。他方で，事実が欠席当事者に有利な内容であれば，事実の補充は欠席者が一方的に不利益を被ることを防ぐことになりうる。これはどちらもありえたと思われる。

　いずれにせよ，判決を下すに十分なほど事実関係が明らかになっていることが欠席判決の要件とされ，その際に職権による事実の補充が幅広く認められることから，実体的真実の発見に高い価値が置かれていたことは明らかである。ここに，一方では弁論主義に基づく当事者支配を尊重しながら，他方では真実発見のためには職権による積極的介入をも認める，中世教会の独特の訴訟制度観がある。ぜひ日本の訴訟制度と比較してみて欲しい。

(note) カノン法上の衡平

　中世のカノン法学者たちは，カノン法が常に厳格に適用されるべきものではなく，教会のより高次の目的，すなわち信徒の霊的救済のために存すべきことを繰り返し強調している。例えば，著名なカノン法学者であるヨハネス・テウトニクス（？–1245）は，「裁判官は厳格さよりむしろ慈悲にしたがうべきである」と述べている。ゆえに，カノン法の解釈の際に，裁判官は **カノン法上の衡平**（aequitas canonica）という最高の指導原理にしたがうべきとされた。この原理に基づき，信徒の魂の危険をもたらしうる場合には原則からの例外が認められ，当事者の処分権もしばしば限定された。

カノン法の現在

　中世カノン法の集大成である「カノン法大全」は，1917年に教皇ベネディクト15世によって『教会法典（Codex iuris canonici）』が公布されることで，効力を失った。ただし，同法典にも「カノン法大全」の法規範は取り入れられ，「旧法を完全に承継した条文は，旧法の権威に基づいて，かつ，権威ある学者の受け継いできた註釈

のもとに解釈されなければならない」（7条2項）と規定された。また，1983年に教皇ヨハネ・パウロ2世によって改正・公布された新しい『教会法典』（現行法）でも，「本法典の条文は，旧法を再現している限りにおいて，教会法の伝統をも考慮に入れたうえで解釈されなければならない」（6条2項）と規定されている。したがって，中世カノン法は単に歴史的意義を持つだけでなく，現行法の中で伝統として生き続けているとも言えよう。

〈参考文献〉

① カノン法全般について解説した案内書として，ホセ・ヨンパルト『教会法とは何だろうか』（成文堂，1997年）がある。

② 中世カノン法の歴史的展開については，ドイツのカノン法研究の第一人者による講演録として，クヌート＝ヴォルフガング・ネル〔小川浩三訳〕「中世教会における法発展の担い手——第1部：グラチアーヌスまでの時代／第2部古典期：グラチアーヌスから14世紀中葉まで」桐蔭法学10巻2号／11巻1号（2004年）49頁／87頁がある。また，勝田有恒・森征一・山内進編著『概説西洋法制史』（ミネルヴァ書房，2004年）の第11章「カノン法——教皇権と法の合理化」（山内進執筆）も参考になる。

③ 中世法学と教皇立法権の関係については，小川浩三「対論を求めて——中世法学と教皇立法権」同編『複数の近代』（北海道大学出版会，2000年）3頁がある。初学者には少し難しいかもしれないが，中世法学のダイナミズムを伝える刺激的な論文なので，ぜひチャレンジしてみて欲しい。

④ ローマ・カノン法訴訟の概要については，同じく講演録として，クヌート＝ヴォルフガング・ネル〔小川浩三訳〕「中世のロータ・ロマーナ（ローマ教皇庁裁判所）——教皇庁裁判権，ローマ・カノン法訴訟手続およびカノン（教会）法学の歴史からの概観」桐蔭法学12巻2号（2006年）41頁がある。また，世俗の伝統的訴訟と比較しながらローマ・カノン法訴訟の特徴を論じたものとして，カーリン・ネールゼン＝フォン・シュトリューク〔田口正樹訳〕「中世後期民事手続の類型論について——伝統と学識法」法学雑誌52巻4号（2006年）699頁がある。

⑤ 弁論主義に関する中世法学の議論については，小川浩三「Azonis Summa

in C. 2.10. ──K・W・ネル『早期学識法訴訟手続における審判人の地位について』の紹介を兼ねて」北大法学論集 38 巻 2 号（1987 年）97 頁，水野浩二「学識的民事訴訟における職権補充（suppletio iudicis）──中世末期の解釈論の変動」北大法学論集 65 巻 1 号（2014 年）1 頁があり，本章の叙述もこれらに多く基づいている。

⑥ ローマ・カノン法訴訟の欠席手続については，川島翔「中世カノン法の欠席手続──『グラティアヌス教令集』C.3 q.9 を素材として」一橋法学 16 巻 3 号（2017 年）363 頁がある。本文ではかなり簡略化して説明したが，この論文では複雑な学説史が紹介されている。

事 項 索 引

事項索引

執筆者紹介 (五十音順 ＊は編者)

五十君 麻里子 (いぎみ・まりこ)　　第2章　　　　　〔ローマ法〕

福岡県出身。1990年九州大学法学部卒業。1995年九州大学大学院法学研究科博士後期課程修了、この間独・伊・英に留学。愛媛大学法文学部講師、助教授、九州大学法学部助教授を経て2007年より同教授。博士（法学）。

邦語での近著に「古代ローマにおける解放奴隷の扶養に関する一考察」法政研究86巻3号（2019年）、「古代ローマにおける扶養に関する和解をめぐる手続について」法政研究87巻3号（2020年）などがある。

◆『ローマ法大全』を編纂させたユスティニアヌス帝は、法学を学び始める若者に「若きユスティニアヌスたちよ」とよびかけました。地方の農家に生まれ皇帝に上りつめたユスティニアヌスの人生に、法学の勉強が大きな影響を与えたからこそ、彼らに自らを重ねあわせたのでしょう。他方、古代ギリシアでは、法は「奴隷の学問」とよばれたそうです。皇帝になるか、奴隷になるか、それはあなた次第です。

井 上 宜 裕 (いのうえ・たかひろ)　　第12章　　　　　〔刑 法〕

兵庫県出身。1994年大阪市立大学法学部卒業。大阪市立大学大学院法学研究科、清和大学法学部専任講師、九州大学法学部助教授（准教授）を経て、2015年より同教授。博士（法学）。

主な著作に、『緊急行為論』（単著、成文堂、2007年）、『新・コンメンタール刑法』（共著、日本評論社、2013年）、『新時代の比較少年法』（共著、成文堂、2017年）、『「司法と福祉の連携」の展開と課題』（共著、現代人文社、2018年）、『フランス刑事法入門』（共著、法律文化社、2019年）などがある。

◆ 法学の世界へようこそ。何となく難しそうなイメージがつきまとう、法という言葉。最初のうちはつかみどころがなく、戸惑うかもしれません。しかし、日常生活のいたるところで常に法は存在しています。法的なものの見方を身につけると、いろんな物事が今までとは違って見えてくることでしょう。法を学んで、新たな地平を切り開いて下さい。

上 田 竹 志 (うえだ・たけし)　　第11章　　　　　〔民事訴訟法〕

福岡県出身。1997年九州大学法学部卒業。九州大学大学院法学府博士後期課程、久留米大学法学部講師、九州大学法学部准教授を経て2018年より同教授。修士（法学）。

主な著作に、「民事訴訟とＡＤＲの目的論について」仲裁とＡＤＲ13号（2018年）、「紛争当事者が真実を語るとはどのようなことか」『境界線上の法／主体』（ナカニシヤ出版、2018年）などがある。

◆ 法学（特に実定法学）には、多くの堅苦しい専門用語や表現、特有の思考パターンがあり、苦手意識を持つ人も多いです。しかし、自分なりの角度から、真剣に法学を観察してみましょう。一見、動かしがたく偉そうな学問に見えても、突っ込みどころがあるように感じれば、その直感はおそらく正解です。そして、真に有意義な、他人を唸らせる突っ込みに成功すれば、多分あなたは立派な法学徒でしょう。

遠藤　　歩（えんどう・あゆむ）　　第8章　　　　〔民法・比較法〕

　大阪府出身。1995年大阪市立大学法学部卒業。九州大学大学院法学研究科，東京都立大学法学部助教授を経て，2019年より九州大学法学部教授。博士（法学）。

　主な著作に，「弁済充当における保証人の地位」法政研究67巻4号（2001年），「平成16年保証法改正に関する一考察」『ドイツ法の継受と現代日本法』（日本評論社，2009年），『和解論』（単著，九州大学出版会，2019年）などがある。

　◆　高校は教育の場でしたが，大学は学問の場です。大学では，何かを教えてもらうのではなく，自ら学びとってゆくことが必要となります。そのために，まずは，自らの頭で良く考え，色々なことを疑いながら勉強することから始めてみてください。きっと学問の楽しさが見つかるはずです。

笠木映里（かさぎ・えり）　　第14章　　　　　〔社会保障法〕

　東京都出身。2003年東京大学法学部卒業。同助手，九州大学法学部准教授を経て，2015年よりフランス国立科学研究センター研究員，2021年より東京大学法学部教授。

　主な著作に，『社会保障と私保険』（単著，有斐閣，2012年），『公的医療保険の給付範囲』（単著，有斐閣，2008年），「社会保障における『個人』・『個人の選択』の位置づけ」『岩波講座現代法の動態3　社会変化と法』（岩波書店，2014年）などがある。

　◆　大学1年生の頃の私は，法学に強い関心を持てず，将来自分がこんな仕事をするなんて夢にも思っていませんでした。でも，法を学ぶことは社会と自分を具体的な形でつなぐひとつの方法だと気づいた時から，勉強が楽しくなりました。もし，今，楽しさを感じられなくても，少しだけ辛抱して勉強を続けてみて下さい。きっと，今まで知らなかった新しい世界と，新しい自分に出会えるはずです。

笠原武朗（かさはら・たけあき）　　第9章　　　　　〔商　法〕

　福岡県出身。1997年東京大学法学部卒業。東京大学大学院法学政治学研究科を経て，2002年より九州大学法学部助教授（准教授），2018年より同教授。博士（法学）。

　主な著作に，「全部取得条項付種類株式制度はなお必要か」『企業金融・資本市場の法規制』（商事法務，2020年），『会社法〔第3版〕』（共著，弘文堂，2020年），「現物出資・財産引受け・事後設立」『会社法の改正課題』（法律文化社，2021年）などがある。

　◆　どんな学問を修めても，その後専門家になるのでなければ，時間の経過とともにたいがいのことは忘れます。それでも残るのが「ものの考え方」です。法学の「ものの考え方」は，あなたの社会の見方をより豊かなものにしてくれます。一定の期間，脳ミソに汗かきながら勉強すれば，の話ですが。頑張って下さい。

川 島　　翔（かわしま・しょう）　　第 16 章　　　　〔西洋法制史〕

　千葉県出身。2012 年上智大学法学部卒業。2018 年一橋大学大学院法学研究科博士後期課程修了。広島修道大学法学部助教を経て，2020 年より九州大学法学部准教授。博士（法学）。

　主な著作に，「中世カノン法の欠席手続――『グラティアヌス教令集』C.3 q.9 を素材として」一橋法学 16 巻 3 号（2017 年），「13 世紀教会裁判所における紛争解決」『法を使う／紛争文化』（国際書院，2019 年），「Ordo iudiciarius antequam 邦訳」ローマ法雑誌 2 号（2021 年）などがある。

　◆　現在の大学のルーツとされる中世のボローニャ大学には，「学問を愛するがゆえに，異邦人となり，富を失い，困窮し，あるいは生命の危険にさらされ」ながらも，多くの学生が集まったことが当時の史料に記録されています。大学に来る理由は人それぞれでしょうが，ボローニャの学生たちに思いを馳せつつ，勉強に励んでもらえたらと思います。

小 島　　立（こじま・りゅう）　　第 5 章，第 15 章　　　〔知的財産法〕

　福岡県出身。2000 年東京大学法学部卒業。2003 年ハーバード・ロースクール法学修士課程（LL.M.）修了。東京大学法学部助手を経て，2005 年より九州大学法学部助教授（准教授），2020 年より同教授。法学修士（LL.M.）。

　主な著作に，『法から学ぶ文化政策』（共著，有斐閣，2021 年），「いわゆる『知的財産権の空白領域』について」『知的財産法制と憲法的価値』（有斐閣，2022 年），「『文化芸術活動が行われる場や組織』について」法律時報 93 巻 9 号（2021 年）など。

　◆　法学は「六法全書を丸暗記する」学問では決してありません。法学は「社会」を対象とする，非常にダイナミックな学問領域です。自ら得手・不得手を作らず，常に幅広い問題関心を持つとともに，新聞やメディアなどで報道される社会現象を鵜呑みにすることなく，「批判的な視点」で分析できる「冷徹さ」を身にまとうように努めて下さい。

豊 崎 七 絵（とよさき・ななえ）　　第 4 章 3，第 13 章　〔刑事訴訟法〕

　新潟県出身。1994 年東北大学法学部卒業。東北大学大学院法学研究科修士課程修了後，東北大学法学部助手，龍谷大学法学部助教授，九州大学法学部助教授（准教授）を経て 2015 年より同教授。博士（法学）。

　主な著作に，『刑事訴訟における事実観』（単著，日本評論社，2006 年），「再審請求権の本質」法律時報 92 巻 1 号（2019 年），「鳥取ホテル支配人殺人事件最高裁判決と総合評価のあり方」『刑事法学と刑事弁護の協働と展望』（現代人文社 ,2020 年），「犯人の言動に関する経験則について」『裁判員時代の刑事証拠法』（日本評論社，2021 年）など。

　◆　大学というところは，納得ゆくまで思想を深め，自由闊達に表現をなし，そして利害関係なく人と手を結ぶことができる，貴重でかけがえのない場です。将来，どのような道に進もうと，その享受してきた自由の大切さを忘れずに，ぜひ活かしていってほしいと心より願っています。

八田　卓也（はった・たくや）　　第4章1・2, 第10章〔民事訴訟法〕

東京都出身。1995年東京大学法学部卒業。同助手, 九州大学法学部助教授, 神戸大学法学部准教授を経て, 2011年より同教授。

主な著作に,『事例で考える民事訴訟法』（共著, 有斐閣, 2021年）,『民事執行・民事保全法』（共著, 有斐閣, 2021年）,「独立当事者参加訴訟における民事訴訟法40条準用の立法論的合理性に関する覚書」『民事手続の現代的使命』（有斐閣, 2015年）,「民事訴訟法296条1項について」『民事訴訟法の理論』（有斐閣, 2018年）などがある。

◆「学びて思わざればすなわち罔（くら）し。思いて学ばざればすなわち殆（あやう）し。」 法学を勉強していくうえでこの言葉を意識することの大切さを, 学生時代に先生から教わり, 今でも痛感しています。自分で考えること, そして教員や書物等から知識を吸収することのバランスを大切に, これから楽しく法を学んでいってください。

原田　大樹（はらだ・ひろき）　　第3章, 第7章　　　　　　〔行政法〕

福岡県出身。2000年九州大学法学部卒業。2005年九州大学大学院法学府博士後期課程修了。九州大学法学部講師, 同助教授（准教授）を経て, 2013年より京都大学大学院法学研究科（法学部）准教授, 2014年より同教授。博士（法学）。

主な著作に,『自主規制の公法学的研究』（単著, 有斐閣, 2007年）,『公共制度設計の基礎理論』（単著, 弘文堂, 2014年）,『公共紛争解決の基礎理論』（単著, 弘文堂, 2021年）。

◆ 法学は社会のしくみを理解し, それを動かそうとするには不可欠の知識であり, 学ぶ価値は大きいです。他方でその知識が正しく用いられなければ, 社会やそこで暮らす人々に対して大きな被害をもたらす恐れもあります。法学を学ぶ際には, その内容を正しく理解する努力と同時に, やさしさや思いやりの心, 相手の痛みを受け止める感受性も磨いて欲しいと思います。

南野　　森＊（みなみの・しげる）　　はしがき, 第1章, 第6章〔憲　法〕

京都府出身。1994年東京大学法学部卒業。同大学大学院法学政治学研究科, パリ第十大学大学院を経て, 2002年より九州大学法学部助教授（准教授）, 2014年より同教授。

主な著作に,『憲法学の現代的論点〔第2版〕』（共著, 有斐閣, 2009年）,『リアリズムの法解釈理論──ミシェル・トロペール論文撰』（編訳書, 勁草書房, 2013年）,『憲法学の世界』（編著, 日本評論社, 2013年）,『憲法主義』（共著, PHP文庫, 2015年）,『10歳から読める・わかる　いちばんやさしい日本国憲法』（監修, 東京書店, 2017年）,『〔新版〕法学の世界』（編著, 日本評論社, 2019年）などがある。

◆ 法学を勉強することに何の意味があるのでしょうか。法律を使う職業を目指すのなら, たしかに早めに法学の勉強を始めるのが有利でしょう。でも, この本の読者には, 将来の進路なんて未定という人もたくさんいるはずです。そんな人でも, 真剣に法学を勉強した方がいいと僕は思います。将来仕事に活かせるかどうかに関係なく, たとえば古典文学であれインド哲学であれ, そして法学であれ, とにかく1つの学問体系を懸命に勉強することで, 頭が鍛えられるのですから。

〈編者紹介〉

南野　森（みなみの・しげる）

　　九州大学法学部教授

ブリッジブック法学入門〔第 3 版〕
〈ブリッジブックシリーズ〉

2009（平成 21）年 5 月 15 日　第 1 版第 1 刷発行
2013（平成 25）年 4 月 17 日　第 2 版第 1 刷発行
2022（令和 4 ）年 4 月 27 日　第 3 版第 1 刷発行　2372-0301

編　者	南　野		森
発行者	今　井		貴
	今　井		守

発行所　信山社出版株式会社

〒 113-0033 東京都文京区本郷 6-2-9-102
電　話　03（3818）1019
ＦＡＸ　03（3818）0344

Printed in Japan.　　印刷・製本／暁印刷・渋谷文泉閣

さあ，法律学を勉強しよう！

　サッカーの基本。ボールを運ぶドリブル，送るパス，受け取るトラッピング，あやつるリフティング。これがうまくできるようになって，チームプレーとしてのスルーパス，センタリング，ヘディングシュート，フォーメーションプレーが可能になる。プロにはさらに高度な「戦略的」アイディアや「独創性」のあるプレーが要求される。頭脳プレーの世界である。

　これからの社会のなかで職業人＝プロとして生きるためには基本の修得と応用能力の進化が常に要求される。高校までに学んできたことはサッカーの「基本の基本」のようなものだ。これから大学で学ぶ法律学は，プロの法律家や企業人からみればほんの「基本」にすぎない。しかし，この「基本」の修得が職業人の応用能力の基礎となる。応用能力の高さは基本能力の正確さに比例する。

　これから法学部で学ぶのは「理論」である。これには2つある。ひとつは「基礎理論」。これは，政治・経済・社会・世界の見方を与えてくれる。もうひとつは「解釈理論」。これは，社会問題の実践的な解決の方法を教えてくれる。いずれも正確で緻密な「理論」の世界だ。この「理論」は法律の「ことば」で組み立てられている。この「ことば」はたいへん柔軟かつ精密につくられているハイテク機器の部品のようなものだ。しかしこの部品は設計図＝理論の体系がわからなければ組み立てられない。

　この本は，法律の専門課程で学ぶ「理論」の基本部分を教えようとするものだ。いきなりスルーパスを修得はできない。努力が必要。高校までに学んだ「基本の基本」を法律学の「基本」に架橋（ブリッジ）しようというのがブリッジブックシリーズのねらいである。正確な基本技術を身につけた「周りがよく見える」プレーヤーになるための第一歩として，この本を読んでほしい。そして法律学のイメージをつかみとってほしい。

　さあ，21世紀のプロを目指して，法律学を勉強しよう！
　　2002年9月

信山社『ブリッジブックシリーズ』編集室

裁判所の種類

最高裁判所 　大法廷（15人の合議制）
　　　　　　　　第一・第二・第三の３つの小法廷（各５人の合議制）

高等裁判所の裁判に対してされた不服申立て（上告など）を取り扱う最上級，最終の裁判所

上告　　　　上告　　特別抗告　上告
　　　　　　　　　再抗告

高等裁判所
（３人または
５人の合議制）

本庁８ヵ所：東京，大阪，名古屋，広島，福岡，
　　　　　　仙台，札幌，高松
支部６ヵ所：金沢，岡山，松江，宮崎，那覇，秋田
知的財産（東京高裁の特別支部）

地方裁判所，家庭裁判所，簡易裁判所の裁判に対してされた不服申立て（控訴など）を取り扱う

控訴　上告　　　控訴　（刑事）　抗告　（家事・少年）　控訴　（人事訴訟）

地方裁判所 （１人制もしくは
３人または５人
の合議制）

※裁判員裁判については右図参照

本庁：50ヵ所（都道府県庁のある47
　　　のほか函館，旭川，釧路）
支部：203ヵ所

民事・刑事事件の第一審を簡易裁判所と分担して取り扱う。簡裁の裁判（民事）に対する不服申立ても取り扱う

家庭裁判所 （１人制または
３人の合議制）

本庁：50ヵ所（都道府県庁のある47
　　　のほか函館，旭川，釧路）
支部：203ヵ所　　出張所：77ヵ所

家事事件，少年事件，人事訴訟事件などを取り扱う

控訴　（民事）

簡易裁判所（１人制）　　　　438ヵ所

争いとなっている金額が比較的少額の民事事件と比較的軽い罪の刑事事件のほか，民事調停も取り扱う